Wolfgang Börnsen (Bönstrup)

Der unbequeme Demokrat

Verlag der Nation

Titelillustration von Kim Schmidt, Dollerup

Der Autorenerlös geht an die Kinderhäuser der
Let me be a child e.V. in Addis Abeba in Äthiopien.

Bibliografische Information der Deutschen Nationalbibliothek

Die Deutsche Nationalbibliothek verzeichnet diese Publikation in der
Deutschen Nationalbibliografie; detaillierte bibliografische Daten sind im Internet über
http://dnb.dnb.de abrufbar.

Gesamtherstellung: Husum Druck- und Verlagsgesellschaft
Postfach 1480, D-25804 Husum – www.verlagsgruppe.de

ISBN 978-3-373-00541-4

Dieses Buch widme ich, verbunden mit einem Dank, den Mitarbeiterinnen und Mitarbeitern des Deutschen Bundestages wie denen in den Büros der Abgeordneten. Sie alle sind der Treibriemen einer funktionierenden Gesetzgebung.

Inhalt

Hinter den Kulissen des Parlamentsbetriebes

Parlamentarischer Alltag

Mehrfach Knatsch mit Bundeskanzler Dr. Helmut Kohl

Nicht nur Randnotizen zum Bundestag

Abgesang

Wahlkreis-Beiträge zum 25-jährigen Parlamentsjubiläum

Einleitung

„Es genügt nicht, dass man zur Sache spricht.
Man muss zu den Menschen sprechen."
(Stanisłav Jerzy Lec, polnischer Satiriker)

Warum sollte ich dieses Buch eines Mitgliedes des Bundestages nicht aus der Hand legen? Zumal der Autor nicht zu den Stars der Berliner Politikszene zählte. Eines MdB, der sich an dem aus der Mode gekommenen Begriff eines „Volksvertreters" orientierte und Newcomern des Hohen Hauses empfiehlt, beruflich und materiell unabhängig die „Heiligen Hallen" des Reichstages zu betreten, um Gewissensfreiheit praktizieren und dem Druck von Partei und Fraktion standhalten zu können. Der im Dauerclinch mit Helmut Kohl lag, einen Konflikt mit dem russischen Botschafter nicht scheute und dem fünf Länder die „Rote Karte" zeigten, ihn auf Lebenszeit auswiesen. Ein Abgeordneter, der erzählt, wie abenteuerlich es hinter den Kulissen des Parlamentsbetriebes zugeht, und der als Mitglied des Bundestagskabaretts „Die Wasserwerker" die Zusammensetzung des Bundestages nicht für die Auslese der Besten der Republik hält. Warum also sollte ich dieses Buch eines ehemaligen Mitglieds des Bundestages nicht aus der Hand legen? Weil es dem Repräsentanten des Bundestags-Wahlkreises 1 „Flensburg-Schleswig", Wolfgang Börnsen (Bönstrup) couragiert und clever über 25 Jahre gelang, der angeblichen Ohnmacht eines einzelnen Volksvertreters zu trotzen.

„Lob der Volksvertreter" nach Erich Kästner

Opening aus dem Kabarett „Die Wasserwerker"

Peter	Man hält sie, wenn sie schweigen, für Gelehrte. Nur ist das Schweigen gar nicht ihre Art.
Eckart	Einige haben vor der Brust auch Bärte und auf den Bahnfahrten alle freie Fahrt.
Ulrike	Ihr seht sie eilends in den Reichstag schreiten. Das Wohl des Volkes fördert ihren Gang.
Wolfgang	Und würdet ihr sie noch ein Stück begleiten, dann merktet Ihr, sie gehen dort ins Restaurant.
Gerlinde	Sie fürchten Spott, sonst nichts auf dieser Welt! Und wenn sie etwas tun, dann sind es Fehler.
Wolfgang	Es ist, zum Glück, nicht alles Hund, was bellt.
Manfred	Sie fürchten nur die Wahl und weniger die Wähler.
Jürgen	Ihr Leben währet zirka achtzig Jahre, und wenn es hochkommt –. Doch das tut es nie!
Evelin	Das Volk steht auf vor jedem krausen Haare. Das Volk steht immer auf! Das wissen sie.

Politiker mit Bodenhaftung

Gretchenfrage: Was ist gute Politik? Erst so lässt sich schließlich klären, was gute Politiker von weniger guten unterscheidet. Was gute Politik ist, beantwortete Aristoteles so: Politisches Handeln heiße, das Leben menschlicher zu machen.

Wer Wolfgang Börnsens Karriere als Kommunalpolitiker und in 26 Jahren ununterbrochener Mitgliedschaft im Bundestag verfolgt hat und sie in den vorliegenden Erinnerungen Revue passieren lässt, wird überrascht sein.

Zeigt doch der facettenreiche Rückblick, wie menschlich es im sogenannten „großen" Politikbetrieb – zunächst noch in Bonn, später in Berlin – zugehen kann. Der Abgeordnete aus Bönstrup hat dazu in seiner Zeit eine gehörige Portion beigetragen.

Der CDU-Politiker war trotz seiner langen Parlamentszugehörigkeit nie das, was Medien gemeinhin einen „Spitzenpolitiker" nennen. Das lag auch an ihm selbst. Als ihn Helmut Kohl einmal fragte, ob er als Parlamentarischer Staatssekretär in seine Regierung eintreten würde, lehnte er – so erzählt er es in diesem Buch – dankend ab. Stattdessen sorgte er als „einfacher" Abgeordneter dafür, dass die Volksvertreter in ihren Ämtern nicht abhoben. Dabei ging er mit gutem Beispiel voran, blieb bei vielen Reden im „Hohen Haus" bei seiner Muttersprache, dem Plattdeutschen. Und ließ sich weder in politischen Sachfragen, noch als Mensch verbiegen. In einer überfraktionellen Gruppe von Abgeordneten setzte er durch, dass Regional- und Minderheitensprachen im Bundestag „hoffähig" wurden.

Börnsen blieb sich und seinen Wurzeln treu. Während die meisten seiner Parlamentskollegen nach erfolgreicher Wahl gern die Fahrbereitschaft des Bundestags in Anspruch nahmen und sich in blank polierten Limousinen kutschieren ließen, radelte Börnsen bei Wind und Wetter durchs Regierungsviertel.

Demokratie beginnt immer im Kleinen. Börnsen hat das vorgelebt und die eigenen Erfahrungen demokratischer Partizipation vor allem an junge Menschen weitergegeben. Dabei verzahnt sich schon früh – bei seiner Bildungsarbeit auf dem Jugendhof Scheersberg oder als Camp Counselor in US-Ferienlagern – Kommunikationsfreude und pädagogische Kompetenz mit einem tiefen demokratischen Grundverständnis. Politischsein, so hat es Hannah Arendt beschrieben, entsteht nicht in exklusiven Zirkeln, sondern dort, wo sich unterschiedliche Menschen mit unterschiedlichen Ansprüchen treffen und bei aller Unterschiedlichkeit das Gemeinwohl suchen.

„Der Unbequeme", wie Börnsen seinen Rückblick überschrieben hat, legt in diesem Buch keine kritische Bestandsaufnahme einer mehr als sechs Legislaturperioden umfassenden Epoche vor, wie es viele Politiker nach ihrem Ausscheiden aus dem Amt tun. An vielen Parlamentsentscheidungen von nationaler und internationaler Tragweite hat er mitgewirkt. Doch statt sich selbst ins Rampenlicht zu rücken, erzählt er zum Beispiel die herrliche Geschichte, wie er 1998 mit 300 amerikanischen Schülern und Schülerinnen den Deutschlandbesuch des US-Präsidenten Bill Clinton nutzte, um ein gemeinsames Jugend-Begegnungsprojekt des Bundestages und des Repräsentantenhauses zu retten. Die Kongresskammer der Vereinigten Staaten hatte bereits das Ende des parlamentarischen Patenschaftsprogramms (PPP) beschlossen. Börnsen, der die gesamten 26 Jahre seiner Abgeordnetentätigkeit Berichterstatter seiner Fraktion für das PPP war, gab nicht auf. In einem Überraschungscoup verschaffte er sich nach einer öffentlichen Rede Bill Clintons in Eisenach zusammen mit den US-Schülern – vorbei am offiziellen Besuchsprotokoll und allen Sicherheitskräften – Zugang zum US-Präsidenten. Nach einem kurzen Gespräch versprach dieser, sich des Problems anzunehmen. Sechs Wochen später bekam Börnsen vom Sprecher des US-Repräsentantenhauses einen persönlichen Brief. Die Streichung der Gelder wurde zurückgenommen.

Die Episode zeigt zweierlei. Um – nochmals Aristoteles – das Leben durch politisches Handeln menschlicher zu machen, bedarf es nicht nur der Diplomaten und Experten, nicht nur großer Regierungsapparate, vieler Gesetze und Verordnungen. Wer im demokratischen Wettbewerb einfach nur menschlich handelt, kann manchmal mehr erreichen als Strippenzieher – sogar beim mächtigsten Mann der Welt.

Natürlich kommt in diesem Buch, wie es typisch für den Abgeordneten aus dem Norden ist, ein Augenzwinkern nicht zu kurz. 1992 gründete er zusammen mit sieben anderen „Berufsoptimisten", wie er seine parlamentarischen Mitstreiter nennt, das einzige Kabarett des Deutschen Bundestags, die „Wasserwerker". Sieben Jahre lang war er Mitglied dieser „6. Fraktion", schrieb Texte und war bei den Bühnenauftritten stets vorne dabei. Mit dem Regierungsumzug nach Berlin ging die Zeit der „Wasserwerker" zu Ende. Die Geschichte bleibt so wie die Geschichten, die Börnsen hier zusammengetragen hat und die in der Rückschau schmerzlich zeigen, wie sehr sich der Politikbetrieb mit der „Zeitenwende" gewandelt hat. Klimakrise und Pandemie, der russische Einmarsch in die Ukraine oder der wachsende Populismus machen es der Politik schwerer denn je, sich eine gewisse Leichtigkeit zu bewahren. Sie ist nicht mit Oberflächlichkeit zu verwechseln, sondern beinhaltet die Fähigkeit politisch Handelnder, sich selbst nicht zu wichtig zu nehmen, auf andere zuzugehen und den Ausgleich zu suchen.

Stephan Richter, langjähriger Chefredakteur des shz

Ende und Beginn

Kleinkunstbeitrag: „Der ideale Abgeordnete / Es könnte auch eine ‚Sie' sein!"

Der ideale Politiker, der all den Ansprüchen der Bürger gerecht wird, ist ein gebildeter Mensch, natürlich „einer von uns"! Er spricht die Sprache des „einfachen Menschen". Er vermeidet Fremdwörter, kennt alle Gesetze und Vorschriften. Im Labyrinth der Verwaltung ist er zu Hause. Jedem Petenten verhilft er zu seinem Recht. Nein, ein Beamter ist er keineswegs. Er isst vegan, trinkt ausschließlich stilles Wasser. Nur beim Jubiläum der Fleischerinnerung kippt er sieben/acht Körner und hält der Wurst die Stange. Er ist doch kein Spaßverderber!

Das Einkommen der idealen Abgeordneten liegt geringfügig unter dem Sozialhilfesatz: So ist es ihm ein leichtes, für Sportturniere oder jede Rassekarnickel-Schau im Wahlkreis einen Pokal zu stiften, ganze Festzelte mit Freibier zu bewirten und sich bei jeder Spendenaktion großzügig zu beteiligen. Daneben bildet er fleißig Rücklagen für die Zeit nach dem Mandat, denn bei der Altersversorgung begnügt er sich freiwillig mit der Mindestrente. Auch Auslandsreisen lehnt er prinzipiell ab, wie auch das 1. Klasse-Ticket der Bundesbahn.

Dieser Idealparlamentarier nimmt an jeder Berliner Plenardebatte von der ersten bis zur letzten Minute teil, glänzt mit frei vorgetragenen Sachbeiträgen zu jedem Thema, hat aber daneben stets Zeit, um Besuchergruppen zu empfangen oder Interviews zu geben. Er, der Volksnahe, schlägt keine Einladung aus, bleibt stets bis zum Ende jeder Party. Er führt ein vorbildliches Familienleben, widersetzt sich jeder Scheidung. An Wochenenden ist er ab 8 Uhr morgens für jedermann und im Netz sowieso erreichbar, kämpft eisern für Recht und Gesetz, was er mit der Fähigkeit verbindet, Schwarzbauten nachträglich genehmigen zu lassen. Er sorgt dafür, dass Umgehungsstraßen zügig gebaut werden, ohne dass dabei ein Grashalm geknickt wird, eine Fledermaus ihren Schlafplatz verliert. Er vermeidet nach 15 Aufsichtsrats-Posten jede weitere Ämterhäufung. Mit politischen Gegnern geht er hart ins Gericht, wahrt dabei stets eine hohe Streitkultur ... Und wenn er nicht gestorben wäre, würden die Redakteure der „Frau im Bild" ihm noch heute ein Denkmal setzen.

Träumereien verblassen, jedoch die Abgeordnetenwirklichkeit, die hat Bestand.

Abgeordnetenrealität

Das Dasein einer Parlamentarierin, eines Parlamentariers kann durchaus erfüllend sein.

Zugleich habe ich es ernüchternd, frustrierend, voller Fallstricke erfahren. Der wohltuende Applaus, den wir „Wasserwerker" für das „Abgeordneten-Ideal" erhielten, hält dem Alltag wahrlich nicht stand. Die Kalamität in der „sie" bzw. „er" sich befinden, liegt in der Fülle, der Vielfalt, der Gegensätzlichkeit, oft auch Unvereinbarkeit der an die Volksvertreter gerichteten Erwartungen und zusätzlich das Privatleben und Mandat miteinander zu vereinbaren.

Die berufliche Existenz mit dem Wissen abzusichern, ein Wahlamt auf Zeit angenommen zu haben, das nach einer Legislaturperiode, vier Jahren, bereits ein endgültiges Ende haben kann.

Die dauerhafte Anspannung zu verkraften, zu wenig Zeit für alle Erfordernisse zu haben, zugleich einer Vielzahl von Zwängen ausgesetzt zu sein.

Den Ansprüchen der eigenen Partei, Fraktion, den Medien, Verbänden und Lobbyisten ebenso gerecht zu werden, wie denen der Bürgerinnen und Bürger in den Wahlkreisen. Den Einflüsterern und falschen Freunden nicht zu erliegen, sich der latenten Konkurrenz unter Kollegen und Kolleginnen fair zu stellen.

Nie zu vergessen, auch gegen den Strom zu schwimmen, unpopuläre Defizite der Gesellschaft aufzugreifen.

Die prinzipielle Bindung des Bundestagsabgeordneten an den Wahlkreis ernst zu nehmen: Butler gegenüber den Menschen wie Botschafter für die Region, zugleich ein Kümmerer zu sein.

Mit der höchsten Auszeichnung unserer Republik, Mitglied des Bundestages, des Gesetzgebungsorgans, zu sein, sind dessen Repräsentanten Vorbild demokratischer Tugenden!

Die Bodenhaftung zu behalten. Dazu gehört nicht nur der ständige Dialog mit den Menschen vor Ort, sondern auch die Demokratiegeschichte des Wahlkreises zu kennen. Sie trägt wesentlich dazu bei, das Verhalten wie die politischen Einstellungen der Bürgerinnen und Bürger erklärbar zu machen.

Bei mir persönlich hat die Auseinandersetzung mit der Nachkriegsgeschichte der Wahllandschaft, die ich vertreten durfte, zu einem besseren Verstehen ebenso beigetragen, wie meine Verantwortung und Motivation als MdB gestärkt.

Das Regelwerk für ein verantwortungsbewusstes Mitglied unseres Parlamentes wäre unvollständig, ohne einen ganz bewusst ausgewählten Hinweis auf die Stellung der Abgeordneten, wie sie der Artikel 38 unseres Grundgesetzes kennzeichnet: „Sie sind Vertreter des ganzen Volkes, an Aufträge und Weisungen nicht gebunden und nur ihrem Gewissen unterworfen."

Unser Staatsgrundgesetz, die Verfassungsurkunde unseres Landes, trat am 23. Mai 1949 in Kraft. Ausgeschlossen von den Grundrechten (1–19) dürfen der Bundestag wie der Bundesrat nur mit einer Zweidrittelmehrheit Änderungen vornehmen. Der Schlüssel für Korrekturen befindet sich in den Händen der Parlamente. Doch an Mut zu grundlegenden, der Gegenwart angemessenen Reformen fehlt es seit Jahrzehnten.

Aufmerksame Parlamentsjournalisten empfehlen den Änderungsverweigerern, einen Rollenwechsel vorzunehmen. Die privilegierten Sitze in der Tiefe des Plenarsaales zu verlassen. Den Parlaments-

alltag von der Besuchertribüne zu verfolgen. Was unweigerlich zu neuen Einsichten führen würde.

Unser Bundesparlament zementiert in Ritualen?

„Ich bin entsetzt", schrieb mir Anfang des Jahres eine Schulleiterin, deren Kollegium ihr zum Ende ihrer Dienstzeit eine Reise zum Bundestag nach Berlin geschenkt hatte. „Im Plenarsaal des ‚Hohen Hauses' geht es zu, wie es in keiner Klasse meiner Schule geschieht: ein ständiges Kommen und Gehen der Parlamentarier. Wer seinen Platz eingenommen hat, bedient unverzüglich sein Smartphone. Von 74 Volksvertretern, die teilweise anwesend waren, haben nur zwei der Rednerin zugehört. Alle anderen waren nur mit sich selber beschäftigt. Einige, so konnte ich von der Tribüne aus erkennen, haben sich heimlich in Höhe der Tischkante mit Spielen die Zeit vertrieben. Obwohl die Zukunft der Pflegeversicherung im Mittelpunkt der Debatte stand, waren 662 aller Abgeordneten nicht anwesend! Ich bin empört! Auch wenn Sie seit Jahren MdB a.D. sind, tun Sie etwas! Ein Parlament, das sich seinen Besuchern so schäbig präsentiert, fördert den Demokratieverdruss, treibt unsere Mitbürger in die Arme extremer Parteien!"

Selbstverständlich habe ich der Petentin geantwortet. Das galt für mich prinzipiell auch in meinen aktiven Jahren. Keine Eingabe, auch wenn sie mir gegen den Strich ging, wurde unter den Tisch gekehrt. Vertrauen in unsere Demokratie wird dann gestärkt, wenn ich mit denen im Dialog bleibe, die ein begründetes Anliegen haben. Auch die gegenwärtige Präsidentin des Bundestages habe ich von dieser Beschwerde unterrichtet und darum gebeten, der Schulleiterin wie auch mir eine Antwort zu geben. Obwohl bereits Monate vergangen sind, ist bei beiden von uns kein Bescheid eingegangen. Wie soll aus einem solchen Nichthandeln Vertrauen in unser höchstes Verfassungsorgan erwachsen? Die unüberschaubare Präsenz der Abgeordneten ist zu Recht ein Dauerärgernis. Das gilt ebenso für das Defizit an Disziplin, die mangelnde Zuhörbereitschaft und die einschläfernden, viele anödenden vorgelesenen Debattenbeiträge.

Die Kritik reißt nicht ab

Sommer 2023, kurz vor Redaktionsschluss des Buches an einem früheren Vormittag: Anruf der Beobachterin. Sie ist erbost, besorgt und irgendwie verzweifelt. „Haben Sie das gelesen? Der Bundestag war am letzten Tag vor der Sommerpause nicht beschlussfähig! Die Mehrzahl der Abgeordneten ist vorzeitig in den Urlaub abgereist. Nur die AfD-Fraktion war vollständig im Plenum! Empörend! Ich musste als Schulleiterin Jahr für Jahr die Eltern unterrichten, dass es bei Strafe nicht erlaubt sei, die Kinder vor Ferienbeginn von der Schule zu nehmen. Was haben wir nur für Volksvertreter, die ihre Pflichten nicht ernst nehmen. Vorbilder stelle ich mir anders vor!

Und da ich Sie gerade an der Strippe habe, lassen Sie mich einen weiteren Ärger loswerden. Der für unser Parlament wahrlich kein Ruhmesblatt ist. Die Entscheidung des Bundesverfassungsgerichtes, den Abgeordneten bei diesem Heizungsgesetz mehr Beratungszeit einzuräumen. Hat es einen solchen Vorgang in Ihren Parlamentsjahren je gegeben?" Antwort von mir: „Nein, er ist einmalig in unserer Parlamentsgeschichte!" Anruferin: „Wissen Sie, wenn die Regierung die Volksvertreter nur noch als Stimmvieh behandelt, verliert der Bundestag seinen letzten Rest an Glaubwürdigkeit. Noch bin ich keine AfD-Wählerin, noch nicht!" Und damit legte sie auf.

Besucher missachtet

Ich habe mir zehn Jahre nach meinem Ausscheiden aus dem Bundestag mehrere Debatten als Zuschauer angesehen. Am Erscheinungsbild unseres Bundestages hat sich in der Zeit nichts, fast gar nichts geändert! Es scheint so, als blendeten die Handelnden in der Tiefe des Plenarsaales aus, sich unter ständiger öffentlicher Beobachtung zu befinden. Es drängt sich der Eindruck auf, der Mehrzahl von ihnen seien die Besucher auf der Tribüne ebenso schnurz wie die aufmerksamen Zuschauer der TV-Übertragungen.

An keinem meiner aktuellen Präsenztage habe ich eine vorbildliche Streitkultur erlebt. Dagegen gestelzte, vorgefertigte Schaufensterreden und vordergründige Schaukämpfe zwischen der Regierung und Opposition.

Meine Kritik richtet sich nicht in erster Linie an meine Kollegen und Kolleginnen, sondern an das System, das Regelwerk unseres Bundestages. Bis auf ganz wenige Ausnahmen liegen alle Entscheidungen, die zu treffen sind, bereits fest, wenn sie ins Plenum kommen, Beobachter des Parlamentsgeschehens sprechen von über 90 Prozent. Die fertigen Resultate liegen der Regierung wie der Opposition vor. Sie sind nur noch formal zu bestätigen. Unbedarfte Besucher werden – zugespitzt – betrogen, getäuscht! Die Folge dieses Regelwerkes, wir Volksvertreter liefern uns Scheingefechte. Die Inhalte scheinen zweitrangig, die öffentliche wie die TV-Performance allein zählt. Eine tatsächliche Meinungsbildung findet im Plenum nicht statt, allein in den Fachausschüssen. Ein Unding, früher wie heute! Durch eine starre disziplinierende Geschäftsordnung bleiben weder Zeit noch Raum für Spontanität, einen echten Disput, weil alle Abläufe bis auf die Minute genau getaktet sind. Routine beherrscht das Geschehen, nicht die lebendige spannende Auseinandersetzung.

Änderungen: Fehlanzeige

Manche meiner Kollegen und Kolleginnen aus allen Fraktionen, ich eingeschlossen, haben dieses parlamentarische Armutszeugnis aufgespießt und öffentlich kritisiert. Zuvor in unseren Fraktionen, gegenüber dem Präsidium des Bundestages wie dem Ältestenrat Eingaben eingebracht. Auf Verbesserungen hingewiesen, konstruktive Vorschläge unterbreitet. Die Reaktionen waren – gleich welches Gremium um Änderung aufgefordert wurde – einheitlich ernüchternd. Die Geschäftsordnung des Deutschen Bundestages habe sich im Grundsatz bewährt. Man werde zu gegebener Zeit eine Kommission einsetzen, die sich mit den eingebrachten Ideen beschäftigen werde. Derzeit bestehe kein Handlungsbedarf. Wir alle, die wir Reformen einforderten, wurden von Legislaturperiode zu Legislaturperiode vertröstet.

Substantiell hat sich seit Jahrzehnten am Erscheinungsbild unseres Parlamentes nichts geändert. Eine echte, lebendige Debattenkultur ist in weite Ferne gerückt. Das gilt auch für die von den Verfassungsgebern unseres Staates erhoffte wie erwünschte Vorbildfunktion dieses zentralen Verfassungsorgans, dem Herz unserer Demokratie. Unser Bundesparlament scheint in Ritualen zementiert zu sein.

Offensichtlich tragen die sozialen Medien ungewollt dazu bei, dass letzte Initiativen für eine Reform an Haupt und Gliedern gänzlich versickern. Mir ist es als aufmerksamer Beobachter der Debatten wie der erbosten Schulleiterin ergangen. Als sei ein Trauerfall eingetreten, blicken die wenigen im Plenarsaal anwesenden Abgeordneten mit gesenktem Kopf voller Demut in ihren Schoß. Allein die Finger bewegen sich unablässig. Lässt der Zuschauer seinen Blick schweifen, scheinen besonders die Minister und Staatssekretäre auf der Regierungsbank von dieser Schwermut befallen zu sein. Nicht einmal von der Rednerin am Pult, die einen Hustenanfall bekommen hat, lassen sich die Leidgeprüften in ihrem Kummer unterbrechen.

Totale Abhängigkeit

Dieses kollektive Verhalten hat eine gemeinsame Quelle, das Handy. Rücksichtslos gegenüber allen, die ihre Auffassung im Rahmen der sog. Debatte vortragen – sogar den Kollegen und Kolleginnen der eigenen Fraktion –, beherrscht dieser Herzschrittmacher der Volksvertreter nicht nur das Parlamentsgeschehen, sondern den gesamten Alltag der Abgeordneten. Auf diese fast totale Abhängigkeit angesprochen, werde ich entschuldigend darauf hingewiesen, dass ein erfolgreicher Politiker nicht ohne eine umfassende Vernetzung mit dem politischen wie gesellschaftlichen Umfeld auskomme. „Mein Bundes-, Landes- wie Kreisverband will, dass ich mit ihm chatte, natürlich auch meine Ortsgruppe und die Geschäftsführung meiner Partei in meinem Wahlkreis." Eine Kollegin aus einer anderen Fraktion ergänzt. „Von hier aus im Parlament pflege ich regelmäßige Kontakte mit meiner Fraktion, meiner Landesgruppe, den Kollegen und Kolleginnen im Facharbeitskreis, mit den Mitgliedern in meinem Ausschuss. Was mich nervt", ergänzt sie, „alle erwarten ständig eine rasche Antwort. Komme ich aus einer Sitzung, signalisiert mir ein aufforderndes Rot, dass fünf, auch mehr, auf eine Reaktion von mir dringend warten." Ein dritter MdB, der unserem Gespräch bisher still zugehört hat, erklärt: „Also Leute, ich lasse mich nicht zum Sklaven meines Smartphones machen. Ich bin nur in zwölf Chatgruppen aktiv und darüber hinaus mit meiner Familie, meinem privaten Freundeskreis, meiner Gewerkschaft und mit einer internationalen Gruppe von Medienvertretern verbunden." Nachgefragt, ob sie sich alle nicht im Dauerstress befinden, wiegeln meine Parlamentsnachfolger ab. Die sozialen Medien gehörten zum Bestandteil ihrer Tätigkeit.

Dauerstress

Wer nicht aktuell informiert sei, dessen Karriere laufe aus. „Klar", setzt die Kollegin fort, die angab, vom Handy genervt zu sein, „wir normalen Parlamentarier haben uns in eine Art innere Emigration zurückgezogen, sind Teil des parlamentarischen Räderwerkes geworden. In meinem Wahlkreis bin ich zwar die Queen. Hier im Bundestag ehrlich gesagt ein Niemand. Hier werden allein die Häuptlinge aus den Fraktionen und der Regierung von den Medien und der Öffentlichkeit wahrgenommen." Ihr Kollege aus der Mehrheitsfraktion, der es nur auf zweiundzwanzig offizielle Chatgruppen bringt, fällt ihr ins Wort. „Mach dich nicht kleiner als du bist. Wir als MdBs sind privilegiert, wir stehen aktiv am Fließband der gut geölten Gesetzesmaschinerie, sind die eigentlichen Gestalter Deutschlands! An unserem Parlament ist wirklich nichts auszusetzen!" Gerade hat er geendet, greift er wegen eines Signals zu seinem Smartphone. Er wie auch beide anderen Gesprächspartner verabschieden sich flüchtig und eilen mit dem Rettungsanker der Karriere am Ohr davon. Ich bleibe nachdenklich, zugleich besorgt und ein wenig frustriert, mit der leider nicht mehr gestellten Frage zurück: Wird diese neue technisch versierte, zugleich abhängige Generation von Abgeordneten des Bundestages den Willen und die Kraft für eine notwendige Reform des Arbeitsfeldes „Parlament" aufbringen?

Bevor ich dazu komme, weiter zu spekulieren, meldet sich mein Smartphone. „Ach, du bist an deiner alten Wirkungsstätte", meldete sich die amtierende Staatsministerin für Kultur und Medien, Claudia Roth, aus dem Bundeskanzleramt. „Ich erinnere mich noch gerne an deine Abschiedsrede. Mein Gott, wie die Zeit vergeht!"

Abschiedsrede als MdB

Aus freiem Willen verzichtete ich 2013 auf eine erneute Kandidatur für den Deutschen Bundestag. Meine letzte von über 130 Reden hielt ich am 12. Juni 2013 als kultur- und medienpolitischer Sprecher meiner Fraktion im Rahmen einer Debatte zum Filmfördergesetz. Es gehört zur parlamentarischen Tradition, dass Abgeordnete, die ausscheiden, Gelegenheit für Abschiedsworte an ihre Kolleginnen und Kollegen erhalten. Ich habe davon im Anschluss an den Sachbeitrag zur Filmthematik Gebrauch gemacht:

Dieser Beitrag heute wird meine letzte Parlamentsrede sein. Nach 26 Jahren ununterbrochener Mitgliedschaft im Deutschen Bundestag und davor weiteren 24 Jahren ehrenamtlicher kom-

munalpolitischer Tätigkeit in meiner Heimatregion Flensburg-Schleswig. Das sind 50 Jahre Dienst für die Menschen unseres Landes, für unseren Staat, 50 Jahre Einsatz für unsere Demokratie.
Diesen Herausforderungen habe ich mich gerne gestellt. Der Abschied fällt mir deshalb schwer.
Er ist meine eigene persönliche Entscheidung!
Ich gehöre einer Generation an, die durch die Nachkriegszeit geprägt wurde – die noch den langen schwarzen Schatten von Krieg und Diktatur gespürt hat. Danach habe ich mein politisches Handeln ausgerichtet.
Alle Kraft dafür einzusetzen, dass in unserem Land eine Diktatur für alle Zeit ausgeschlossen wird, Freiheit und Recht garantiert sind.
Demokratiesicherung ist mein Leitmotiv über alle Jahrzehnte geblieben!
Mein erstes Parlamentsbuch habe ich diesem Thema gewidmet.
„Abgeordnete, Vorbilder mit kleinen Fehlern" ist inzwischen in 12 Sprachen übersetzt worden.
Gerade in den vielen jungen Republiken in Osteuropa möchte man wissen, weshalb in Deutschland der Parlamentarismus so erfolgreich praktiziert wird.
Der Titel „Vorbild" wurde ganz bewusst gewählt.
Ob wir wollen oder nicht – als Abgeordnete des Deutschen Bundestages haben wir eine Vorbildfunktion.
Entsprechend sollten wir uns verhalten. Das tun wir nicht immer.
Die Regierung spielt in unserem System zwar die erste Geige, doch die Musik wird im Parlament gemacht.
Die Legislative ist der Kern unserer Demokratie, so will es unsere Verfassung. Dieses Herzstück unseres politischen Systems benötigt eine neue Faszination.
Dazu gehört eine Reform an Haupt und Gliedern. Von mehr Bürgerpartizipation über eine 5-jährige Legislaturperiode bis hin zu einer neuen Dramaturgie unserer Parlamentsdebatten.
Es ist doch peinlich, dass Fernseh-Talkshows versuchen, die Debatten-Kultur in unserem Land zu bestimmen.

In meinem zweiten Parlamentsbuch wird darin zu lesen sein! Und ein weiterer Punkt treibt mich um.
Will ich Rechtsanwalt werden, benötige ich vorher ein Jurastudium, als Handwerksmeister komme ich ohne Lehre nicht aus.
Nur beim Abgeordneten, der mitverantwortlich ist für die Gesetzgebung von über 80 Millionen Bürgerinnen und Bürgern – da genügt allein der gesunde Menschenverstand. Ein bisschen mehr sollte es schon sein!
Für junge Politiker aus 30 verschiedenen Ländern praktiziert der Deutsche Bundestag seit 25 Jahren eine Art Parlamentsertüchtigung.
Fast 2000 Stipendiaten haben dieses Turbo-Demokratie-Training bereits absolviert. Für sie ist unser Bundestag ein Lernmodell.
Ich habe dieses weltweit einmalige Konzept von Beginn an mit verantworten dürfen, wie auch den deutsch-amerikanischen Schüleraustausch.
Ich möchte alle Fraktionen ermutigen, daran festzuhalten. Wir stärken Freiheit und erhalten Freunde.
Das gilt auch für das Sonderprogramm mit den arabischen Ländern. Ist es nicht großartig, dass unser Land mit seiner schwierigen Geschichte jetzt auch Demokratie und Parlamentarismus exportiert!
Die 26 Jahre als Volksvertreter haben mein Leben bereichert.
Ich habe viele gute Freunde gefunden, nicht nur in meiner eigenen Fraktion.
Ich weiß um den Fleiß, die Verantwortung und Hingabe, mit der Kolleginnen und Kollegen dieses Parlaments ihre selbstgewählte Aufgabe leisten.
Das gilt aber auch für unsere Mitarbeiter und die Verwaltung des Bundestages: Unser Parlament ist besser als sein Ruf.
Bei aller Freude gab es auch zweimal Momente, in denen ich kurz davor war aufzuhören.
Beide Male ging es um Morddrohungen, als auch meine Familie mit vier Kindern Monate unter Polizeischutz gestellt werden musste.
Auch das gehört zur Wirklichkeit eines Abgeordneten-Daseins.

Jetzt jedoch werden wir über das FFG entscheiden. Lassen Sie es uns gemeinsam tun!
Die Abgeordneten aller Fraktionen erheben sich und applaudieren anhaltend.

Für mich war dieser Abschieds-Augenblick überaus bewegend. Später, als ich allein war, dachte ich noch einmal an die Zeit zurück, als alles begann. Politiker, Abgeordneter des Deutschen Bundestages zu werden, lag völlig außerhalb meiner Berufsvorstellungen. „Du wirst Maurer", entschied meine Mutter. „Das Handwerk hat goldenen Boden!"

Zum Mitglied des Deutschen Bundestages auf ungeraden Wegen

Gegenwärtig, im 21. Jahrhundert, Otto von Bismarck, einstmals Reichskanzler, zu zitieren ist wirklich uralt Lavendel. Dann schon angemessener – mit einem Augenzwinkern – wäre es zeitgemäßer, sich auf Bill Gates mit seinen Visionen zu berufen.

Nein, ich halte an dem „Eisernen Kanzler" fest. Nicht aus Trotz gegen den Zeitgeist, sondern weil er mir mit seiner persönlichen wie politischen Lebensauffassung als Orientierung gedient hat. Wenn ich es denn beabsichtigte, könnte ich mit meinem Wissen von heute die Frag-, ja scheinbare Erbarmungslosigkeit mancher der Entscheidungen dieses Staatsmannes mühelos darstellen. Doch, um diese beifallsichernde Vordergründigkeit geht es mir nicht, ein Denkmal zu stürzen. Mich fasziniert – immer noch – der Mensch Otto von Bismarck. Deshalb zitiere ich ihn häufiger und ganz bewusst z. B.:

„Wir sind nicht auf dieser Welt, um glücklich zu sein und um zu genießen, sondern um unsre Schuldigkeit zu thun!"

Seit meinem Studium in Kiel bei einem mich begeisternden Hochschullehrer, dem „Bismarckkenner" Prof. Christian Degn, hat mich die politische Grundeinstellung des Reichskanzlers beeinflusst. Die rigorose Auffassung des gläubigen Pietisten über den Sinn unseres Lebens habe ich für mich um die Präpositionen „nur" und „auch" erweitert. „Wir sind nicht nur auf dieser Welt, um glücklich zu sein und zu genießen, sondern auch, um unsre Schuldigkeit zu thun!"

Meinen Dienst an und für unsere junge Demokratie zu leisten hat mich über alle fünfzig aktiven Politikerjahre und darüber hinaus geleitet. Natürlich hat mir manche Anerkennung geschmeichelt, habe ich den besonderen Status eines Kreis- wie Bundespolitikers genossen, doch mein eigentlicher Beweggrund hat mit meiner Biografie zu tun.

Von Fremdarbeitern erzogen ...

1942, im 3. Jahr des 2. Weltkrieges als Bauernsohn geboren, bin ich zu Anfang von polnischen und russischen Fremdarbeitern erzogen worden. Meine Mutter, die allein den Hof bewirtschaften musste, hatte weder ausreichend Zeit noch Geduld, sich um meinen Bruder und mich zu kümmern. Meinen Vater hatte die Wehrmacht bereits im August 1939 eingezogen. Am Ende des Krieges 1945 kam er aus Rumänien nicht wieder zurück. Seine wenigen Urlaubstage waren kurz bemessen. Sie reichten gerade, um zwei Söhne zu zeugen. Meine Mutter, ohne Kenntnisse von der Landwirtschaft, versuchte tapfer „ihren Mann" zu stehen. Die kritischen Beobachtungen wie Bemerkungen von Bauern in unserem Dorf, die den Krieg überlebt hatten, über die mangelnde Tüchtigkeit, ja Unkenntnis einer Frau in der Landwirtschaft haben ihr und auch uns Söhnen arg zugesetzt. Aufgewachsen sind mein Bruder und ich im Kreis von Flüchtlingskindern. In manchen Nachkriegsjahren gab es 17 Geflohene, davon 7 Kinder, die bei uns auf dem Hof eine vorläufige Heimat für mehrere Jahre fanden. Die Beschaffung von Nahrungsmitteln bestimmten Arbeit und Leben, über Politik wurde kein Wort verloren.

Als meine Mutter Insolvenz anmelden musste ...

Das Ansehen unserer Familie sank im Dorf weiter Anfang 1953 – nicht bei unseren direkten Nachbarn – als die Kriegerwitwe Börnsen Insolvenz anmelden, der Resthof aufgegeben werden musste. Meine Mutter hat sehr unter diesem Ansehensverlust gelitten. Statt die Pleite lange zu beklagen, widmete sie ihre neue freie Zeit uns Jungs und vielfältiger gemeinnütziger Tätigkeiten über unser Dorf hinaus. Mit Unterstützung gutwilliger Lehrer schaffte ich die Aufnahmeprüfung für einen ländlichen Aufbauzug, eine Art Mittelschule für stadtferne Kinder. Hier hatte ich das Glück, auf einen Geschichtslehrer zu treffen, der mich wegen seines Elans, eigenwilliger Pädagogik und kritischen Auseinandersetzung mit unserer jüngsten NS-Geschichte begeisterte. Ein Mann mit vielen tollen Talenten, auch mein späterer Mentor für das nieder- wie hochdeutsche Amateurtheater. Mit dem selbstbewussten Schulleiter dieses Aufbauzuges, einem ehemaligen charismatischen U-Boot Kommandanten, kam es häufiger zu Kontroversen. Der Grund dafür, mein Klassenlehrer, auch ein ehemaliger Wehrmachtsoffizier, ließ im Unterricht keine Gräueltat des Hitler-Regimes aus. Zwar sagte der Schulleitung die Rigorosität des Geschichtslehrers nicht zu, doch in den Unterricht eingegriffen wurde nicht.

Ich kann mich noch genau daran erinnern, wie Peter B. sich mit seiner Offiziersvergangenheit schwertat, als es um die Gehorsamsverweigerer der Männer des 20. Juli 1944 ging. Was ihn nicht davon abhielt, den Geschwistern Sophie und Hans Scholl wie Dietrich Bonhoeffer eine doppelte Unterrichtseinheit zu reservieren. Das todesmutige Handeln dieser Aufrechten gegen die Hitler-Diktatur hat mich nicht nur beeindruckt, sondern durchaus Einfluss auf mich ausgeübt, Alleinherrschern von Grund auf zu misstrauen.

Politiker wurden in der Baubude in Grund und Boden gestampft …

Während meiner anschließenden dreijährigen Maurerlehre und der Gesellenzeit war Politik kein Thema. Im Gegenteil, politisch Handelnde wurden bei zufälligen Diskussionen in der „Baubude" in Grund und Boden gestampft. „Die da oben machen doch, was sie wollen, den kleinen Mann haben sie nicht auf ihrer Rechnung!"

In den kargen Jahren habe ich nicht nur begonnen zu lesen, was mir unter die Hände kam, sondern mich der ehrenamtlichen Jugendarbeit mit Haut und Haar verschrieben. Wegen meiner „zwei linken Hände", wie Spötter unter den Berufskollegen behaupteten, also weil ich als Linkshänder nicht auf jedem Platz einer Baustelle einsetzbar war, möchte ich meine Jahre als Handwerker nicht missen. Sie haben mich Respekt und Demut vor denen gelehrt, die in der gesellschaftlichen Anerkennung noch heute zu kurz kommen. Fleißige, Pflichtbewusste, Gradlinige und äußerst Kollegiale habe ich unter den Bauhandwerkern kennengelernt. Meine plattdeutschen Sprachkenntnisse bauten mir manche Brücke und haben zu lebenslangen Freundschaften beigetragen. Später, im Deutschen Bundestag, als ich meine Biografie als Maurer mit fehlendem Abitur offenlegte, wurde ich in den Anfangsjahren, und besonders in meiner christdemokratischen Bundestagsfraktion, als Exot wahrgenommen und sogar von Juristen verhöhnt. „Ein gewöhnlicher, ungebildeter Maurer in unseren Reihen? Wer hat denn diesen Irrtum nach Bonn befördert?" Solche und ähnliche Bemerkungen gingen mir schon unter die Haut. Da sie nie direkt ausgesprochen wurden, war es schwer, ihnen zu begegnen. Ich hätte mich schon zu wehren gewusst.

Gast bei Dr. Konrad Adenauer, dem ersten Kanzler unserer Republik ...

Meine Defizite an Wissen und Bildung versuchte ich als Teilzeitbeschäftigter in einer ortsnahen internationalen Jugendbildungsstätte, dem Jugendhof Scheersberg, als Assistent für Gruppenpädagogik nachzuholen. Mein ehemaliger vieltalentierter Geschichtslehrer avancierte in dieser meistbesuchten Einrichtung ihrer Art in Schleswig-Holstein zu ihrem Gründungsdirektor. Er nahm mich unter seine Fittiche und lehrte mich die Praxis der politischen Jugendbildung.

Meine erste Begegnung mit einem waschechten Christdemokraten fiel auch in diese Jahre. Als Vorsitzender eines regionalen Kreisjugendringes erhielt ich die Einladung nach Bonn zu einem Treffen mit dem damaligen Bundeskanzler Konrad Adenauer.

Initiator war Will Rasner, der den Wahlkreis 1 im Bundesparlament vertrat. Der ehemalige Redakteur des Flensburger Tageblattes fungierte am Rhein in der Funktion des Geschäftsführers der CDU/CSU-Bundestagsfraktion als erfolgreicher Strippenzieher. Durch ihn erhielt ich nicht nur einen erstmaligen, mich tief berührenden Einblick in das Innenleben des Parlamentes, sondern auch die Erkenntnis, welche Wirkungen es hat, vor Ort, also in Bonn, aus erster Hand direkt politisch Handelnde kennenzulernen.

Über zwei Jahrzehnte später, als einer der Nachfolger von MdB Will Rasner, habe ich mein Bonn-Erlebnis konsequent mit einem Reise- und Begegnungsprogramm für Menschen aus unserer Region unter dem Titel „Einblick hinter die Kulissen der großen Politik" umgesetzt. Jährlich arrangierte unser Büro Besucherprogramme – für bis zu zweitausend Interessierte. Den Schwerpunkt setzten wir auf Schüler- und Jugendgruppenfahrten. In manchen Wochen glich unser Büro einer Reiseagentur. Der Aufwand war beträchtlich, jedoch auch der Nutzen, denn das Parlament hautnah – nicht aus zweiter Hand – zu erfahren, hinterließ nachdenklich gewordene Bürger.

Von meiner Begegnung mit dem ersten Bundeskanzler unseres Landes, Konrad Adenauer, bei Tee und alt gewordenem trockenen Gebäck war ich wie meine Freunde durchaus angetan, jedoch nicht beeindruckt. Der „Alte von Rhöndorf" erläuterte leutselig sein politisches Tagesgeschäft und beendete die Audienz, bevor wir dazu kamen, unsere sorgfältig vorbereiteten Fragen zu stellen. Die Enttäuschung darüber, nicht wirklich ernst genommen zu werden, war erheblich.

Im Clinch mit der CDU ...

Mit dieser Bonn-Unternehmung jedoch hatte mich die örtliche CDU, eine Partei von Honoratioren, am Haken. Eines Tages besuchte mich deren Kreisgeschäftsführer. Er versuchte, mich mit dem ersten Jahr einer Beitragsfreiheit zu ködern. Da dieser materielle Anreiz bei mir nicht verfing, bemühte er die Entstehung der Christdemokraten nach dem Zweiten Weltkrieg. Gegründet von aufrechten, mutigen Frauen und Männern, von denen mehrere Repräsentanten wegen ihres aktiven Widerstandes gegen das NS-Regime entweder im KZ gelandet waren oder langjährige Gefängnisstrafen abgesessen hatten. „Wir sind eine politische Bewegung, die vehement jede Diktatur bekämpft", erläuterte er, „eine Partei, die für die persönliche Freiheit eintritt, für Eigenverantwortung und durch ihren christlichen Bezug für soziale Verantwortung einsteht." Ich unterzeichnete das Mitgliederdokument und wurde bereits neun Monate später vom CDU-Kreisverband vor die Tür gesetzt. Ich hatte offensichtlich in den Augen dieser Altherrenbewegung zwei Todsünden begangen.

Erstens die „Erbhöfe" von CDU-Bürgermeistern in den ländlichen Gemeinden öffentlich hinterfragt und angeprangert. Es war durchaus gängige Praxis, dass der Gemeindevorsteher erst dann, wenn sein Sohn in der Lage war diese Aufgabe zu übernehmen, abtrat. Geflissenhaft nickten die Räte diese Regelung ab.

Gegenkandidaten aufzustellen wäre als Kriegserklärung gegen den Amtierenden aufgefasst worden. Unfriede in die Gemeinde zu bringen sei frevelhaft.

Radikal gegen Rechts ...

Mein zweites unerhörtes Vergehen als CDU-Mitglied bestand in der Organisation einer weit über die Grenzen des Kreises reichenden Protestveranstaltung auf dem Jugendhof Scheersberg. Mit aufrechten demokratieorientierten Freunden verschiedener parteipolitischer Schattierungen hatte ich einen politischen Club gegründet. Uns missfiel, genauer gesagt „stank" der aufkommende Rechtsradikalismus durch die NPD. Auch ausgelöst durch die Pläne in Bonn, erstmalig in der Bundesrepublik eine Große Koalition aus CDU/CSU und SPD zu bilden. Ein Parlament ohne eine wirkliche große Opposition fanden wir der Demokratie in unserem Land abträglich. Also demonstrierten wir lautstark gegen Neonazis, gegen das allumfassende Parteienbündnis und das unberechenbare Wirken der rechtslastigen NPD. Mein Bekennertum missfiel den örtlichen Autoritäten. Postwendend erhielt ich meine Parteikarte zurück. Jedoch wenn die Not groß ist, lässt sie auch gestandene Christdemokraten Kröten schlucken. Eine wichtige Kreistagswahl stand an. Die Mehrheit der konkurrierenden Parteien setzte auf eine Durchmischung des Alters der Kandidaten und präsentierte „sogar Frauen" für ein Kreistagsmandat. Die CDU geriet in Zugzwang, wollte sie nicht als ausschließliche Altmännerpartei ins Abseits geraten.

Ich erklärte mich zur Mitwirkung unter Bedingungen bereit. Mindestens zwei weitere Repräsentanten aus der jungen Generation sollten ebenso dabei sein, wie glaubwürdig viele Frauen. Schließlich sollte die Kreistagsfraktion die Initiative für ein jährlich stattfindendes Jugendferien-Camp einbringen. Die Idee, ein Sommerzeltlager für benachteiligte Jugendliche, brachte ich aus den USA mit. Dort war ich in den freien Monaten vor meinem Einsatz als Entwicklungshelfer als Camp Counseler in New Jersey tätig. Dafür ausgewählt hatte mich die Familie Claire und Albert Apple. Die dramatischen Monate auf der privat betriebenen Apple Farm werde ich nie vergesen. Claire und Albert, rumänische Juden, war es gelungen, noch kurz vor Beginn des Zweiten Weltkrieges aus ihrem Heimatland in die Vereinigten Staaten zu flüchten. Andere Familienmitglieder waren geblieben und in Konzentrationslagern elendig umgekommen. In ihr Feriencamp nahmen sie ausschließlich Kinder aus jüdischen Familien aus New York und Washington auf. Diese Ferienfreizeiten waren ihre Existenzgrundlage. Sie und ihre drei Kinder lebten davon. Und nun hatten sie mich, einen jungen Deutschen, als Betreuer angeworben. Den ersten Camp Counseler nach dem Kriege aus dem Nazi-Deutschland. Eine Provokation für viele jüdische Familien. Es kam sofort zur Kündigung von Ferienverträgen, zur Abreise von Kindern. Nein, ein Nazideutscher in einem jüdischen Camp sei unzumutbar, unerträglich! Die Einahmeeinbußen der Ferien-Farm waren beträchtlich. Mich, was durchaus verständlich gewesen wäre, setzten sie nicht vor die Tür. Auf einer kurzfristig einberufenen Sonderversammlung, an der über 300 Eltern teilnahmen, erklärten Claire und Albert ihr Handeln: Für sie seien Vergeben und Versöhnen ein Gebot der Menschlichkeit, wichtiger als Rache, Hass und Geschäftsschädigung.

Für mich wurde deren Handeln eine Lehre für das Leben. Über fast zwei Jahrzehnte hielten wir Kontakt und haben uns besucht. die Apple-Farm wurde für mich Vorbild für eine Sommerzeltlager-Initiative in unserer Region für Kinder, deren Eltern sich keinen Urlaub leisten konnten. Auch bei uns, dem damaligen Kreis Flensburg-Land, wurde ein solches Projekt durch den neuen Kreistag nach amerikanischem Vorbild umgesetzt, erstmalig in Schleswig-Holstein. Das Ferienfreizeitlager Neukirchen, pädagogisch innovativ, sozial ausgerichtet, existiert dank einer verantwortungsvollen, freien Trägerschaft durch einen aktiven Kreisjugendring noch heute.

Das politische Ehrenamt hat mehr Anerkennung verdient ...

Ich wurde jüngster Kreistagsabgeordneter und habe diesem Regionalparlament ununterbrochen mit Lust, Leidenschaft und Lernbereitschaft 24 Jahre angehört. Als Ehrenamtler habe ich in den über zwei Jahrzehnten durchgehend über alle Fraktionsgrenzen hinweg anhaltende Kollegialität und verlässliche Freundschaften erfahren. Trotzdem, aus Friede, Freude und Eierkuchen bestand diese Zeit in einer der größten Gebietskörperschaften Deutschlands keineswegs. Die Loyalität in der eigenen Fraktion wurde ergänzt durch Offenheit und Fairness bei den konkurrierenden Parteien, besonders dem SSW (der Partei der Dänischen Minderheit), der FDP und den Sozialdemokraten. Trotz unterschiedlicher Auffassung in vielen Politikfeldern beherrschten Respekt und Kollegialität das Klima der Sitzungen. Allein die Kreistagsabgeordneten mit rechter Gesinnung neigten zu Totalkritik und persönlicher Diffamierung. Bis heute hin beeindruckt mich das unserer Demokratie dienende freiwillige Engagement von Frauen und Männern in allen kommunalen Gremien. Durch den zunehmenden Egoismus und die überzogene Anspruchshaltung in unserer Gesellschaft wird deren Wirken immer belastender für sie. Ein Umdenken tut unbedingt Not.

Trotz aller Freude, erfolgreich politisch mitgestalten zu können, hatte meine Berufstätigkeit stets Vorrang. Auf Umwegen wurde ich Lehrer. Da es zum Abitur nicht gereicht hatte, bewarb ich mich in Kiel zur sogenannten Begabtenprüfung, um für das Lehramt studieren zu können. Annähernd drei Jahre bereitete ich mich in langen Abendstunden und mit dem Besuch einer Heimvolkshochschule neben meiner beruflichen Tätigkeit dafür vor.

In diese Periode fiel mein Einsatz als Entwicklungshelfer in Indien. Meine Aufgabe bestand darin, Arbeitsfelder für zukünftige Freiwillige aus Deutschland zu erkunden. Also tat ich u. a. Dienst in kleinen Handwerksbetrieben, landwirtschaftlichen Genossenschaften, in Krankenanstalten und streng isolierten Dörfern für Leprakranke. Es war ein Abenteuer ganz eigener Art in einem faszinierenden Land, ohne Vorbehalte Fremden gegenüber. Ich erhielt nicht nur neue Kenntnisse, sondern eine deutliche Differenzierung meiner bisherigen Weltsicht.

Die Begabtenprüfung, diese offene Tür für einen Hochschulweg von Nichtabiturienten, diente u. a. dem Ausschöpfen der ländlichen Bildungsreserve. Gemeinsam mit zwei späteren Kommilitonen erhielt ich grünes Licht, um „Schulmeister" zu werden. Mein Studium habe ich u. a. als Schlagzeuger in Jazz-Bands finanziert, weil mir ein BAföG versagt wurde. Lehrer war ich gerne, einer der erfüllendsten Berufe, die es meines Erachtens gibt.

Das Schicksal hatte es gut mit mir gemeint. In den 16 Lehrerjahren versäumte ich nur drei Unterrichtsstunden. Der Grund dafür: Am Abend zuvor verschätzte ich das Maß meiner Trinkfestigkeit. Was mir trotz aller Begeisterung für diese Tätigkeit und dem „Nebenjob" als Kommunalpolitiker fehlte, waren neue Herausforderun- gen, um noch intensiver der Demokratie zu dienen. Die erste Möglichkeit dazu bot sich im Herbst 1979. Die Bundestagswahl stand an.

Front gegen Franz Josef Strauß ...

Mein CDU-Kreisverband eröffnete mir die Kandidatur für den Wahlkreis 1. Die Chancen für die Union, die nördlichste Region zu gewinnen, schienen günstig. Meine Frau willigte ein, stimmte einem möglichen Mandat für Bonn zu. Trotzdem ist es nicht dazu gekommen. Ausschlaggebend dafür war die politische Großwetterlage in unserer Bundesrepublik. Die CSU beanspruchte für ihren Vorsitzenden Franz Josef Strauß die Kanzlerschaft. Mir, dem Spiegel-Leser, war dieser Wortmächtige, der u. a. die „Spiegelaffäre" zu verantworten hatte, suspekt, zu sprunghaft, zu autoritär, unberechenbar. Meine Absage stieß bei der Mehrzahl der damaligen CDU-Kreisautoritäten weder auf Verständnis noch Respekt. Im Gegenteil. Die

Entscheidungsträger empfanden meine Haltung als anmaßend. Nie wieder würde man mich auffordern, die Union im Bundesparlament zu repräsentieren! Dazu der fürsorgliche Rat: „Man muss im politischen Alltag auch Kröten schlucken können!" Wir von der Union verloren die Wahl. Willy Brandt wurde Bundeskanzler.

Acht Jahre später, am 15. März 1987, gewann ich mit einem denkbar knappen Vorsprung den Wahlkreis 1 für die Union und wurde damit Mitglied des Deutschen Bundestages. Mein Mitwettbewerber, der Sozialdemokrat Egon Bahr, Architekt der neuen Ostpolitik, zog als Spitzenkandidat seiner Landesliste gleichfalls in das Bonner Parlament.

Damit wurde der Wahlkreis 1 Flensburg-Schleswig – was eine Ausnahme war – von zwei Abgeordneten vertreten. Egon Bahr, der in Bonn am Rhein fest etabliert war, und von einem Neuling der politischen Szene, der nicht einmal wusste, wo er in der Rheinmetropole wohnen würde.
Der Tag nach der Wahl – das Flensburger Tageblatt und die Schleswiger Nachrichten:

Börnsen verteidigt für CDU den Wahlkreis

Mit knapp 4000 Stimmen Vorsprung vor Bahr

(bph). Ein „Nobody" besiegt einen Spitzenpolitiker: Der 44 Jahre alte Realschullehrer und Kreispolitiker Wolfgang Börnsen aus Bönstrup (Gemeinde Grundhof) hat bei der gestrigen Wahl den Bundestagswahlkreis 1, der den Kreis Schleswig-Flensburg und die Stadt Flensburg mit diesmal insgesamt 206 714 Wahlberechtigten umfaßt, für die CDU verteidigen können. Mit einem respektablen Vorsprung von 3941 Stimmen ging er als erster durchs Ziel und verwies einen Mitbewerber von der SPD, Egon Bahr, auf den zweiten Platz.
Damit konnte Börnsen die Sensation von 1983 wiederholen, als der inzwischen verstorbene CDU-Kandidat Harm Dallmeyer überraschenderweise der SPD und ihrem Bewerber den Wahlkreis ab-

nehmen konnte und für die CDU direkt in den Bundestag einzog. Wie vor vier Jahren muß sich der 64 Jahre alte SPD-Politiker jetzt wieder damit zufrieden geben, über die Landesliste seiner Partei in den Bundestag zu kommen.

Erst 49 Minuten nach Schließung der Wahllokale trafen die ersten Ergebnisse aus den 137 Städten und Gemeinden des Wahlkreises im Kreiswahlamt im Schleswiger Kreishaus ein. Das „Rennen" machte die Gemeinde Hollingstedt. Sie konnte um 18.49 Uhr ihr Wahlresultat nach Schleswig melden – eine satte Mehrheit für Wolfgang Börnsen (328:116 Stimmen). So eindeutig sollte das Stimmenverhältnis zwischen den Hauptkontrahenten nicht den ganzen Abend über bleiben. Lange Zeit sah es nach einem Kopf-an-Kopf-Rennen zwischen Börnsen und Bahr aus. Bis zuletzt waren sich die Beobachter in der Wahlzentrale über den Ausgang unschlüssig.

Obwohl das letzte Gemeindeergebnis lange vor 22 Uhr eingegangen war, dauerte es noch fast eine Stunde, bis der Kreiswahlleiter, Leitender Kreisverwaltungsdirektor Karl-Heinz Dockhorn, das vorläufige endgültige Wahlergebnis bekanntgeben konnte.

Für Börnsen hatten 78.514 Wähler votiert. Egon Bahr erhielt 74.573 Erststimmen. Für den FDP-Direktkandidaten Dr. Wolfgang Wegmann stimmten 5.232 Wähler, für Hans-Peter Rahe von den Grünen 9.937, für Hans-Otto Martens (NDP) 683, für Joachim Heuschkel (Patrioten) 116 und für den Einzelbewerber Dr. Ralf Cüppers (Frieden) 626.

Bei den Zweitstimmen, die über die Sitzverteilung im Bundestag entscheiden, gab es zwischen CDU und SPD fast ein „totes Rennen": Sie liegen mit 70.584 Stimmen oder 41 Prozent bzw. 70.191 oder 41 Prozent in etwa gleichauf. Bei den Zweitstimmen konnte die FDP mit 14.583 Stimmen oder 8,53 Prozent knapp ihren dritten Platz vor den Grünen mit 14.222 oder 8,32 Prozent verteidigen. Für die Frauenpartei votierten 546 Wähler (0,32 %), die Marxistisch-Leninistische Partei Deutschlands (MLPD) 47 (0,03 %) für die NDP 697 (0,4 %) und für die Patrioten 90 (0,05 %).

Stimmen zur Wahl
WOLFGANG BÖRNSEN: „Die Sensation ist perfekt, wenn ein Nobody wie ich sich gegen den Spitzenkandidaten der SPD durchsetzen kann. Das großartige Ergebnis wird für mich kein Ruhekissen sein, sondern die Verpflichtung, mich mit aller Umsicht und Sorgfalt energisch um die Lösung der vielen Probleme dieses Wahlkreises zu bemühen." EGON BAHR: „Ich kann dem Kollegen Börnsen zu seinem Wahlerfolg nur gratulieren. Er wird sehen, wie schwierig es ist, in Bonn zu erreichen, was er den Menschen im Wahlkreis versprochen hat. Wir werden das sehr aufmerksam verfolgen."

Umzug nach Bonn?

Als ich zwei Tage nach der erfolgreichen, wenn auch knappen Wahl, einen Eilbrief von der CDU/CSU-Bundestagsfraktion erhielt, wurde mir erst in diesem Augenblick deutlich, wie radikal sich mein Leben verändern würde. An allen zukünftigen Wochentagen, abgesehen von den Parlamentsferien, fernab in Bonn, nur an den Wochenenden bei meiner Familie in meinem Heimatdorf Bönstrup. Ein Pendler zwischen krass unterschiedlichen Welten. Ein Bahnfahrer sein zu müssen wie ein Kollege aus Konstanz mit der längsten Entfernung zum Arbeitsort. An diesen Spagat hatte ich mich zu gewöhnen. Ein ständiger Wohnsitz am Rhein kam für mich nicht in Frage. Ohne meine Frau und die Kinder befürchtete ich einen Verlust an Lebensfreude wie Lebenserfüllung. Boyke war gerade 4 Jahre alt geworden, Leve war 7, Ocke 9 und Tjorven 11 Jahre alt. Boyke, auf den neuen Beruf seines Vaters angesprochen, verkündete fröhlich: Der sei jetzt Bundesliga-Abgeordneter. Trotz täglicher Telefonate war ich in Bonn, später in Berlin, weit weg entfernt von meiner Familie. Allein nur meine Frau war vor Ort. Sie musste mit den kleinen wie großen Sorgen unserer Kinder ohne Hilfe fertig werden. Ein Umzug aller nach Bonn schied aus, denn Parlamentarier zu sein kann bereits nach vier Jahren, einer Legislaturperiode, abrupt beendet sein; wenn der Wählerwille es denn will. Ein solcher Spagat, wie ihn auch andere Berufe zwischen Arbeits- und Wohnort gezwungen sind, leisten zu müssen, ist für Familien eine herbe Herausforderung. Wir haben sie mit so manchem bitteren Verzicht, viel Geduld, Nachsicht, der Unterstützung guter Freunde und der Solidarität einer großen hilfsbereiten Verwandtschaft bewältigen können.

Wenn ein Bundestagsmandat zur Bürde wird ...

Nur als es zweimal in einer Legislaturperiode zu Morddrohungen gegen mich und meine Familie kam, weil meine Entscheidungen in einem Untersuchungs-Ausschuss als Abgeordneter anderen Menschen zuwider waren, traf sich der Familienrat, um ernsthaft abzuwägen, ob unter solchen, das Leben gefährdenden Bedingungen ein Festhalten am Mandat zu verantworten sei. Rückhalt von der Führung meiner CDU/CSU-Bundestagsfraktion in diesen uns alle belastenden Monaten: Fehlanzeige! Wir haben uns letztlich für das Weitermachen entschieden, den Terroristen die Stirn zu bieten.

Das Risiko nahm ein gutes Ende. Die Anrufer gaben – wohl wegen der Fangschaltung und örtlichen Polizeipräsenz – auf. Es war uns durchaus bewusst, es hätte auch anders ausgehen können.

Von deftigen Prügeln, die ich zweimal in Bonn bei einer Demonstration und später in Berlin anlässlich der Proteste zum 1. Mai in Kreuzberg, erhielt, habe ich meiner Familie, um sie nicht zusätzlich zu beunruhigen, nichts berichtet. Abgesehen davon kam ich ohne einen Krankenhausaufenthalt aus.

Am Rhein geriet ich mitten in den größten Aufstand, den das Rheinland bis dahin erfahren hatte. Tausende machten gegen die Raketenpolitik der Regierung mobil. Sie hatten mit Menschenketten das Parlamentsviertel hermetisch abgeriegelt. Niemand konnte in den Bundestag, um abzustimmen. Allein die Prominenz ließ sich per Hubschrauber einfliegen. Wir „Normal"-Parlamentarier blieben „draußen vor der Tür". Ich wollte mir die Freiheit eines Abgeordneten durch Gewalt nicht beschneiden lassen und versuchte den Riegel zu durchbrechen. Gut eine halbe Stunde später wachte ich in einer Bonner Notfall-Klinik wieder auf. Offensichtlich hatte ich die Ängste wie Aggressionen der Empörten unterschätzt. Die Ambulanz flickte mich zusammen und entließ mich.

Die zweiten Prügel erfuhr ich durch meine Neugierde. Ich wollte mir einen persönlichen Eindruck von den obligatorischen Krawallen um den 1. Mai in Kreuzberg verschaffen. Wegen meiner Abgeordneten-Immunität war ich mir sicher, dass mir nichts passieren würde. Einer der Anführer des Protestzuges jedoch erkannte mich. Lautstark gab er die Parole aus und wies auf mich: „Heute klatschen wir einen Penner aus dem Parlament und keine Polizisten! Verkloppt ihn!" Der Mob setzte sich tatendurstig in Bewegung. Wenn nicht beherzte Ordnungshüter eingegriffen hätten, wäre ich total „unter die Räder" gekommen. So kam es zu keinen Knochenbrüchen, blieb es bei heftig blutenden Blessuren. Sanitäter richteten mich wieder stadtfein. Mit den Worten: „Ihre Immunität können Sie sich bei uns in Kreuzberg an den Hut stecken" wiesen die Hilfreichen mir eine Straße, die noch frei von Aufmüpfigen war. Diese direkte Erfahrung war für mich kein Grund, meine Einzimmer-Wohnung in diesem kunterbunten Stadtteil aufzugeben.

Unabhängig von diesen beiden außergewöhnlichen Störfällen waren es bis zu meinem 25. Parlamentsjubiläum und darüber hinaus ereignisreiche, spannende, erfüllende Jahre als MdB.

Das 25-jährige Parlamentsjubiläum:
Sattelfeste Erinnerungen, sympathische Bekundungen, kollegiale Wünsche

Gut zwanzig Monate, bevor ich auf eigenen Wunsch aus dem Bundestag ausschied, genau am 25. Januar 2012, empfing mich die Crew meines Büros mit einer Überraschung. Uta, die fröhlich-forsche, einfallsreiche Büroleiterin drängte bereits bei der Morgenrunde darauf, es müsse am frühen Nachmittag eine Änderung im Tagesplan geben. Ich müsse mir Zeit und Muße für eine kurze Kaffeestunde nehmen. Noch bevor ich zur Nachfrage kam, ergänzte sie „Wir haben gemeinsam ermittelt und herausgefunden, dass Sie auf den Tag genau heute seit 25 Jahren ununterbrochen als MdB dem Deutschen Bundestag angehören. Ein solches ungewöhnliches Jubiläum", ergänzte sie, „muss gewürdigt werden. Zumal die normale ‚Stehzeit' eines Abgeordneten im Parlament gut acht Jahre betrage. Einer wie Sie, der irgendwie aus der Zeit gefallen ist, muss sich gefallen lassen, von seinem Team gefeiert zu werden." Meinen obligatorischen Einwand bei Anlässen dieser Art „erst die Pflicht, dann das Vergnügen" schien Uta geahnt zu haben, denn sie setzte in einem Atemzug fort: „Nach unserem Tagesplan für heute diskutieren Sie nach der Plenardebatte um 14.30 Uhr mit einer Besuchergruppe aus dem Wahlkreis und treffen erst um 16.30 Uhr den Filmproduzenten Eberhard Junkersdorf in seiner Funktion als Präsidenten der Filmförderanstalt, um die anstehende Präsidiumssitzung zu besprechen. Es bleibt also eine gute Weile für ihren Lieblingskuchen, die herzhafte Marzipantorte."

Wegbegleiter

Die eigentliche Überrumpelung an diesem Tag bestand nicht aus einer Tee- und Kaffeepause, ausgefüllt mit Erinnerungen, sondern aus zwei bibeldicken gebundenen Bänden. Wie Uta bei der Übergabe des Geschenkes rabulistisch erklärte, erhalte ich anlässlich meiner rekordverdächtigen Parlamentsdauer hier die gesammelten Werke von entwaffnenden Wünschen meiner Kolleginnen und Kollegen aus dem Bundestag für die Jahre nach dem Parlamentsdienst. „Und", setzte sie fort, „kollegiale Warnungen für die Resttage der Parlamentszeit, nicht noch zu einem windigen Wichtigtuer, wie es so manche hier in Berlin gibt, zu werden. Bleiben Sie ihrem Einsatz gegen die Politikverdrossenheit und für eine stabile Demokratie treu!" Meine Büromannschaft hatte ohne mein Wissen langjährige von mir besonders geschätzte Begleiter meiner Parlamentsjahre gebeten – falls ihnen der Sinn danach stände – einige Zeilen zu verfassen. Die durchweg persönlich gehaltenen Grußbotschaften meiner Kollegen und Kolleginnen haben mich – noch Jahre später – tief bewegt. Für mich waren und sind diese Einlassungen Zeichen gelebter Kollegialität über Parteigrenzen hinweg. Dazu gehören die sehr privaten wie kritischen Anmerkungen meines stets zuverlässigen CSU-Freundes Eduard (Eddi) Oswald, viele Jahre Vizepräsident des Parlamentes, von der enthusiastisch-engagierten Grünen Claudia Roth, mit der ich wiederholt – stets im gegenseitigen Respekt – kulturpolitische Klingen kreuzte, von Dagmar Enkelmann, der Linken aus den neuen Ländern, die zur bewährten Kollegin im Schüleraustausch-Programm mit den Vereinigten Staaten wurde, von Guido Westerwelle, der Initiativen zur auswärtigen Kulturpolitik nicht an engstirnigen Parteiinteressen scheitern ließ.

Persönlicher Dank aus dem Kanzleramt

Und gleichfalls handschriftlich verfasst, ein Schreiben von Angela Merkel, der Bundeskanzlerin. Sie stellte ihr Grußwort u. a. auf meinen Einsatz in ihrem Wahlkreis Rügen in den Wahljahren ab. „Sie sind der Einzige aus unserer Bundestagsfraktion gewesen, der in den Wahlkämpfen eine solche Solidarität mit mir praktiziert hat. Für mich, die ich wegen meines vielfachen bundesweiten Einsatzes in Wahlkämpfen meinen Wahlkreis nur unzureichend wahrnehmen konnte, war ihre Mitwirkung segensreich." Was die Kanzlerin vermutlich nicht erfahren hat: Bei einem meiner Rückhalte, die ich ihr gab, bin ich als Solo-Kabarettist als „Herr B. aus Berlin, Saaldiener im Bundestag" durch ihre Region getingelt. Meine Erfahrungen in dieser Rolle waren niederschmetternd, ja entmutigend. Niemand von den Besuchern war an Humor oder politischem Witz interes-

siert. Fakten wurden gefordert, Entscheidungshilfen für die anstehende Bundestagswahl.
Die Minister wie Staatssekretäre, die den Ball unseres Büros für gute Wünsche an einen der Dinos unter den Abgeordneten aufgriffen, antworteten bis auf eine Kollegin von der CSU uniform offiziell mit Briefkopf, allen Titeln, Textbausteinen, aber schwungvoller Unterschrift.

Vier Gratulationen fallen aus dem Raster

Für die vollständige Wiedergabe der nachfolgenden Schriften habe ich mir die Zustimmung aus den Büros der Verfasser eingeholt. Den Beginn bestreitet Peer Steinbrück ein Sozialdemokrat, der Kanzlerkandidat für seine Partei werden sollte. Wir lernten uns kennen und schätzen, als er noch Mitglied des Landeskabinetts von Heide Simonis in Kiel war. Mit diesem handfesten wie pragmatischen Staatssekretär gelang es, gemeinsam mit Flensburgs Oberbürgermeister Olaf Cord Dielewicz und den von mir beschafften wegen ihrer Höhe ausschlaggebenden Fördergeldern des Bundes, die Osttangente, eine zentrale Verkehrsumleitung der Fördestadt, nach über vierzigjährigem Streit zu realisieren.

Zu engeren Kontakten zu Herta Müller kam es Ende der neunziger Jahre, lange bevor sie 2009 mit dem Nobelpreis für Literatur ausgezeichnet wurde. Sie, Mitglied der Deutschen Minderheit im rumänischen Banat, hatte meinen Einsatz für Minderheitensprachen auch in Osteuropa nach dem Fall des „Eisernen Vorhangs" verfolgt. Gemeinsam gelang es uns, die Rechtsstellung der ehemaligen deutschen Auswanderer in der Region um Temeswar nachhaltig zu verbessern.

Gegenwärtig in Brüssel wie im Schloss Bellevue

Aus dem Kabinett Merkel gratulierte mir allein Ursula von der Leyen handschriftlich zu meinem Parlamentsjubiläum. Diese durchsetzungsfähige kluge wie couragierte Kollegin hatte es als Frau in unserer männerdominierten Fraktion gar nicht immer leicht, ihre strittigen sozialpolitischen Initiativen durchzusetzen. Ich teilte ihre Reformbemühungen im Grundsatz, stellte mich mit meinen Diskussionsbeiträgen an ihre Seite. Besonders, was nicht selten geschah, wenn sie auf „verlorenem Posten" stand, wenn die Hardliner in der CDU/CSU-Bundestagsfraktion zuerst das Wohl der Wirtschaft im Auge hatten. Freunde in der Fraktion habe ich mir mit meinem Einsatz nicht gemacht, aber dem politischen Anliegen gedient.

Schließlich kommt mit Dr. Frank Walter Steinmeier ein zweiter Sozialdemokrat zu Wort. Er, der ehemalige Vizekanzler wie Minister des Auswärtigen, war in diesen Jahren Vorsitzender seiner Bundestagsfraktion. Als Außenminister, so haben wir uns kennengelernt, hat er souverän, besonders in der auswärtigen Kulturpolitik gehandelt. Wenn ich von der Opposition als Sprecher meiner Fraktion für Kultur und Medien neue, oft waghalsige ungewöhnliche Initiativen einbrachte, reagierte Steinmeier nicht nur aufgeschlossen, sondern in so manchen Fällen als verlässlicher Verbündeter.

Für mich wurde dieser 25. Januar, dem Tag des 25. Parlamentsjubiläums, dank der umsichtigen Crew meines Büros ein erinnerungsreiches Ereignis. Abgerundet wurde er durch Uta, die mir eine Kurzstatistik mit den Worten „für einen der letzten Dinosaurier des Bundestages" überreichte, eine Parlamentsmitgliedschaft in nüchternen Zahlen.

Diese Übersicht ist diesem Kapitel ebenso beigefügt wie die kollegialen Wünsche.

Wolfgang Börnsen gehört zu der Riege von Bundestagsabgeordneten, die sich Sympathie über alle Fraktionsgrenzen erworben haben. Immer 'n freundlichen Schnack drauf, unverkniffen, echt und bodenständig. Ich kenne sein "Revier" schon aus meiner Jugendzeit, wenn ich den Sommer an der Schlei verbrachte.

Ich wünsche ihm Distanz zu Schwätzern, Nachsicht mit allen, die in seine Fußstapfen treten, Siege seiner Lieblingsmannschaften, immer einen guten Korn im Eisschrank und neue (positive) Reize.

Three Cheers! Ihr Peer

Gratulation von Peer Steinbrück

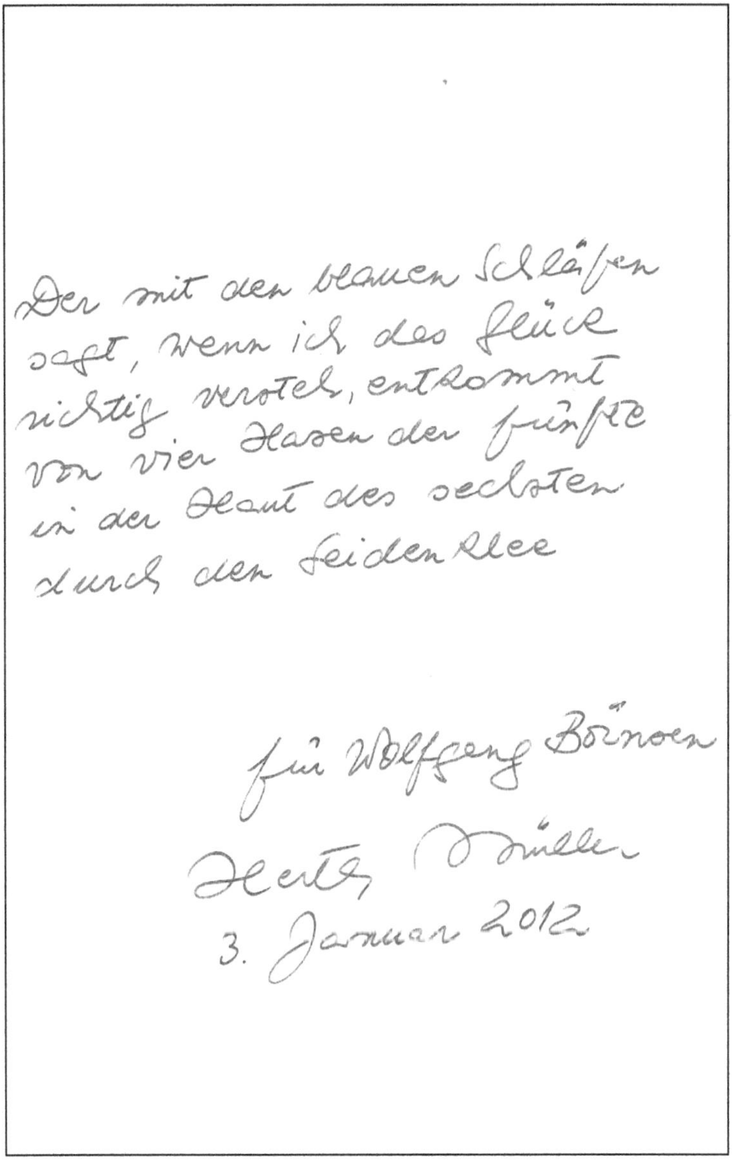
Der mit den blauen Schläfen
sagt, wenn ich das Glück
richtig verstehe, entkommt
von vier Hasen der fünfte
in der Haut des sechsten
durch den Seidenklee

für Wolfgang Börner
Herta Müller
3. Januar 2012

Gratulation von Herta Müller

Wolfgang Börnsen, das ist

... 26 Jahre mit ganzem Herzen im Dienste der Menschen im Wahlkreis 1, so hoch im Norden, wie's nur geht

.... 100 Prozent Einsatz für Kunst und Kultur, für Demokratie und Parlamentarismus

... 0 Prozent Zynismus und schlechte Laune

.... unvergessene Sternstunden des feinen Humors

... und Plattdeutsch mitten in Berlin am Rednerpult des Deutschen Bundestages!

Danke! Ursula v. d. L

Gratulation von Ursula von der Leyen

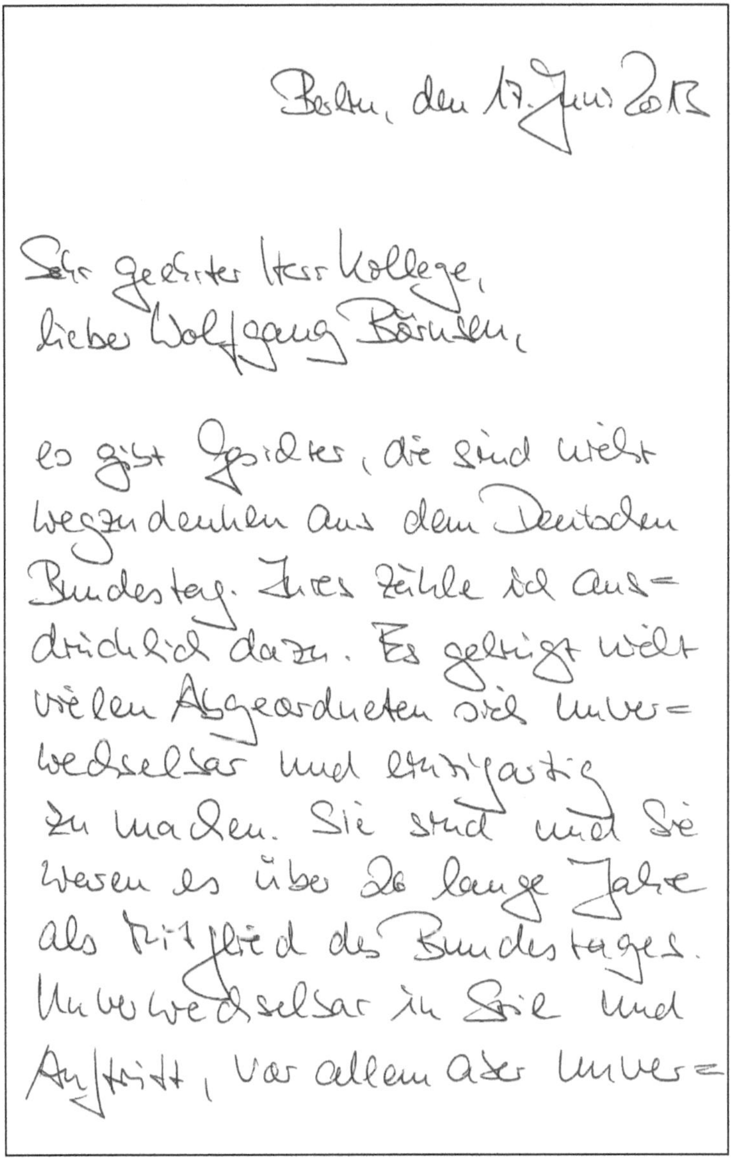

Berlin, den 17. Juni 2013

Sehr geehrter Herr Kollege,
lieber Wolfgang Börnsen,

es gibt Gesichter, die sind nicht wegzudenken aus dem Deutschen Bundestag. Ihres zähle ich ausdrücklich dazu. Es gelingt nicht vielen Abgeordneten sich unverwechselbar und einzigartig zu machen. Sie sind und Sie waren es über 26 lange Jahre als Mitglied des Bundestages. Unverwechselbar in Stil und Auftritt, vor allem aber unver=

Gratulation von Frank-Walter Steinmeier, unvollständig

Bilanz in Zahlen

25 Jahre Mitglied des Bundestages in Zahlen

25 Jahre = 300 Monate = 1303,57143 Wochen = 9125 Tage = 219.000 Stunden = 13.140.000 Minuten = 788.400.000 Sekunden

In den 25 Jahren als MdB erlebten Sie 4 Bundestagspräsidenten (Philipp Jenninger, Rita Süssmuth, Wolfgang Thierse, Norbert Lammert), hielten in 7 Wahlperioden und ca. 517 Plenarwochen 130 Reden, bestritten 7 Bundestagswahlkämpfe und unterstützten tatkräftig 7 Landtagswahlkämpfe in Schleswig-Holstein und absolvierten über 3.000 Besuche in Betrieben, Institutionen und Verbänden.

In 25 Jahren nahmen Sie an 1553 Plenarsitzungen teil, fuhren ca. 258.833 km von Bönstrup nach Bonn und Berlin, empfingen über 30.000 Besucher, hielten mindestens 250 Bürgersprechstunden ab, schrieben 7 Bücher, veröffentlichten über 5.000 Pressemitteilungen und Artikel, verschlissen 5 Fahrräder, wovon eins in Bonn und zwei in Berlin geklaut wurden, verteilten ca. 10.000 Nikolausboten, gaben über 100 Praktikanten in Ihrem Büro Einblick in die Welt der Politik, horchten 5 Fraktionsvorsitzenden in über 530 Fraktionssitzungen.

In Deutschland kam es in den 25 Jahren zu drei Regierungswechseln, drei Bundeskanzler (Helmut Kohl, Gerhard Schröder, Angela Merkel) regierten mit unterschiedlichen Koalitionen. Die Mauer fiel, Deutschland wurde wiedervereinigt, junge Republiken und Demokratien entstanden, Europa wuchs zusammen, der Bundestag zog von Bonn nach Berlin, der Euro löste die DM ab.

Während Ihrer Zeit als Bundestagsabgeordneter repräsentierten die 5 Bundespräsidenten Richard von Weiszäcker, Roman Herzog, Johannes Rau, Dr. Horst Köhler und Christian Wulff erst das geteilte, dann das wiedervereinigte Deutschland.

In Schleswig-Holstein standen die 5 Ministerpräsidenten Uwe Barschel, Henning Schwarz, Björn Engholm, Heide Simonis und Peter Harry Carstensen in der Regierungsverantwortung sowie folgende 6 Landesvorsitzende der schleswig-holsteinischen CDU vor: Gerhard

Stoltenberg, Ottfried Hennig, Peter-Kurt Würzbach, Peter Harry Carstensen, Christian von Boetticher und Jost de Jager.
In diesem Buch kommen einige der Personen zu Wort, die Sie in diesen Jahren – zumindest für eine Weile – begleiteten.
Alles Gute zum 25-jährigem Jubiläum, lieber Herr Börnsen! Ihr MdB-Team

P.S.: Fast hätten wir bei den Bundespräsidenten Prof. Horst Köhler vergessen, der das Vorwort zu Ihrer Gerhard-Stoltenberg-Biografie „Feld oder Brandung" verfasst hat. Genießen Sie die vielen herzlichen Glückwünsche und vor allen Dingen die ungewöhnlich-persönlichen Gratulationen.

Zurück zur Normalität eines Abgeordnetendaseins. Ein Blick auf weitgehend unbekannte Aktivitäten des Bundestages.

Neben politischen Geschehen im Parlament bietet das Machtzentrum Bundestag zahlreiche Nischen, die selten ausgeleuchtet werden. Sie haben zwar nur indirekt einen Bezug zu unserer MdB-Aufgabe, zeigen jedoch die Offenheit unseres Parlamentes.

Vielfalt zu praktizieren sowie dem Zeitgeist, bei all seiner Fragwürdigkeit zu entsprechen. Selten erfahren Bundesbürger davon, „was sonst noch" im Reichstag geschieht. Eine Parlamentsinitiative jedoch war davon ausgenommen. Sie wurde als „einmalig, sensationell, eigentlich unvorstellbar" bezeichnet: Das erste und einzige Kabarett des Deutschen Bundestages.

Hinter den Kulissen des Parlamentsbetriebes

Kleinkunstbeitrag: „PR-Beratung für einen Kandidaten des Bundestages" aus dem Kabarett „Die Wasserwerker"

Berater:	Wenn Sie die Wahl gewinnen wollen, müssen wir Ihr Image etwas liften (Er geht um den Tisch und hebt dem Abgeordneten die Augenwinkel an. Sieht auf sein Werk.)
Kandidat:	Ich habe mir doch extra eine neue Brille gekauft.
Berater:	Das reicht heute leider nicht mehr, Altkanzler Gerhard Schröder kann ein Lied davon singen. Heute kommt es auf die Erscheinung an.
Kandidat:	Bitte?
Berater:	Na, auf Omnipräsenz in den Talkshows. Wenn Markus Lanz Sie an Barbara Schöneberger weiterreicht und Oliver Pocher Sie dort abwirbt, und wenn der Böhme öffentlich schwört, dass Sie bei ihm nie auftreten dürfen, dann haben Sie gewonnen.
Kandidat:	Aber wie erfährt Markus Lanz von mir?
Berater:	Sie sind ein extrem schwieriger Fall. Nicht dunkelhäutig, verheiratet, erst zweimal geschieden, drei Kinder, heterosexuell, Beamter in der dritten Generation. Dafür interessiert sich kein Schwein. Haben Sie denn wenigstens ein Hobby?
Kandidat:	Modelleisenbahn.
Berater:	Auch das noch! Aber warten Sie. Wir können Sie live auf eine Lokomotive setzen und einen Personenzug drauf rasen lassen. Sie stoppen rechtzeitig in letzter Sekunde. Action-TV. Der Retter der Siebenhundert!
Kandidat:	Kann man denn das nicht auch mit einem Auto machen, ich meine ...

Berater: Auto ist immer noch gut. Aber dann eine Nobelmarke. Sie sind mit dem jungen Schumi auf Du und Du. Und anschließend eine Sektflaschenschlacht ...

Kandidat: Vielleicht auch eine Rettungstat mit dem Fahrrad?

Berater: Ja, aber dann kommt nur der ADFC, nicht der Mobilclub in Frage. Darunter geht nichts mehr, seit Grüne die Straße erobert haben.

Kandidat: Ich weiß nicht, ob ich dafür sportlich genug aussehe?

Berater: Abspecken, zehn Kilo. Legen Sie sich ein ordentliches Faltenprofil zu, wie früher der Joschka Fischer. Joggen Sie jeden Morgen an der Spree. Lassen Sie sich zwischendurch mal den Bart abnehmen!

Kandidat: Alles gleichzeitig?

Berater: Nein, nein! Das müssen richtige Events werden, interessant für das TV. Strategisch vorprogrammiert.

Kandidat: Aber wenn der Bart ab ist, dann habe ich doch nichts mehr zuzulegen ...

Berater: Haben Sie eine Ahnung. Sie könnten Bücher schreiben wie der Habeck ...

Kandidat: Philosophieren? – Kann ich nicht. Aber vielleicht Kochbücher verfassen? Kochbücher, das wäre doch was!

Berater: Meinetwegen Märchenbücher und Tierbücher. Aber das wird alles nicht zum großen Durchbruch reichen.

Kandidat: Was schlagen Sie noch vor?

Berater: Eine Dienstreise auf einem Seelenverkäufer zu einem Südseeatoll mit Greenpeace an der Seite. Oder eine Landung auf einer norwegischen Bohrinsel wie Angela Merkel ...

Kandidat: Und wenn das alles nicht reicht, um zu Lanz ...

Berater: Dann müssen Sie sich scheiden lassen. Damit hätten Sie im Bundestag „Stallgeruch".

Kandidat: Was denn – schon wieder?

Berater: Wer Parlamentarier werden will, muss scheiden lernen.

Kandidat: Wieso denn Abgeordneter?

Berater: Ich dachte, Sie wollen gewählt werden?

Kandidat: Aber ja doch, zum Vorsitzenden des Aufsichtsrates von Gazprom.

Berater (hört gar nicht richtig hin): Warum sagen Sie denn nicht gleich, dass Sie höher hinauswollen. Warten Sie mal! Da fällt mir ein: Aus einem Amateur haben wir sogar einmal einen der Bosse des Aufsichtsrates gemacht.

Im Nebenjob, sieben Jahre Mitglied der sechsten Fraktion des Bundestages „Die Wasserwerker"

Irgendwann, im Herbst 1992, so erinnert sich Rita Süssmuth, die damalige Präsidentin des Bundestages, wurde im Ältestenrat die Idee geboren, ein eigenes „Bundeskabarett" auf die Beine zu stellen. Der anstehende Umzug der Volksvertreter aus dem Provisorium des ehemaligen Wasserwerkes in dem piekfeinen neuen Plenarsaal sollte fröhlich, mit Humor und Selbstkritik angereichert, gefeiert werden. Die Dame von Stand verschweigt dabei, dass sie an dieser für ein Gesetzgebungsorgan ungewöhnlichen Idee nicht unbeteiligt war.

Komödiantenauftritte unter den Flügeln des ehrwürdigen Bundesadlers? Nicht mit uns, stellt sich die CDU/CSU quer. Damit würde die Würde des Hohen Hauses verletzt! In jedem anderen Raum ja, aber nicht dort! Einfallsreich wie „Lovely Rita" nun einmal war, packte sie ihre eigenen Fraktionskollegen und -kolleginnen an ihrem Wort. Zähneknirschend stimmte die Union zu, dass die Premiere im größten aller Räume, dem von den Konservativen, stattfinden sollte. Was meine Parteifreunde nicht bedachten, nun fand Kabarett zwar nicht unter dem Adler, jedoch unter einem imposanten Kreuz statt, das an der Stirnseite dieses Raumes prangte. Natürlich haben wir über dieses „Raum-Spektakel" eine eigene mit Ironie gewürzte Nummer geschrieben, den Verantwortlichen den Spiegel vorgehalten.

Bereits bevor die „Wasserwerker" aus der Taufe gehoben wurden, unkten Berufspessimisten, diese Schnapsidee sei zum Scheitern verurteilt. Es werde sich von den Volksvertretern schwerlich jemand finden, sich vor allen Kollegen, den Medien und Mächtigen aus der Regierung zur Witzfigur zu machen, noch bereit sein, sich selber auf die „Schippe" zu nehmen. Diese Schwarzseher jedoch sahen verblüfft in die Röhre.

Am 22. September gründeten wir acht Berufsoptimisten um Mitternacht zwischen Bratkartoffeldunst und Bierbestellungen das erste und zugleich einzige Kabarett des Deutschen Bundestages. Standesgemäß im Clubraum hinter Ossies legendärer Bar unter dem Wasserwerk. Einige von uns mit „Bühnenerfahrung", die Mehrzahl mit gutem Willen. Wichtig war uns von Beginn an, alle Fraktionen sollten vertreten sein und jeder nimmt ausschließlich seine eigene Partei aufs Korn. Ich schnitt bei dieser Festlegung vorteilhaft ab, gehörten doch Kohl, Blüm, Seehofer und andere „Helden" der Politik zu meiner Klientel. Mich kaperten die Initiatoren, weil sie um meine Vergangenheit als Kleinkünstler wussten. Mein Studium hatte ich u. a. als Schlagzeuger in einer Jazzband finanziert und war an Wochenenden als Spielleiter einer Niederdeutschen Bühne und einer Kabarett-Initiative der internationalen Jugendbildungsstätte des Jugendhofes Scheersberg engagiert.

Gut sechs Wochen später, ergänzt durch einen Berufsmusiker und Bühnentechniker, erfolgte nicht nur unser erster Auftritt, sondern litten wir – gehärtete Profis in der freien Rede – unter beklemmendem Lampenfieber. Der Saal war rappelvoll, angefüllt mit Kollegen und Mitarbeitern, Neugierde, Häme, Sensationsgier, Skeptikern und Kritikern aus den Medien mit gezückten Messern. Abgeordnete als Komödianten war für das beschauliche Bonn durchaus eine außerordentliche Sensation.

Erstmalig erfolgte an diesem Abend eine Schlussnummer, die wir als Ritual über alle Jahre beibehalten haben. Den lockeren, schlichten Text hatte die Managerin von uns „Wasserwerkern", Gerlinde Hämmerle, eine einfallsreiche, gestandene Sozialdemokratin, verfasst. An diesem Premierenabend deklamierte sie ihn erstmalig – und zu unserer Verblüffung wie Freude – unter prasselndem Beifall und am Ende stehendem Applaus:

„Es haben mitgewirkt: Ganz zweifellos als größter Dichter, der F.D.P.ler Manfred Richter. Aus Schleswig-Holstein, das muss sein, Engholms roter Guru Eckhard Kuhlwein. Aus Schäubles Club, schwarz wie die Nacht, hat Börnsen (Bönstrup) mitgemacht. Sie trifft den Sound ganz ohne Fehl, die Sozifrau Ulrike Mehl. Er ist ein Profi, hört gut hin, der Liberale Koppelin. Der schwarze Bohlsen zupft und schlägt den Baß, der unseren Rhythmus trägt. Und durch Fischer Evelin haut das Ganze noch mehr hin. Es träumt in Bonn so manches Lieschen, von unserem Peter Conradieschen. Dies schrieb im stillen Kämmerle, für Euch (alle im Chor) Gerlinde Hämmerle."

Wir sparten nicht an Kritik, besonders die vermeintlichen Stars des Parlamentes bekamen „ihr Fett weg". Eisern verzichteten wir auf Häme, Bösartigkeit und persönliche Diffamierung und blieben mit unseren Inhalten stets im Umfeld des Bundestages. Wir waren und blieben Amateure, wurden trotzdem häufig angefragt. Nicht selten als die „Komiker aus Bonn". Bewusst beschränkten wir unsere Auftritte auf den Tag der Deutschen Einheit, Wohltätigkeitsveranstaltungen, z. B. der Deutschen Herzhilfe und das Fernsehen. Wegen unseres hintergründigen Humors und Originalität wurde die gesamte Truppe in Münster Träger eines Karnevalsordens.

Wir Wasserwerker fanden nach sieben Jahren erfolgreicher Auftritte ein abruptes Ende, nach einer weiteren Bundestagswahl. Rot-Grün kam an die Regierung, Gerhard Schröder wurde Bundeskanzler. Er, so teilten uns seine Genossen kleinlaut mit, habe in einer Fraktionssitzung seiner Sozialdemokraten deutlich zu verstehen gegeben: „Über ihn, Gerhard Schröder, werden aus den eigenen Reihen keine Witze gerissen. Die Würde eines Kanzlers habe man zu respektieren!" Damit entfiel die „Geschäftsgrundlage" unserer bunten, fröhlichen und überaus kollegialen Truppe. Nach sieben erfüllten Jahren fiel der Vorhang endgültig.

Prof. Rita Süssmuth schrieb uns Wasserwerkern einen Abschiedsbrief. Darin heißt es:

„Mit Ihren Auftritten in Bonn, im TV und anderswo haben Sie, die 6. Fraktion unseres Parlamentes, für die Demokratie und für unser Parlament geworben, erfolgreicher vielleicht als die Fernsehübertragungen mancher heißen Redeschlachten aus dem Plenum." Und Wolfgang Thierse, der amtierende Bundestagspräsident, würdigte uns Kollegen aus allen Fraktionen. „Wir sind zu einem erfolgreichen Werbeträger für die Politik geworden, weil wir, die wir aus unterschiedlichen Parteien kommen, zugleich über trennende Sachthemen hinweg die Gemeinsamkeit von Demokraten glaubwürdig demonstrieren."

Einige wenige Texte in diesem Parlamentsbuch, an deren Entstehung wie Darstellung ich mitgewirkt habe, zeigen die Bandbreite der durchweg zeitlosen Themen der Wasserwerker ebenso wie die Anliegen von uns, der 6. Fraktion des Deutschen Bundestages.

Auch wenn uns einige Kollegen und Kolleginnen abfällig als Freizeitkomiker bezeichneten, wir hatten Freude an dieser „Nebentätigkeit". In unserer parlamentarischen Verantwortung ließen wir keinesfalls nach. Im Gegenteil! Bereits vor diesem Ausflug in die Kulturpraxis war ich zu einer Sonderaufgabe überredet worden. Vehement hatte ich mich – erfolglos – dagegen gewehrt. Jedoch nach wenigen Monaten erfüllte mich die Tätigkeit so umfassend, dass ich sie bis zum Ende meiner Parlamentsjahre gerne ausübte. Die erlebte kollegiale Zusammenarbeit über alle Fraktionsgrenzen hinweg und eine engagierte Bundestagsverwaltung trugen wesentlich zum Wohlgefühl bei.

Einmalig! Ein Jugendaustausch zweier Parlamente und wie ein US-Präsident dessen Krise kittet

Sie konnte nicht nur gewinnend lächeln und überzeugend argumentieren, sondern war zugleich durchsetzungsfähig: Die damalige Vizepräsidentin des Deutschen Bundestages, Annemarie Renger, eine gestandene Sozialdemokratin von Format.

Wenn sie sich etwas in den Kopf setzte, ließ diese Parlamentarierin erst dann locker, wenn sie ihr Ziel erreichte.

Ich habe ihre Beharrlichkeit erfahren. Es ging um die Besetzung eines Berichterstatters für das „PPP", ein parlamentarisches Patenschaftsprogramm zwischen dem Repräsentantenhaus der Vereinigten Staaten und dem Deutschen Bundestag. Die Position war vakant geworden, weil zwei Kollegen kurz nacheinander sich wegen angeblicher Arbeitsüberlastung in die Büsche schlugen.

Nach den Regeln des Ältestenrates musste ein Kandidat aus der Mehrheitsfraktion der CDU/CSU für eine Überbrückung von zwölf Monaten gefunden werden. Ich war erstmalig im Bundestag, ein unbeschriebenes Blatt, hatte von diesem Programm zweier Parlamente noch nie etwas gehört.

Anruf aus dem „Renger-Büro", die Frau Vizepräsidentin möge mich gerne bei Tee oder Kaffee kennenlernen. Warum auch nicht! Zwar war kein Wort über den Anlass dieses Treffens gefallen, aber Neugierde und Höflichkeit ließen mich die Einladung einer Repräsentantin der Opposition annehmen.

Ich traf auf eine kluge, charmante wie zielstrebige Frau: „Also Herr Kollege, ich bin für internationale Beziehungen des Bundestages zuständig. Dazu gehört ein überschaubarer jährlicher Schüler-Austausch mit den USA. Es fehlt uns derzeit ein Berichterstatter. Einer ihrer Vorgänger im Wahlkreis 1, Johann Christoph Besch, hat Sie dafür vorgeschlagen. Er sagt, Sie seien geeignet, die Aufgabe würde Ihnen Freude bereiten."

Ich schüttelte meinen Kopf. „Ich bin völlig neu im Bundestag, kenne weder diese Initiative, den damit verbundenen Zeitaufwand noch die Struktur der Bundestagsverwaltung."

Eine Parlamentspräsidentin lässt nicht locker. Annemarie Renger nickte freundlich, verständnisvoll und ... ließ sich auf meine Vorbehalte gar nicht erst ein. „Ich habe mir Ihre Biografie angesehen. Sie waren u. a. in einer internationalen Jugendbildungsstätte, dem Jugendhof Scheersberg bei Ihnen oben an der Flensburger Förde, tätig. Sie haben in den USA als Camp Counselor in Ferienlagern gearbeitet, waren Lehrer und scheinen mir als gelernter Maurer auch bodenständig zu sein." Spitzbübisch ergänzte sie: „Ihr einziger Makel bei dem Lebenslauf, Sie sind in der falschen Partei. Geben Sie Ihrem Herzen einen Stoß, sagen Sie zu! Das PPP ist neben ihrer Abgeordneten-Tätigkeit ein überschaubarer Aufwand."

„Ich möchte zuerst ‚parlamentarischen Grund' unter meine Füße bekommen", entgegnete ich, „dann bin ich gerne dabei."

Auch auf diesen Einwand ging meine Kollegin, die Parlamentsgeschichte geschrieben hat, nicht ein. Annemarie Renger, die erste Frau als Präsidentin des Deutschen Bundestages, zog eine Wahlbroschüre von mir aus dem Stapel ihrer Unterlagen. „Hier lese ich, Sie kandidieren für das Parlament, weil Sie sich mitverantwortlich für unsere Demokratie fühlen und besonders für die heranwachsende Generation gestalten wollen."

Damit setzte meine Kollegin ihre Daumenschrauben an: „Als Berichterstatter für das deutsch-amerikanische Schülerbegegnungsprogramm können Sie ab sofort beide Absichten verwirklichen: Konkrete politische Jugendbildung betreiben und Initiativen der Heranwachsenden in den Bundestag einbringen. Betrachten Sie es als eine Auszeichnung, für unser gesamtes Parlament tätig zu sein." Und, pragmatisch wie Annemarie Renger nun einmal war, baute sie mir eine Brücke: „Es handelt sich nur um zwölf Monate!"

Aus diesem einen Jahr wurden sechsundzwanzig. In dieser Zeit wurde von mir und meinen mitverantwortlichen Kollegen aus allen Fraktionen voller Einsatz, Offenheit, viel Verständnis und Geduld für eine jugendliche Altersgruppe erwartet, die voller Energie, Elan, Lerneifer, Lust, Leidenschaften und viel Idealismus war, die sich auf das Abenteuer, für ein ganzes Jahr die USA zu entdecken, einließ.

600 Schüler wie junge Berufstätige zweier Länder, ausgewählt und begleitet von Parlamentariern beider Staaten, bilden seit fast 40 Jahren den Kern dieses Begegnungsprogrammes. Die Vereinigten Staaten wie die Bundesrepublik stellen jährlich aus ihrem Etat dreihundert Plätze zur Verfügung. Diese Initiative ist einmalig zwischen der „neuen" und der „alten" Welt, sie fußt auf der Zusammenarbeit

beider Länder nach dem Zweiten Weltkrieg. Ein Jahr Aufenthalt in der „Fremde", bei Gasteltern und in Nachbarschaftsschulen bedeuten nicht nur Trubel, Träume, neue Tatsachen, sondern für nicht wenige, sich selbst besser kennenzulernen, mit Frust fertig zu werden, Enttäuschungen zu verkraften. Solche Fälle haben uns, die Verantwortlichen, auch beschäftigt und verständnisvolle Lösungen erfordert.

Während bis in die Gegenwart meine Kollegen im Bundestag sich bravourös diesem Modell eines internationalen Jugendaustausches verschrieben haben, es stützten und stark sein lassen, bröckelte die Begeisterung im US-Repräsentantenhaus in den neunziger Jahren so merklich ab, dass am Ende dieses Jahrzehnts Washington alle Mittel dafür strich.

Das US-Repräsentantenhaus will aussteigen

„Ein Jahr noch", ließen die Abgeordneten mitteilen, dann sei endgültig Schluss. Sang- und klanglos: Ende Gelände! Aller Protest vom Bundestag, der Bundesregierung bis hin zum Bundespräsidenten prallten von unseren Bündnispartnern ab. „Die Dollar dafür werden an anderer Stelle dringender benötigt!"

Besonders unsere Verwaltung, überaus zuverlässig, hilfsbereit und engagiert beim PPP, reagierte schier verzweifelt.

Da nahte, wie es in klassischen Wildwest-Filmen der Fall ist, die Rettung in höchster Not. Der Held näherte sich zwar nicht auf einem Rappen mit hängenden Zügeln stürmisch galoppierend, sondern mit der „Air Force One". Geboren als William Jefferson Blythe III, genannt Bill Clinton, der 42. Präsident der Vereinigten Staaten. Er befand sich auf dem Weg zu seinem ersten Deutschlandbesuch. Zufällig befanden sich die 300 US-Schüler in Berlin, als Gäste des Bundestages. Diese einmalige Gelegenheit, so fanden wir Verantwortlichen, musste genutzt werden, um evtl. doch noch eine Meinungsänderung zu erreichen. „Bill", so formulierte es Mary Lou, die wie der US-Präsident aus Hope in Arkansas stammte, müsse als Mitstreiter gewonnen werden, koste es, was es wolle! Altparlamentarier in Berlin winkten ab.

Erstens, das PPP sei kein Präsidentenprogramm, zweitens der Terminplan für den Repräsentanten der USA sei seit vielen Wochen in Blei gegossen. Es gebe keine Lücke für ein Treffen mit ihm, um unsere Sorgen vorzutragen. Und drittens würden Sicherheitsvorschriften jeden Kontakt verhindern!

Gehandelt wurde von den jungen Amerikanerinnen und Amerikanern nach dem Grundsatz: „Geht nicht, gibts nicht!" Mary Lou mit familiären Kontakten und Beziehungen zu ihrer Heimatstadt gelang es, drei Leidenschaften Clintons bei dessen Familie und Freunden zu ermitteln. Sie verkündete: „Bill nascht gerne (aber heimlich) Marzipan, bevorzugt Bier aus Bügelflaschen und genießt es, wenn ein Girls-Chor Songs aus Arkansas präsentieren würde."

Doch wie sollten wir an diesen von allen Seiten hermetisch abgeschirmten Präsidenten herankommen? Dafür bot sich die Lutherstadt Eisenach an, von Clinton persönlich als Besuchsort gewünscht. Hier wollten und würden wir unser Glück versuchen.

US-Präsident Clinton in Eisenach – unsere letzte Chance

Wir notieren den 14. Mai 1998, 11 Uhr, ein Bilderbuch-Frühlingstag. Auf Eisenachs Marktplatz drängen sich die Besucher. Erstmalig ein US-Repräsentant in Thüringen! Ein Riesenereignis! Rund um die Tribüne mit Clinton, dem Bundeskanzler und den Ehrengästen eine unüberwindliche dreifache Absperrung. Sicherheitskräfte Schulter an Schulter. Kein Durchkommen für unsere Delegation!

Mit den Worten: „Gott schütze Sie", endet eine sehr emotionale US-Präsidentenrede. Beifall brandet auf, will gar nicht enden, bis Clinton noch einmal ans Mikro tritt. Alles schweigt plötzlich, wartet neugierig, was jetzt kommen wird.

Da, in dieser gespannten Pause, ertönt der schrille Schrei von Mary Lou. „Hey Bill, hey Bill. Greetings from Hope!" Der Präsident wendet sich verwundert unserer Gruppe zu.

Hier in Eisenach, in Germany Grüße aus seiner Heimatstadt Hope? Mary Lou unerschrocken: „Hope ist also my hometown." Clinton ruft: „What you're doing here? Come on with your friends! Tell me!"

Die Absperrung wurde geöffnet, zwanzig US-Schüler präsentieren (fast) spontan einen Song aus Arkansas, seinem Heimatstaat. Der Präsident war sichtlich bewegt, die Offiziellen vom Protokoll dagegen erstarrt, die Sicherheitskräfte höchst verunsi- chert.

Der Präsident bat die gesamte Gruppe zu einem kurzen Treffen hinter die Bühne, denn von einem PPP hatte er noch nie etwas gehört. Mary Lou und ich übernahmen es, ihn kurz ins Bild zu setzen. Seine Antwort erfolgte kurz, knapp und ermutigend: „Okay. I'll help you!" Und um unser Anliegen ein Stück unvergesslich für den Präsidenten zu gestalten, erhielt er eine Schachtel mit feinstem Lübecker Marzipan und eine Kiste Flensburger Bier, der Inkarnation der Bügelflasche.

Bereits wenige Stunden später, als Bill Clinton auf dem Flugplatz Tempelhof seine Rede zum 50. Jahrestag der Berliner Blockade hielt, erfuhren wir von einem ersten Resultat unserer Aktion. Clinton erwähnte das Congress-Bundestagsprogramm als Beispiel zukünftiger bilateraler Beziehungen beider Länder.

Gut sechs Wochen später schrieb der Speaker des Repräsentantenhauses seinem Kollegen in Berlin: „Dear friend [...] Für die vorerst nächsten zwanzig Jahre garantieren wir eine ordnungsgemäße Finanzierung." Diese Zusage hat bis in die Gegenwart gehalten.

Nicht ohne erheblichen Zeitaufwand, dazu mit heiklen Fällen gespickt, bat mich das Präsidium des Bundestages, federführend ein Projekt zu übernehmen, das für ein Parlament in Europa einzigartig war und es bis heute geblieben ist.

Diesen weiteren „Nebenjob" hatte ich mir selbst eingebrockt. Die Grundidee brachte ich aus der politischen Jugendbildung meines Wahlkreises von der Flensburger Förde mit, die internationalen Sommerkurse der Bildungsstätte Jugendhof Scheersberg.

Einzigartig! Die Berliner Parlamentswerkstatt – Eine Schmiede politischer Talente

In allen ost- wie südosteuropäischen Parlamenten sind sie als Abgeordnete anzutreffen, auch als Mitglieder ihrer Regierungen, in Staatskanzleien und allen Etagen einflussreicher nationaler Institutionen. Sie stehen politischen Stiftungen ebenso vor wie den Parteien ihrer Länder: Die Absolventen der „Berliner Parlamentswerkstatt". Sie kamen und kommen als Freunde Deutschlands und bleiben es, die internationalen Stipendaten des Bundestages. Aufgeschlossene, wissbegierige wie kritische Hochschulabsolventen aus über fünfundzwanzig Staaten. Dazu gehören durch die Programmerweiterung um Israel, die arabischen Länder auch Bewerber anderer Kontinente. Fünfundsiebzig politische Talente absolvieren jährlich für fünf Monate in Berlin eine duale Fortbildung. Sie erfolgt im Schwerpunkt in den Büros der Abgeordneten des Bundestages durch aktive Hospitation. Sie wird ergänzt durch einführende Kurse über die Form und Funktion unseres Parlamentes, der Gesetzgebung und Debatten, über die Rolle der Abgeordneten.

Als vier MdB-Kollegen und ich vor gut vier Jahrzehnten auf eigene Initiative mit dieser „Parlamentarischen Sommerschule" für ausländische Politikinteressierte in Bonn begannen, realisierten wir noch nicht, was sich aus diesem Projekt entwickeln würde. Unsere Demokratie war noch jung. „Es würde uns guttun", so fanden wir, „von Außenstehenden aus befreundeten westlichen Staaten zu erfahren, wo wir auf gutem Wege waren, jedoch auch Defizite vorlagen, es Verbesserungen für unsere Gesetzgebung gab. Wir damaligen Pioniere empfanden, der gegenseitige Erfahrungsaustausch mit ausländischen Praktikanten trug für beide Seiten Früchte, war belebend und bereichernd.

Den Anfang machten die USA

Mit jungen Amerikanerinnen und Amerikanern begannen wir. Von ihnen lagen Anfragen für ein Praktikum im Parlament vor. Sie seien nicht nur neugierig auf Menschen im geteilten Nachkriegsdeutschland, sondern besonders auf die Wirkungsweise des Deutschen Bundestages. Die US-Botschaft in Bonn beteiligte sich aktiv an der Organisation der Praktikanten-Vermittlung. Es sollte sich bald erweisen, dass die Teilnahme an unserer „Parlamentswerkstatt" in der Bundeshauptstadt wie später in Berlin für nicht wenige Amerikanerinnen und Amerikaner zu einem Sprungbrett für eine politische Karriere in Washington und anderen Zentren der Macht in den Vereinigten Staaten wurde. Allein drei ehemalige Absolventen unserer „Talentschmiede" gehörten zum engeren Stab von US-Präsident Barack Obama, zwei kandidierten als Senatoren und weitere bekleiden einflussreiche Ämter bei der Weltbank, der UNO oder hohen Gerichten.

„Der lehrreiche Aufenthalt in Deutschlands Parlament hat mir sehr geholfen", schrieb eine Ex-Stipendiatin aus Washington DC. „Mein Berufswunsch wurde gefestigt, die Chance hier einen interessanten Job im Repräsentantenhaus zu erhalten, hätte es ohne den Bundestag nicht gegeben. Außerdem habe ich durch ‚meine' Werkstatt 74 neue Freunde aus aller Welt gefunden. Mit der Mehrzahl von ihnen bin ich optimal vernetzt und betreibe einen internationalen Gedankenaustausch." Ihre Schlusssätze waren Honig und Senf zugleich. „Mir imponiert Ihre Art, wie Sie pragmatisch in Berlin Ihren Parlamentarismus betreiben. Weniger jedoch, wie penetrant, pedantisch Sie damit umgehen."

Anerkennungen für die Wirkungsweise unserer MdB-Talentschmiede hat es viele gegeben. Sie gebühren meinen verantwortungsbewussten Kollegen aus allen Fraktionen des Bundestages, ihren Mitarbeitern wie der Parlamentsverwaltung, die alle eine freiwillige zusätzliche Arbeit leisten.

Da ich von den vier Pionieren der Anfangsjahre der Einzige war, der als MdB „überlebt" hatte, wurde ich vom Präsidium des Bundestages gebeten, ein Zukunftskonzept für die Parlamentswerkstatt zu entwickeln. Eine entscheidende Grundlage bestand für mich aus der vorbildlichen Arbeit der Akademie Sankelmark in der Seminartätigkeit mit Minderheiten.

Mit dem Zerfall der Sowjetunion, der Unabhängigkeit zahlreicher Staaten in Mittel- und Osteuropa und deren Willen, parlamentarische Systeme zu schaffen, erhielt das einstmals persönlich betriebene Bundestags-Praktikum eine neue Wendung. Die bisher zumeist privaten Projekte wurden zu einem strukturierten Aus- und Fortbildungsprogramm gebündelt. Die jungen demokratischen Staaten Osteuropas benötigten eine vom Kommunismus unbelastete Führungselite.

Einstimmig entschied der Bundestag, eine „Werkstatt" für junge ausländische Demokraten einzurichten und bis zu fünfundsiebzig Stipendien pro Jahr für vorerst siebzehn Staaten zu vergeben. Von Armenien über Georgien, Ungarn, Polen und Tschechien reichte der Kreis der Beteiligten bis zur Ukraine, Moldawien und alle baltischen Staaten. Auch Russlands Parlamentspräsident in Moskau ersuchte gemeinsam mit der Botschaft in Berlin um zehn Plätze für Stipendiaten. Für dieses Land, wie für alle anderen, galt: Die Auswahl der Bewerber nahmen ausschließlich der Bundestag, unsere Botschaft vor Ort und Repräsentanten von Stiftungen deutscher Parteien vor. Eine Günstlingswirtschaft der Entsendestaaten wurde damit unterbunden. Mehrere Parlamentspräsidenten der Bewerberstaaten fanden sich nur zögerlich mit diesem Verfahren ab, weil ihr Einfluss bei diesen Personalentscheidungen ausgeschlossen blieb.

Russland führte die Talentschmiede in die Krise

Die Beteiligung Moskaus führte bereits im dritten Programmjahr zu einem Eklat, der das Ende unserer parlamentarischen Initiative bedeutet hätte. Was war geschehen? Einer unserer Kollegen, Mitglied im Verteidigungsausschuss, beobachtete vor dem offiziellen Dienstbeginn, dass seine russische Praktikantin seitenweise streng vertrauliche Unterlagen aus dem Ausschuss kopierte. Zur Rede gestellt, gestand sie unter Tränen, dass der Inlandsdienst ihres Landes vor Aufnahme des Stipendiums an sie herangetreten war. Man habe sie aufgefordert, sich bei einem MdB des Auswärtigen- oder Verteidigungsausschusses zu bewerben und für Geheiminformationen, besonders aus dem Nato-Bereich, zu sorgen. Ihr wurde zugesagt, nach Rückkehr eine lukrative Aufgabe im Innenministerium zu erhalten.

Irina war nicht die einzige Horcherin an der Wand. Zwei weitere Hochschulabsolventen, beide Männer, bekannten, angeworben zu sein. Statt einer Karriere in der Diplomatie war ihnen ein nachträglicher Militärdienst angedroht worden.

Wir Verantwortlichen wussten, käme es zu einer Veröffentlichung des Skandals, wären die Folgen weitreichend, gingen weit über den Bundestag hinaus. Also ersuchten wir den Kreis der Informierten um absolute Verschwiegenheit. Die Spitze des Bundestagspräsidiums wie die der Fraktionen wurden unverzüglich unterrichtet. Alle Beteiligten kamen überein, dass „Feuer klein" zu halten. Ich wurde als Zuständiger des Stipendiatenprogrammes gebeten, umgehend den Botschafter Russlands in Berlin aufzusuchen.

Ein Botschafter reagiert unwirsch

S. Exzellenz erwies sich als störrisch, lehnte strikt jegliche Verantwortung seines Landes wegen der Späherdienste seiner Landsleute im Parlament ab. Ja, er verstieg sich in der Behauptung, wir seien Wichtigtuern aufgesessen.

S. E. erhob sich, um mir deutlich zu machen, das „Vier-Augen-Gespräch" sei beendet. Ich kam dieser indirekten Aufforderung nicht nach, sondern bat um ein Getränk. Das Gesicht des fülligen Botschafters bekam Farbe. Ungläubig wegen meiner Dreistigkeit blickte er auf mich herab. Erst als ich ihm die schriftlichen Geständnisse seiner drei Landsleute vorlegte, setzte er sich, las alle drei Protokolle und versuchte tatsächlich ein weiteres Ausweichmanöver.

„Hier habe offensichtlich ein übereifriger Mitarbeiter des Geheimdienstes eilfertig gehandelt."

Es kochte in mir. Nur mit Mühe gelang es mir, mich zu beherrschen. Ich nahm die Papiere an mich, stand auf, ging bis zur Tür und drehte mich noch einmal um. „Herr Botschafter, wenn ich in mein Büro zurückgekehrt bin, werde ich sofort meine vorbereitete Pressemitteilung absetzen. Sie wird den Titel tragen: ‚Junge Russen werden durch ihr Land zur Spionage im Deutschen Bundestag aufgefordert!'"

„Halt", rief S. E., „dazu haben Sie kein Recht! Außerdem wird Ihre Regierung Ihnen eine solche Verleumdung Russlands verbieten!"

Abgeordnete sind nicht weisungsgebunden

„So reagiert unser demokratischer Rechtsstaat nicht, Herr Botschafter. Als Abgeordneter des Deutschen Bundestages bin ich an Aufträge und Weisungen nicht gebunden, allein meinem Gewissen unterworfen! Glauben Sie mir, dieses Recht werde ich heute noch wahrnehmen!"

„Bitte, Herr Abgeordneter, bleiben Sie! Ein Getränk wird Ihnen augenblicklich gereicht."

Der korpulente, jetzt schwitzende Repräsentant Moskaus hat alle unsere Forderungen akzeptiert. Dazu gehört auch, dass die „Jungspione" nach ihrer Rückkehr keinen Repressalien ausgesetzt wurden. Es kam zu einer verklausulierten Entschuldigung an den Bundestag.

Mit Moskau wird das Programm auf Eis gelegt

Das Programm mit Moskau wurde für drei Jahre ausgesetzt. Als ich am Spätnachmittag dieses Tages den Präsidenten unseres Geheimdienstes aufsuchte, um ihn zu unterrichten, wurde ich dreifach überrascht. Erstens: Er wusste bereits um den vertraulich behandelten Vorgang im Parlament. Zweitens: Er wies darauf hin, dass sein Haus um Spionageversuche nicht nur Russlands in bundesdeutschen Betrieben und Behörden Kenntnis habe und drittens so viel Dreistigkeit habe er nicht einmal dem russischen Geheimdienst zugetraut, sogar Abgeordnete des Bundestages zu hintergehen. Aber ich weiß für die Zukunft: „Vorsicht ist die Mutter der Porzellankiste." Da sich der Vorgang um Irina herumsprach, gingen manche der betroffenen MdBs kurzzeitig auf die Barrikaden. Es grenzt an ein Wunder, dass die eigentliche Affäre nicht das Licht der Öffentlichkeit erblickt hat. Trotzdem forderten mehrere Kollegen von mir wegen des Vertrauensverlustes, die Praktikanten-Werkstatt ganz zu schließen. Es bedurfte „Engelszungen", um eine pragmatische Lösung zu erreichen. Der Zugang zu den Ausschüssen des Bundestages für Stipendiaten wie Mitarbeiter wurde neu geregelt, die Talentschmiede blieb fester Bestandteil der freiwilligen Aufgaben des Bundestages – bis in die Gegenwart.

Als ich 2013 aus dem Parlament ausschied, hielten sich allein in Berlin vier Botschafter osteuropäischer Länder auf, die alle einen Teil ihres Rüstzeuges als JPS-Stipendiaten erwarben. Insgesamt 3.000 haben die internationale Berliner Politikwerkstatt bisher erfolgreich absolviert.

Eine überraschende Begegnung mit Janus Gitanas

Zu ihnen gehörte auch Janus Gitanas aus einem der baltischen Länder. Stets korrekt gekleidet, Haare perfekt frisiert, ein Gentleman vom Scheitel bis zur Sohle. Dazu kenntnisreich, selbstbewusst, ohne seinen Aktenkoffer nicht vorstellbar. Janus kennzeichnete jedoch eine Schwäche, er erschien permanent zu spät. Das galt auch für das Büro „seines" MdB. Da es sich nicht um zehn oder fünfzehn Minuten, sondern um eine Stunde und mehr handelte, platzte meinem Kollegen nach einer Woche der Kragen. Er habe von diesem „Trödler" die Nase voll, steige für dieses Jahr aus dem Stipendiaten-Programm aus. Bevor seine Mitarbeiter auch begännen, ihre Bürozeit selber zu bestimmen, wolle er Fakten schaffen. „Lass ihn seinen Rückweg antreten. Für unser Programm ist er untragbar!"

Der Praktikant kam zu mir. Alle „schwierigen" Fälle landeten verabredungsgemäß in meinem Büro. Mein Grundsatz war, jede/jeder hat eine zweite Chance verdient, gleich wie groß der Fehler ausfiel. Wir unterhielten uns offen über das Ziel unserer Parlamentsinitiative, jedoch auch über die Konsequenzen bei Regelverletzungen. Wer sich nicht an sie halte, müsse sofort bei eigenen Kosten die Rückreise antreten. Er werde in Zukunft bei mir tätig werden und könne auch ohne „Schlips und Kragen" seine Arbeit leisten. Nur eines müsse er wissen, die Arbeitsmoral beginnt bei uns mit der Pünktlichkeit aller! Er bekam meinen eigenen Büroschlüssel mit der Aufgabe am kommenden Morgen um sieben Uhr die Tür für alle geöffnet zu haben. Janus Gitanas reagierte mit gequältem Gesichtsausdruck. „Was, bereits so früh? Bei seinem bisherigen Chef beginnt man um 8.30 Uhr. Wie soll ich diesen Stress schaffen?" „Ihre ureigene Angelegenheit, wie Sie mit ihrem Zeitbudget umgehen!" Die Audienz war beendet. Am nächsten Morgen war die Bürotür pünktlich geöffnet, aufgeschlossen von Gitanas. Ein wenig zerzaust, ohne Krawatte und mit zerknittertem Hemd sah der Praktikant aus dem Baltikum zwar aus, jedoch der Diplomatenkoffer in schwarz, der fehlte nicht.

Zuverlässig bis zum Ende der fünf Monate betätigte sich Janus Gitanas als Pförtner unseres Büros. Durch seine herausragenden politischen Kenntnisse, seine Vielseitigkeit wie Kollegialität entwickelte sich der Praktikant aus den baltischen Staaten zu einem verdienstvollen Mitarbeiter. Die Rückkehr in seine Heimat haben wir alle bedauert.

Überraschung perfekt

Etwa fünfzehn Jahr später erhielt unser Büro einen erfreulichen Anruf. Die Auswahlreise in die Baltischen Länder, um Bewerber für unsere kommende Parlamentswerkstatt auf den „Zahn" zu fühlen, stand an. Weil es sich um eine Art Jubiläum handeln würde, käme nicht nur der deutsche Botschafter zur Begrüßung der Delegation, sondern auch der zuständige Minister des Landes. Wer uns jedoch an der Gangway freundschaftlich empfing, war Janus Gitanas mit seinem obligatorischen Aktenkoffer. Weiter hinten am Flughafengebäude stand eine Gruppe von Offiziellen, begleitet von Sicherheitskräften und der Polizei. „Hallo und Moin, Moin Janus. Schön Sie wieder einmal zu treffen", begrüßte ich ihn. „Jetzt wieder in formvollendeter Kleidung und die Akten unterm Arm", erinnerte ich ihn in dem in unserem Büro üblichen lockeren Ton an die Gemeinsamkeit vergangener Zeiten. „Bitte helfen Sie mir, wo ist der angekündigte Minister?" Seine Antwort, verbunden mit einem schelmischen Lächeln: „Ich bin der Minister!"

Anmerkung: Aus Gründen des Persönlichkeitsschutzes wurde der Name des Praktikanten mit der Aktentasche geändert und der des nachfolgendenden Stipendiaten weggelassen.

Die Berliner Politikwerkstatt des Deutschen Bundestages steuert ihr 50-jähriges Bestehen an. Ihre Grundstruktur hat sich nicht verändert. Das fast halbjährige Praktikum in einem Büro eines Abgeordneten ist ebenso ein fester Bestandteil wie ein begleitendes politisches Aus- und Fortbildungsprogramm. Es sind alle Fraktionen des Deutschen Bundestages ebenso wie die Berliner Universitäten beteiligt. Das Parlament steht einstimmig zu dieser weltweit einzigartigen Initiative, auch zu der seit einigen Jahren durch die Verwaltung des Bundestages betriebenen weltweiten Öffnung dieser „Schule" für junge „Demokratie-Interessierte" über Europa und die Staaten des Nahen Ostens hinaus. Das Programm ist systematisch, strukturiert, den zeitgemäßen Gegebenheiten klug angeglichen. Wir, Deutschland, die wir für eine der grausamsten Diktaturen der

Geschichte unserer Erde verantwortlich sind, „exportieren" seit fast fünf Jahrzehnten unsere Idee von Theorie und Praxis unseres Parlamentarismus. Für viele Staaten sind wir mit unserer klugen Verfassung ein Vorbild geworden.

Fußnote: In diesen Tagen erreichte mich ein Telefonat meines Freundes Hardy Voß, in seiner aktiven Zeit ein maßgeblicher zugleich stets charmanter Mitarbeiter in der Bundestagsverwaltung. Ein Mann mit einem phänomenalen Gedächtnis für politische und historische Ereignisse von Rang. „Herr Abgeordneter, ich möchte Sie aus gegebenem aktuellen Anlass an einen ehemaligen Stipendiaten unserer Talentschmiede erinnern, er ist seit gut einem Jahr der Präsident seines Landes." Er ist es heute noch!

So erfüllend ein solcher Teiljob auch sein mag, ich hatte mich in meiner Unionsfraktion zu bewähren, wollte ich als Fachpolitiker Gesetzesvorhaben erfolgreich durchbringen.

Meine widerholte Widerborstigkeit stand mir dabei im Wege. Auch wenn ich an über 220 parlamentarischen Initiativen beteiligt war, so gestaltete sich das Klima gegenüber dem juristischen Stab der Fraktionsvorsitzenden durchgehend frostig. Eine für mich bittere wie auch einschneidende Erfahrung erfuhr ich mit meinem zweiten Parlamentsbuch „Abgeordnete, Vorbilder mit kleinen Fehlern."

Auch Abgeordnete gehören auf den Prüfstand!

„Nein! Wir Referenten werden dem Fraktionsvorsitzenden nicht empfehlen, für ihr neues sogen. Parlamentsbuch ein Vorwort zu verfassen!" Ich fiel aus allen Wolken. Mit Dank für mein Angebot hatte ich gerechnet, jedoch nicht mit einer strikten Ablehnung.

„Wir sind Juristen (oh Gott!). Wenn es um das Amtsverständnis von Abgeordneten des Deutschen Bundestages geht, um deren Funktion, Aufgaben, Pflichten und Verantwortung, dann ist nach unserem Maßstab dafür grundsätzlich eine seriöse, wissenschaftlich fundierte Auseinandersetzung notwendig! Diesem Anspruch, so müssen wir Ihnen leider mitteilen, hält Ihre Lektüre nicht statt. Sie ist zu leicht, zu locker, zu linkisch geschrieben. Zudem machen Ihre kabarettistischen Einlassungen es nicht besser! Im Gegenteil, seien Sie uns nicht gram. Wir betrachten Ihre Abgeordneten-Broschüre als ein parlamentarisches Spaßbuch! Vergessen Sie nicht, dass unsere Verfassung dem Status des Volksvertreters eine eigene Passage widmet!" Abgeordnete des Bundestages sind per se Vorbilder, keine mit kleinen Fehlern!

Diese eiskalte Abfuhr musste ich erst einmal verkraften! Schnöde abgewimmelt von der eigenen CDU/CSU-Bundestagsfraktion! Dabei glaubte ich, durch die unterhaltsame Aufarbeitung der vielen Vorurteile gegenüber uns Parlamentariern, gekoppelt mit interessantem Hintergrundwissen, einen Beitrag zum besseren Verständnis der MdB-Tätigkeit geleistet zu haben. Meinem Buch hatte ich den trotzigen Titel „Vorbild mit kleinen Fehlern, Abgeordnete zwischen Anspruch und Wirklichkeit" verpasst.

Doch aufzugeben ist meine Sache nicht. Ich erinnerte mich in dieser Situation an einen Schnack aus meiner Angelner Heimat:

„Wat een nich umsmieten deit, dat gifft een nüe Kraft un Knööv!" Ich übermittelte mein Manuskript den zwei nächsten Kandidaten auf meiner Geleitwort-Liste. Verbunden mit der Erwartung, wenigsten einer der beiden würde anbeißen.

Ein neuer Versuch bei zwei Sozialdemokraten

Die Adressaten waren der amtierende Präsident des Bundestages, Wolfgang Thierse (SPD) sowie ein ehemaliger von mir geschätzter Kollege Thomas Krüger, auch ein Sozialdemokrat. Er war auf den Stuhl des Präsidenten der Bundeszentrale für politische Bildung gewechselt.

Bereits acht Tage später erhielt ich einen Brief aus dem Büro des Bundestagspräsidiums. „Verehrter Herr Kollege, meine Mitarbeiter und ich haben Ihr Buch über den ‚Volksvertreter als unbekanntes Wesen' mit wachsendem Interesse und sichtlichem Vergnügen gelesen. Ich betrachte es als Auszeichnung, dafür ein Vorwort zu schreiben. Einen Entwurf habe ich beigefügt. Sie rücken mit ihrer informativen Schrift unser Parlament in ein objektives zutreffendes Licht. Deshalb wünsche ich Ihnen viele Leser!"

Auf diese Beurteilung war ich mächtig stolz. Schon wollte ich dem Verlag für den Andruck grünes Licht geben, als ich einen Anruf von der Bundeszentrale erhielt.

Präsident Thomas Krüger: „Hallo Wolfgang! Ich bin neidisch auf dich! Du bist mir zuvorgekommen. Endlich steht uns für die politische Bildung, wenn es sich um die Rolle der MdBs handelt, ein passendes Buch zur Verfügung. Der einzige Wermutstropfen", frotzelte er, „nicht ein Linker, sondern ein Konservativer hat es verfasst! Du hast es unkompliziert, leicht, lebendig und für jedermann verständlich geschrieben. Eine klasse Lektüre! Die Karikaturen und Kabarettszenen haben mir persönlich ein Lesevergnügen bereitet." Bevor ich Thomas stoppen konnte, schloss er: „Mein Vorwort erhältst du morgen!"

So kam es dazu, dass dieses Parlamentsbuch sich mit einem doppelten Geleitwort schmücken durfte. Es füllte offensichtlich eine Informationslücke, denn bereits nach drei Monaten war die 1. Auflage vergriffen. Dessen Erlös ging, wie angekündigt, an den Kreisjugendring meines Wahlkreises für dessen Kampagne „Demokratie und Toleranz – gegen Rechtsextremismus".

Das „parlamentarische Spaßbuch" findet Gefallen

Das von meiner eigenen Fraktion abqualifizierte „parlamentarische Spaßbuch" erreichte mit seinen Übersetzungen in zwölf Sprachen insgesamt, zählt man die weiteren bundesdeutschen Auflagen hinzu, einen fünfzehnfachen Neudruck. In Georgien wie Armenien stellten deren Parlamentspräsidenten es persönlich in den Räumen der Deutschen Botschaft vor. Aus Kiew erhielten wir für die ukrainische Ausgabe ein drittes Vorwort von der damals amtierenden, oft aufmüpfigen Präsidentschaftskandidatin, Julia Timoschenko.

Der Verlag und ich hatten dafür gesorgt, dass alle fremdsprachigen Exemplare ein umfangreiches Kapitel über die Funktionsweise des eigenen Parlamentes, dessen Wahlsystem und das Verfahren über die Auswahl von Kandidaten enthielten. Dadurch wurden Vergleiche mit unserem demokratischen System und seiner Struktur möglich.

Nicht wenige ost- wie südosteuropäische Länder gingen mit der Herausgabe eines solchen Buches ein Wagnis ein. Es waren die Jahre nach der Öffnung des Eisernen Vorhanges. Die Epoche der Findung der Eigenstaatlichkeit. Der Prozess, sich zu einer funktionierenden, gereiften parlamentarischen Demokratie zu entwickeln, befand sich noch in der Startphase. Alte kommunistische Seilschaften, Korruption und Vetternwirtschaft blieben Störfaktoren. In Moskau organisierten Oppositionelle den Druck einer russischen Ausgabe. Eine ähnliche Ausgangslage erfuhr die spanische Fassung. Ein engagierter linker, renommierter Hochschullehrer in Bogota sorgte für vergleichende Parlamentsbeschreibungen südamerikanischer Staaten. Zwei Buchhändler aus Taiwan witterten offensichtlich mit dem Blick auf die Menge möglicher Leser im Festland-China, wie in der chinesischen Inselrepublik, das Geschäft ihres Lebens. Sie erwarben die Druckrechte für Taipeh wie für Peking.

Exemplare der ersten Auflage erreichten uns postwendend in Berlin. Anschließend haben weder der Verlag noch ich als Verfasser etwas von ihnen gehört. Ob unsere Lektüre ein Ladenhüter oder Verkaufsschlager wurde, war nicht zu ermitteln.

Die Buchvorstellung der ersten zweisprachigen Fassung erfolgte in Kasachstan. Gastgeber dafür war die rührige deutsche Minderheit in ihrem eigenen deutschsprachigen Theater in der ehemaligen Hauptstadt Almaty. Neben „sogenannten Parlamentariern" und Vertretern der autoritären Regierung war auch der Botschafter der Bundesrepublik vertreten.

Einschub: Elfriede Bugalski

Zweimal habe ich als MdB meinen Diplomatenstatus ausgenutzt. In beiden Fällen plagten mich anschließend anhaltende Gewissensbisse. Eine findige Bundestagsverwaltung hatte für diesen Ausnahmestatus gesorgt. Als Verantwortlicher für das internationale Praktikanten-Programm des Hohen Hauses, müsse ich zügig und sparsam meine Aufgabe erledigen.

Mein erstes Vergehen geschah in den USA, bei der Kandidatenauswahl in New York. Eine an MS schwer erkrankte Frau aus meinem Wahlkreis erfuhr von der Unternehmung. Ihre hilfesuchenden Briefe, die Telefonate wollte ich nicht ignorieren. Es gebe in Amerika ein neues Wundermittel gegen MS. Es sei weder in der EU noch in der Bundesrepublik zugelassen. Doch sie setze auf dieses Medikament ihre letzte Hoffnung. „Lassen sie mich nicht im Stich! Ihr Diplomatengepäck wird nicht kontrolliert. Der Zoll muss es durchwinken. Zeigen sie Herz für eine Schwerkranke!" Die Therapie mit dem Wundermittel versagte, die Zweifel an meinem Handeln blieben.

Meine zweite Verfehlung geschah bei der Ausreise aus Kasachstan. Das Parlament hatte eine Ausweitung der Praktikanten-Initiative auf die ehemaligen Länder der Sowjetunion beschlossen, wohl wissend, dass die Mehrzahl von ihnen noch autoritär geführt wurden, nur über Scheinparlamente verfügten. Kasachstan gehörte dazu. Bei Staaten dieser Ausrichtung machte ich es mir zur Aufgabe, mehr über das Schicksal der dort lebenden deutschen Minderheiten zu erfahren und mich um eine Verbesserung ihrer Lage zu kümmern. Bei einem solchen Besuch lernte ich u. a. Herta Müller, die spätere Nobelpreisträgerin für Literatur, als aktive Vertreterin von Minderheitenrechten in Rumänien kennen und schätzen. In Kasachstan war es Elfriede Bugalski von der dortigen deutschen Minderheit, die mir unvergesslich blieb. 92 Jahre, Kopftuchträgerin, zahnlos, willensstark, hellwache Augen. Eine alte Dame, die wusste, was sie wollte. Als ich sie in ihrer armseligen Behausung kennenlernte, saß sie aufrecht, stockgerade auf einem verschlissenen Sofa. Ich fand sie irgendwie kernig, imponierend! Unser Botschafter in Almaty weniger. Mindestens einmal im Monat verließ die Hochbetagte ihr Dorf, um bei S.E., dem Botschafter, persönlich vorstellig zu werden. Vorzimmer ignorierte die resolute Alte. „Wir wollen und können ihr nicht helfen. Bei allem Verständnis für das Anliegen, uns sind die Hände gebunden", so S. E., aber, empfahl er mir, „nehmen Sie Ihr Diplomatengepäck gleich mit, wenn Sie die Greisin aufsuchen. Der Flugplatz befindet sich in der Nähe des ehemaligen Dorfes der Deutschen." Ich stieß auf einen trostlosen, verfallenen Ort. Nur die Hütte der 92-Jährigen besaß eine intakte Haustür. Zur Begrüßung reichte mir Elfriede Bugalski ihre linke Hand. Der rechte Arm bestand nur noch aus einem Stumpf. „Hier haben einmal über 30 deutschstämmige Großfamilien gelebt. Alle, auch meine Kinder und Enkel sind umgesiedelt in die Bundesrepublik. Ich will hier nicht mehr weg, will hier begraben werden. Fünfmal wurde meine Familie in Sowjetzeit zwangsumgesiedelt, weil wir Deutsche waren und bleiben wollten." Mit ihrer unversehrten Hand schob sie mir selbstgebackene Plätzchen zu. „Uns Bugalskis gibt es seit über 250 Jahren. Die deutsche Sprache und der christliche Glaube haben uns, wie unsere Freunde und Nachbarn, zusammengeschweißt. Den Kindern war es unter Strafe verboten außerhalb der Familie deutsch zu sprechen. Und wegen unseres Glaubens wurden wir andauernd verfolgt. Dabei haben die Russen meinen rechten Arm abgehackt und mir beide Ohren abgeschnitten. Sie glaubten, ich, das Familienoberhaupt, sei die Hüterin unseres Heilandes." Lautlos liefen ihre Tränen, als sie ergänzte: „Natürlich habe ich eisern geleugnet, obwohl es die Wahrheit war." „Kommen Sie mit", forderte sie mich unvermittelt auf. „Ich möchte Ihnen unser Familiengeheimnis zeigen. Nehmen Sie auch Ihren Koffer mit!" Im Nebenraum befand sich eine verstaubte Hobelbank. Elfriede Bugalski betätigte einen unsichtbaren Mechanismus. Eine Schublade öffnete sich. Mir verschlug es die Sprache. In dieser Lade befand sich eine uralte handgeschnitzte Christusfigur. Nicht nur wegen einer filigranen Dornenkrone das Werk eines Meisters. „Eine einmalige Kostbarkeit", entfuhr es mir! „Ja", bestätigte die alte Dame, „und deshalb gehört es auch nicht mehr hierher, sondern in seine ursprüngliche Heimat. Dort, wo jetzt wir Deutsch-Kasachen unser neues Zuhause haben." Elfriede Bugalskis Stimme wurde merklich energischer. „Der Botschafter weigert sich, weil Altertümer Kasachstan nicht verlassen dürfen, aber der Christus gehört nicht diesem Staat, er ist unser Eigentum!" Auffordernd blickte sie mich an. „In Ihrem Koffer ist Platz für den Dornenträger. Eine Zollkontrolle gibt es für Sie nicht." Nein, nie und nimmer, fuhr es mir durch den Kopf. Da fiel mein Blick auf die Länge der heiligen Figur und zugleich auf die Größe meines Gepäcks. Erleichtert erklärte ich: „Der Jesus ist fast doppelt so lang wie mein Koffer." Elfriede Bugalski zupfte einhändig ihr Kopftuch zurecht, schüttelte ihr Haupt. „Diese Ausrede, Herr Abgeordneter, zieht bei mir nicht. Hier", damit reichte sie mir eine Handsäge und zeigte auf den Bauchnabel des Heiligen. „Wenn Sie dort ansetzen, erhalten wir zwei gleichgroße Hälften, die zwischen Ihren Hosen Platz finden. Der liebe Gott", nuschelte sie „wird sicher ein Einsehen haben, wenn sein Sohn sich halbiert auf den Weg in seine neue Heimat macht. Dort braucht er eine Verfolgung nicht zu befürchten." Mich, einem ausgebildeten Religionslehrer, haben die knarzenden Sägegeräusche noch manchen Schlaf geraubt.

Eine polemische Grußkarten-Kampagne

Dort, in Alamty, bei der Präsentation erreichte mich ein aufgeregter Anruf von meinem umsichtigen Büroleiter Andreas, der am Ende der Legislaturperiode in das Kanzleramt wechseln sollte. „Ich möchte Sie nur vorwarnen, weil Ihnen das Verständnis für Politiker ein grundsätzliches Anliegen ist", begann er schonend. „Hier in Berlin läuft gerade eine üble breit angelegte Grußkarten-Kampagne gegen die Gesetzgeber." „Mit welchem Text", fragte ich ihn. „Die Mehrzahl der Abgeordneten des Deutschen Bundestages sind bestechlich, faul und unfähig. Der Rest ist zu allem fähig! Diese Aussagen sind fernab jeder Ironie", setzte er fort. „Zur Illustration ist ein Foto von Urgesteinen unserer Demokratie beigefügt mit Prof. Carlo Schmidt von der SPD, dem ersten Bundespräsidenten Theodor Heuss, FDP, und dem ersten Kanzler Konrad Adenauer von der CDU. Die Verleumdungskampagne soll in der ersten Auflage viele tausend Exemplare betragen." „Dank für die Vorwarnung, Andreas."

Auf dem Rückflug formulierte ich einen Protest zu dieser – wie ich es empfand – wüsten Verunglimpfung von uns Gesetzgebern. Außerdem forderte ich unsere Parlamentsleitung auf, die anonymen Initiatoren zu ermitteln und zur Rechenschaft zu ziehen. Ich erhielt folgende ernüchternde Antwort: „Der Ältestenrat hat sich mit Ihrer Eingabe und ähnlichen anderer Kollegen befasst. Wir sind der Auffassung: Solche Verdächtigungen gegenüber Parlamentariern fallen unter die allgemeine Meinungsfreiheit. Wir werden weder gegenwärtig noch in Zukunft solchen Kampagnen entgegentreten!"

Empfehlung: „Dickes Fell"

Auch bei meiner Fraktionsführung erhielt ich wegen meines Ansinnens, Abgeordnete nicht pauschal zum Freiwild von Ehre abschneidenden Verdächtigungen werden zu lassen, eine Abfuhr. Beschwichtigend wurde am Ende des Briefes hinzugefügt: „Ich sollte mir ein ‚dickes Fell' anschaffen. Wer sich in die Öffentlichkeit wagt, hat weder eine Nachsicht zu erwarten, noch sie zu fordern."

Diese Einschätzung der besonders Verantwortlichen in den Fraktionen sowie im Parlament scheint sich bis in die Gegenwart manifestiert zu haben, obwohl gegenüber dem „Aufreger" meiner Zeit nicht nur in den sozialen Netzen Hasstiraden, Aggressivität und Gewaltaufrufe gegen Abgeordnete zum Alltag unserer Gesellschaft von heute zu gehören scheinen. Die Wahrung der Würde und Autorität des Gesetzgebers werden gar nicht mehr eingefordert. Abgeordnete sind mehr denn je Freiwild für Hohn, Spott und Verleumdungen aller Art und Güte. Keine Frage, einer handfesten, scharfen wie auch polemischen Kritik haben sie sich zu stellen. Dazu unterliegen sie – was unserer offenen Demokratie eigen ist – dem Zwang der Rechtfertigung ihres politischen Handelns. Jedoch meines Erachtens sind dort die Grenzen gesetzt, wo Ehepartner, Lebensbegleiter und Kinder mit in eine Kollektivhaftung genommen werden, wo Gewaltandrohung an Leib und Leben der Repräsentanten der Gesetzgebung und ihren Angehörigen, offen oder anonym, erfolgt. Nicht die Meinungsfreiheit ist das höchste Gut unserer Demokratie, sondern die Achtung der Würde des Menschen! Wenn die politischen Führungsorgane weder die Absicht noch den Mut und die Courage haben, dieser wachsenden Verrohung in Sprache und Handeln der Antidemokraten entgegenzuwirken, sollten sie ihre Verantwortung delegieren. Eine Möglichkeit wäre, dass untadelige, lebenserfahrene, anerkannte Frauen und Männer unseres Landes gemeinsam mit dem Bundespräsidenten einen Rat der Autoritäten/Weisen mit akzeptierten Persönlichkeiten des öffentlichen Lebens bilden: Ein Gremium, das für die Einhaltung der Werte unserer Verfassung steht.

Viele anregende wie kluge Argumente zur Parlamentsproblematik erhielt ich in den täglichen Mitarbeiterrunden, zu denen teilweise auch die Teams in den beiden Wahlkreisbüros in Schleswig und Flensburg zugeschaltet waren. An Kritik, auch an mir, wurde nicht gespart. Diese praktizierte Kollegialität setzte höchste Aufmerksamkeit bei der Auswahl der Frauen und Männer voraus, die ihren Dienst für ihre Mitwirkung in der Praxis der Demokratie anboten. Häufig habe ich bei den Bewerbungen meinem „Bauchgefühl" nachgegeben. Erstaunlicherweise nur wenige Fehlentscheidungen getroffen. Eine davon betraf einen Examenskandidaten aus dem Wahlkreis, mit dem ich in den Abendstunden seine Klausuren durchging. Er erreichte sein Studienziel. Einen Tag später tauchte er mit meiner Brieftasche und unserer Kaffeekasse unter und ward nie mehr gesehen.

Realität! Ein Parlamentsjob in Berlin – Sprungbrett und Schleudersitz zugleich!

Michael erzählte, wenn er bei Laune war, gerne von seinen ersten Berufserfahrungen im Deutschen Bundestag in Berlin. Heute, gut zwei Jahrzehnte später, ist er Inhaber einer mittelgroßen Sozietät in der Hauptstadt und ein bundesweit geachteter Fachjurist zu Fragen des Urheberrechtes.

„Ich war ein Ossi und schloss mein letztes juristisches Staatsexamen mit Prädikat im Jahr der Wende ab. Meine Absicht bestand darin, die von den Westdeutschen viel gepriesenen Chancen für uns Ostdeutsche in Berlin wahrzunehmen. Ich wollte dort, im Herzen der Demokratie, dem Parlament, die Wirkungsweise westdeutscher Politik kennenlernen. Aus dem Grund bewarb ich mich auf 62 ausgeschriebene freie Stellen in MdB-Büros. Ernüchtert – gelinde gesagt – war ich von deren Reaktionen. Nur zwölf der Angeschriebenen meldeten sich auf meine Briefe aus Leipzig. Von 50 Abgeordneten erhielt ich weder eine Antwort, noch meine Unterlagen zurück. Unter den zwölf Rückmeldungen befanden sie elf Ablehnungen, mit zum Teil skurrilen, possenhaften Begründungen. Einen Referenten aus Leipzig, also mit DDR-Vergangenheit einzustellen, sei ein unübersehbares Risiko! Ein ostdeutscher Jurist kenne sich im westdeutschen Recht nicht aus! Noch seien wir kein gemeinsames Volk! Einen Ostdeutschen einzustellen, könne man den Wählern im Wahlkreis nicht zumuten! Die Krone aller Verneinungen gipfelte in der Antwort einer Vizepräsidentin des Deutschen Bundestages, in der es wörtlich hieß: „Man werde einen Teufel tun, einem möglichen Stasispitzel Tor und Tür öffnen!"

Mir war mehr als mulmig zumute, ich hatte weiche Knie, als ich durch die Antwort von „Nr. 12" zur persönlichen Vorstellung in ein Nebengebäude des Reichstages eingeladen wurde.

Moin! Moin und ein zweiter Anlauf ...

Meine Befindlichkeit wurde nicht besser, als ich durch eine umfangreiche Sicherheitskontrolle geschleust wurde, bevor ich mich vor der Tür zum Abgeordnetenbüro wiederfand. Verhalten, zögerlich klopfte ich an den Einlass zum Chefzimmer und betrat verunsichert, vorsichtig dessen Raum. Seine ersten Worte waren ein unverständliches „Moin, Moin! Das Ganze noch einmal!" Erstaunt blickte ich den Abgeordneten hinter seinem Schreibtisch an. „Damit meine ich, noch einmal vor die Tür, kraftvoll klopfen, mit festem Schritt und geradem Rücken zu mir ins Büro!" Mein zweiter Anlauf war offensichtlich erfolgreich, denn ich durfte im Raum bleiben und mich setzen. Der MdB verließ seinen Schreibtisch und platzierte sich mit seinem Stuhl mir gegenüber. „Ich habe Ihre Bewerbung gelesen. Sie liest sich vielversprechend, ist klug begründet. Deshalb, Michael, gestatten Sie mir nur drei Fragen." Ich nickte nur, war sprachlos, mit Lob empfangen zu werden. „Erstens, welchen Wert hat für Sie die Meinungsfreiheit? Zweitens, was sind Ihre besonders positiven Eigenschaften für eine Tätigkeit in unserem Büro?" Mich selber in ein gutes Licht zu rücken, fiel mir schwer. Bei der Meinungsfreiheit war ich eindeutig. Als ich geendet hatte, entstand eine lange, lange Pause, weil „Nummer zwölf" schwieg. Ich nahm allen meinen Mut zusammen und wagte es, mich an den Abgeordneten direkt zu wenden. „Wie bitte lautet Ihre dritte Frage?" Zuerst Schweigen, anschließend seine Antwort. „Können Sie morgen bei uns beginnen? Wenn ja, sind Sie ab 7.30 Uhr offiziell Referent in unserem Büro. Ein Vertrag wird bis zu diesem Zeitpunkt vorliegen." Die Entscheidung für „Nummer zwölf" zu arbeiten, habe ich keinen Tag bereut!

Räderwerk des Parlamentsbetriebes ...

Für politische Interessierte gibt es kein geeigneteres Lernfeld als das Büro einer bzw. eines Abgeordneten des Bundestages! Die Mitarbeiter in einem MdB-Büro sind gemeinsam mit der Verwaltung des Bundestages das eigentliche Räderwerk des Parlamentsbetriebes. Sie sorgen entscheidend dafür, dass die Gesetzgebung in unserem Land funktioniert. Ohne die Kompetenz dieser Frauen und Männer, deren Fleiß, Energie und Engagement, kämen die Fraktionen wie die Parlamentarier nicht dazu, Kraftfelder der Demokratie zu sein. Die Beschäftigten der Parteien in den Wahlkreisbüros eingeschlossen. Wer in der großartigen Bibliothek des Bundestages die zahlreichen Biografien ehemaliger Minister und Kollegen durchsieht, findet erstens viel Eigenlob, zweitens Selbstherrlichkeit und drittens selten nur dankbare Erwähnungen der Crews, die zum erfolgreichen Wirken eines Abgeordneten die Voraussetzungen schaffen.

Das Supertalent ...

Meinen ersten Mitarbeiter, noch im Bonner Wasserwerk, suchte nicht ich aus. Bernd wählte mich. Der zukünftige Wirtschaftswissenschaftler, im letzten Studiensemester an der Bonner Universität, hatte bereits zwei Jahre im Parlament als Praktikant seine Fäden gezogen. Im Langen Eugen, dem Hochhaus der MdBs, kannte er sich in dessen Strukturen vortrefflich aus. Er, so bekannte er freimütig, sei neugierig auf den Nobody aus dem Wahlkreis 1, der den weltweit bekannten Architekten der neuen Ostpolitik, Egon Bahr, – wenn auch nur knapp – aus dem Rennen geworfen habe. Bernd erwies sich als vielseitig talentiert, verbunden mit einer großen rheinländischen Klappe. Für mich als parlamentarischen Neuling ein Glücksfall! Der Umtriebige besaß nicht nur politische Kompetenz, sondern war mit Kollegen anderer Büros vielfältig vernetzt. Mit ihm und unserer Crew gelang es uns, für den relativ überschaubaren 87er-Jahrgang der Erstparlamen-

tarier ein wöchentliches Frühstückstreffen zur gegenseitigen Information und Weiterbildung zu organisieren.
Meine erste von mehreren fraktionellen wie überparteilichen „politischen Selbsthilfegruppen". Wir alle, die Anfänger in Bonn, erfuhren bald, dass Ratschläge erfahrener Parlamentarier, wenn überhaupt, nur sporadisch weitergegeben wurden. Wir Neulinge wurden zuerst einmal als Konkurrenten betrachtet. Die Etablierten versuchten uns kurzzuhalten. Deshalb griff ich zur Eigeninitiative, lud alle Erstparlamentarier an den Fraktionsspitzen vorbei zu einem Informationstreffen ein. Bis auf zwei Kollegen, die bereits in Landtagen Erfahrungen gesammelt hatten, kamen alle und machten mit! Viele damals entstandenen Freundschaften haben sogar meine Zugehörigkeit zum Bundestag überdauert.
Bernd, das Supertalent, verkaufte nach Dienstschluss Grabsteine des väterlichen Handwerkbetriebes an Trauernde und an Wochenenden Einfamilienhäuser an Jungvermählte. Daneben vergaß er nicht seine Doktorarbeit, die er mit Auszeichnung abschloss. Am Ende der ersten Legislaturperiode schied er ebenso aus wie unsere Büroleiterin Irmhild und Marten, der aus Hamburg zu uns nach Bonn gekommen war. Irmhild, Mutter dreier Kinder, kandidierte erfolgreich als Oberbürgermeisterin ihrer Heimatstadt. Marten, Mitglied der linksorientierten Falken, wurde uns wegen seiner fundierten Ausbildung und sozialen Einstellung von der IG-Metall abgeworben, um Karriere zu machen. Bernd wechselte als neuer Unions-MdL in den Landtag von NRW.
Zwei Jahrzehnte später konnte ich noch einmal mit einer so außergewöhnlichen, hochmotivierten „Dreierbande" zusammenarbeiten, wie zu Beginn in Bonn. Es war für mich über alle Jahre eine Freude, Mitarbeiter, verantwortungsbewusste Demokraten im besten Alter engagiert zu erleben.

Das parteipolitische Bekenntnis kann auch ein Stolperstein sein ...

Diese positive Erfahrung wiederfuhr mir auch mit Johannes, dem Büroleiter der nachfolgenden Crew. Er stammte aus meiner Heimat Angeln, war eine geborene politische Begabung, dazu kollegial und kooperativ. Später wechselte er für die CDU in den Landtag von Schleswig-Holstein, wo er u. a. den Vorsitz seiner Fraktion inne hatte. Ein MdB-Büro kann durchaus, wie die Beispiele zeigen, Sprungbrett für Nachwuchspolitiker sein. Das ist jedoch nicht die Regel. Weit häufiger erweist sich der Abgeordnetendienst als Schleudersitz. Alle Arbeitsverträge sind auf vier Jahre begrenzt. Punkt! Schluss! Verliert die Chefin oder der Chef bei der Bundestagswahl ihren oder seinen Wahlkreis und greift auch die Liste nicht! Der Job ist weg, unwiderruflich. Eine neue Beschäftigung zu finden, erweist sich für manche Suspendierten als unglaublich schwierig. Der Grund, wenn sie oft Jahre warten müssen, um eine neue Arbeit zu erhalten, erweist sich dieser Sachverhalt als eine Ohrfeige für unsere Gesellschaft. Weil diese Beschäftigten „Flagge" gezeigt haben, bereit waren für einen parteigebundenen Abgeordneten sich ins Zeug zu legen, so ihre Klage, sind sie gebrandmarkt. Manche von ihnen werden nicht mit ihrer beruflichen Qualifikation wahrgenommen, sondern abgewiesen, weil sie oder er als „Schwarze, Rote, Grüne, gelbe FDPler oder sogar Linksradikale gelten". Ein solches Image könnte dem Betrieb, dem Verband, der Organisation schaden. Die Erfahrung der Betroffenen, parteipolitisches Engagement zu zeigen, wird als Makel empfunden, zählt in diesem Land nicht, so ihre Rede, sondern farblos neutral zu bleiben, schafft einen Job, ist deren Schlussfolgerung.

Es wird bunt im „Langen Eugen", dem Abgeordneten-Hochhaus

Aus Togo, der ehemaligen kaiserlich-deutschen Kolonie in Westafrika, erschien Gabin als erster ausländischer Praktikant in unserem Büro. Er hatte vor seinem Staatschef Eyadema, einem astreinen Diktator, flüchten müssen, weil er ein mündiger, selbstbestimmter Bürger sein wollte. Zeitgleich bewarb sich bei uns Guanming Han aus der VR China, dem Kernland des Kommunismus. Er war als Austauschstudent in die Bundesrepublik gekommen. Beide belebten die Diskussion in der siebten Etage des Langen Eugen so, dass die Fetzen flogen. Gabin, lernbegierig, stets gut gelaunt, wechselte später wegen seiner Sachkenntnis in den Führungsstab des damaligen Bundesministers für Entwicklungszusammenarbeit, Prof. Klaus Töpfer, machte dort Karriere. Guanming, der unsere deutsche Sprache hervorragend beherrschte und deutsche Klassiker aus dem Kopf zitieren konnte, glänzte durch Fleiß und Freundlichkeit. Ihn, der uns täglich mit meisterlich gekochtem Tee versorgte, traf ich zwei Jahrzehnte später in Berlin überraschend und unter ungewöhnlichen Umständen wieder.

Eine Teezauberei mit Folgen

Der Parlamentsbetrieb in der Hauptstadt kennt keine Gnade, wenn es um besonders qualifizierte Mitarbeiter in einem Büro geht. Oft mit fragwürdigen Mitteln wie Methoden werden die Juwele – auch mitten in der Legislaturperiode – abgeworben. Als abgebrühteste Abwerber habe ich Regierungsmitglieder aus der eigenen Fraktion erlebt. Hinter meinem Rücken, von Kollegialität keine Spur, zogen sie ihre Strippen, lockten mit Spitzengagen und der Teilnahme an Auslandskonferenzen. Erst als ich das Thema zum Unwillen der Minister in einer Fraktionssitzung verärgert zur Sprache brachte, wurden solche Praktiken weniger. Das Kanzleramt ist ebenso daran beteiligt – bis heute – wie die Ministerien, Medien und besonders die Lobbyisten, von denen es über dreitausend rund um das Parlament gibt.

Guanming, der zwei Jahre bei uns beschäftigt war, dann in seine Heimat zurück musste, meldete sich telefonisch, nachdem wir fast zwanzig Jahre keinen Kontakt hatten, an einem Berliner Frühlingstag in unserem Büro und bat um einen Termin. Wir verabredeten uns im Café Einstein Unter den Linden. Ich wie stets mit dem Rad, er müsse aus Zeitgründen ein Auto nehmen. Guanming steuerte nicht einen schlichten PKW, sondern eine gepanzerte, tiefschwarze Limousine. Nach deren Größe und Nummernschild musste sie aus einer Botschaft stammen. Mit den Worten: „Kennen Sie mich noch, Herr Abgeordneter?", trat er fröhlich verschmitzt auf mich zu.

„Guanming, natürlich. Sie sind nicht nur wegen Ihrer Teezauberei in Bonn unvergessen. Wir alle haben Ihr Fortgehen bedauert, weil Sie eine überzeugende Arbeit geleistet haben. Und jetzt haben Sie es zum Cheffahrer Ihrer Botschaft gebracht?" Mein ehemaliger Praktikant lächelte, korrigierte mich höflich: „Herr Abgeordneter, den Chauffeur dieses Fahrzeuges habe ich für heute beurlaubt. Ich bin der neue stellvertretende Botschafter meines Landes, der Volksrepublik China, in Deutschland! Ich bin gekommen, um mich bei Ihnen persönlich zu bedanken. Ihr MdB-Büro hat mich ermutigt, den Weg in die Politik einzuschlagen und ihn auch durchhalten zu können. Sollten Sie einmal den Wunsch nach einem besonders zubereiteten Tee verspüren, für Sie steht die Tür unserer Botschaft immer offen."

So manches MdB-Büro in Berlin ist eine „Kaderschmiede" für gut gerüstete Nachwuchskräfte, ob in der Politik, Wirtschaft oder für die Verbände unseres Landes. Viele meiner Kollegen aus allen Fraktionen wissen um ihre Verantwortung und leisten durch ihre Aus- und Weiterbildungsbereitschaft einen umsichtigen Dienst für die Politik wie für unsere Demokratie.

Noch einmal drei Talente

Ähnlich wie zu Beginn meiner Parlamentsjahre wollte es der Zufall, dass sich gegen Ende meiner MdB-Zeit 2013 drei politische wie herausragende Organisationstalente zur gleichen Zeit in unserem Büro einfanden. Uta, als Büroleiterin, die aus dem Wahlkreis 1 zwischen Flensburger Förde und Schleswiger Schlei stammte. Sie lebte einen unserer Bürogrundsätze in besonders beispielgebender Weise: „Geht nicht, gibt's nicht!" Und mochten die Wünsche aus dem Wahlkreis noch so kurios sein. Uta wusste eine Lösung, ob bei Besucheranfragen, Beschwerden über bürokratische Hemmnisse, Fehlzeiten bei der DB oder sogar lückenhaften Backrezepten – unsere Büroleiterin half weiter. Auch fand sie Gefallen an der parlamentarischen Realität und kandidierte später als Unionsfrau erfolgreich für den Landtag in Kiel, vertritt dort ihre Heimatstadt Flensburg.

Moritz, wissenschaftlicher Referent, war von München an die Spree gewechselt. Ein hochmotivierter, charmanter, eigentlich überqualifizierter Mitarbeiter. Fast ein Ideal, wenn er nicht einmal monatlich über die Stränge schlug mit der Folge eines Blackouts. In der Regel fand ich ihn, zwar verkatert aber fidel, in einem Berliner Hotel wieder. Er, einst Internatsschüler in Großbritannien, besaß gleichfalls überdurchschnittliche Managerfähigkeiten, was unserem Büro guttat. Außerdem war er fit in mehreren Fremdsprachen und eignete sich Spanisch in kürzester Zeit an. Spanisch deshalb, weil der zweite Referent Luis, ein Kolumbianer mit politischem Gespür, Dynamik und Durchsetzungsfähigkeit ihn für eine neue Karriere als Geschäftsmann mit nach Bogota nahm. Nach mehreren Jahren „Parlamentsdienst" in Berlin wurden beide in Südamerika höchst erfolgreich. Moritz als Betreiber von Restaurants, indischen Motorrädern in ganz Südamerika und einem gefragten Catering-Service und Luis, der die Politik seines Landes begann mit zu gestalten. In der konservativen Regierung Duarte avancierte er zum Vizeminister für Soziales – jedoch nur für eine kurze Zeit. Die Korruption war Luis ebenso zuwider wie der Mangel an Initiativen gegen die Armut. Nach einem Intermezzo als stellvertretender Bürgermeister der Hauptstadt hat er vor einiger Zeit eine, wie sein Freund Moritz uns mitteilte, neue, äußerst erfolgreiche politische Bewegung nach dem Vorbild von Präsident Macron für „Recht, Gerechtigkeit und sozialen Frieden" ins Leben gerufen. Sein erklärtes Ziel, Kolumbiens ersten linken Präsidenten Gustavo Petro mit seiner gemäßigten Gruppierung abzulösen. „Eisern", so sein deutscher Freund, „hält er an seiner Absicht fest, Präsident des 50 Millionen Volkes aller Kolumbianer zu werden.

Was unser MdB-Büro doch alles ausgelöst und auf den Weg gebracht hat. Ihr Moritz aus Bogota."

Provokation: Thesen zur 20. Jugendbegegnung im Deutschen Bundestag

„Der Parlamentarismus in Deutschland befindet sich in der Krise! Nur durch radikale Reformen wird er fit für die Zukunft!"

Mit dieser provokativen Behauptung lud der Ältestenrat des Bundestages zum Jugendparlament 2.0 nach Berlin ein. Wie stets war die Anzahl auf 70 besonders engagierte Heranwachsende begrenzt, ausgewählt von politischen Jugendverbänden der Parteien und dem Bundesjugendring. Unter ihnen Feuerköpfe, Jungfunktionäre, Heißsporne, Aktenträger. Nicht Sachthemen wie die Klimaproblematik, das Kriegsgeschehen oder die Menschenrechte sollten im Mittelpunkt der Auseinandersetzungen stehen. Die Jungpolitiker sollten bei dieser Jugendkonferenz mit dem Sachverhalt konfrontiert werden, dass die Wahlverweigerung in der Bundesrepublik besorgniserregend ansteigt. Verzichtete vor 2 Jahrzehnten bereits jeder Dritte seine Stimme abzugeben, sind es gegenwärtig annähernd 50 Prozent. Jeder zweite Jugendliche in unserem Land sagt „Nein" zur aktiven demokratischen Partizipation! Gleich ob Kommunal-, Länder-, Bundes- oder Europawahlen, wenn auch in ihren Ausschlägen unterschiedlich, alle Ebenen „lassen Federn". Die Wahlbeteiligung, so erörterte der Ältestenrat des Deutschen Bundestages, scheint die Rache der Bürger zu sein. Was ist faul an unserem System? Diese Frage sollten die Jungpolitiker debattieren.

Eine Streitrede mit Widerhaken

Ich war gebeten worden, in die Thematik einzuführen. Wohl auch deshalb, weil gerade mein aktuelles Politikbuch „Parlamentarismus im Dornröschenschlaf, Denkanstöße für die Demokratie 2.0" erschienen war. Darüber hinaus wünschten meine Kolleginnen und Kollegen von mir möglichst radikale Streitthemen einzubringen, denn die Junioren schienen in den Jahren zuvor zu angepasst diskutiert zu haben. Also wurde ich gebeten, extreme, möglichst utopische Auffassungen, auch Tabus in Frage zu stellen. Die Beteiligten sollten angehalten werden, über den Tag hinaus zu denken, und nicht den zum Ritual erstarrten Bundestag zum Vorbild, so formulierten es die Mitglieder des Gremiums, kopieren.

Ich untergliederte meine Streitrede in neun Abschnitte. Das Jugendparlament wurde aufgefordert, davon die drei nach ihrer Meinung bedeutendsten wie dringlichsten Problemfelder auszuwählen, zu begründen und Stellung zu beziehen.

1. Der Bundestag ist nur noch formal das Herzstück unserer Demokratie. Die politische Debatte wie Meinungsbildung hat sich in die Talkshows von TV-Anstalten, die sozialen Netzwerke und außerparlamentarischen Initiativen verlagert. Weder der Prozess der Gesetzgebung ist ausreichend transparent noch die Debattenkultur zeitgemäß!
2. Das Ansehen des „Hohen Hauses" leidet besonders unter der – bis auf wenige große Debatten – mangelhaften Anwesenheit der Abgeordneten. Eine Präsenzpflicht der Volksvertreter ist einzuführen.
3. Die auf vier Jahre ausgelegte Legislaturperiode des Parlaments ist zu kurz und knapp. Viel Zeit zur Gesetzgebung geht zu Anfang verloren, weil eine neu gewählte Regierung oft Monate benötigt,

um sich einzuarbeiten und zu sortieren. Während des vierten Jahres verzerrt der dann bereits gestartete Wahlkampf eine sachgemäße Behandlung von Initiativen und verführt zu Gefälligkeitsentscheidungen. Die Periode des Bundestages sollte mindestens auf fünf, besser noch sechs Jahre erweitert werden. Ein Zeitraum wie er in anderen Demokratien bereits üblich ist.

4. Der Deutsche Bundestag ist mit derzeit (2013) 709 Repräsentanten nach der Volksversammlung der VR China das zweitgrößte Parlament auf der Welt. Mit der wachsenden Zahl von Abgeordneten verstärken sich bürokratische Prozeduren, verringert sich der Einfluss einzelner Abgeordneten. Durch eine Änderung des Wahlverfahrens ist eine Reduzierung des Bundestages auf 500-600 MdBs erreichbar.
5. Das bisher praktizierte Verhältniswahlrecht zum Bundestag ist in ein Direktwahlrecht wie z. B. in Großbritannien zu ändern. Mit der Aufhebung der Listenbewerberinnen und -bewerber entstehen kleinere bürgernahe Wahlkreise für die Kandidaten. Daraus resultiert eine hohe persönliche Verantwortung für die Bewerber, mehr Transparenz und eine engere Bindung zwischen den Bürgern und ihrem Abgeordneten.
6. Die Aufstellung von Frauen und Männern zum Deutschen Bundestag wie zu den Landtagen darf nicht mehr ausschließlich Privileg der Parteien sein. Bedingt durch deren Mitgliederzahl entscheiden nur ca. 2 % der Bevölkerung, wer uns als Abgeordnete in der Ersten Gesetzgebungskammer vertritt. 98 Prozent bleiben Zaungäste, dürfen nur noch über die vorgenommene Auswahl der Privilegierten aus den Parteien befinden.
7. Wer sich dankenswert für dieses bedeutendste politische Amt in unserer Republik bereit erklärt, hat sich öffentlich Anhörungen zu stellen, um sich in seiner Kompetenz, Motivation und Demokratieeinstellung hinterfragen zu lassen. Noch ist es so: Will ich-Arzt werden, benötige ich ein fundiertes Studium, als Handwerker eine umfassende Ausbildung. Allein als Abgeordneter des Deutschen Bundestages genügt der gute Wille.

Das umstrittene Wahlalter darf nicht fehlen

8. Das Wahlalter, also die Berechtigung aktiv wählen zu können, ist neu unter den Veränderungen unserer Gesellschaft auf 16 Jahre zu regeln.
   - Die Berechtigung, durch ihre/seine Stimme Einfluss auf die Politik zu nehmen, muss es auf allen Ebenen mindestens ab 16 Jahren geben, besser sogar frühzeitiger.
   - Die Überalterung in der Bundesrepublik führt dazu, dass die Alten ab 65 Jahren in wenigen Jahren fast 40 % aller Wahlbürger ausmachen. Um die Interessen dieser Altersgruppe nicht dominieren zu lassen, ist die Wahlberechtigung ab 70 Jahren einzustellen.
   - Eingewanderte, Asylsuchende und Flüchtlinge, die bei uns leben, haben ein generelles Wahlrecht zu erhalten! Wahlrecht ist Bürgerrecht.
   - Abgesehen davon ist ein Familienwahlrecht einzuführen. D. h., dass Erziehende pro Kind unter 16 Jahren eine zusätzliche Stimme in Anspruch nehmen können. Kinderinteressen finden damit endlich Berücksichtigung!
9. Schließlich ist die „Heilige Kuh", die 5-%-Klausel, zu kippen. Sie verhindert, dass neue interessante wie belebende Strömungen und Auffassungen unserer Gesellschaft einen parlamentarischen Einfluss erhalten. Entweder man reduziert die Bundestagsberechtigung für neue Parteien bzw. Bündnisse wie z. B. in Dänemark auf 2 Prozent, oder schafft sie ersatzlos ab und legt für Kandidaturen eine Mindestzustimmung im Vorfeld fest, wie es bei Wahlen zum EU-Parlament praktiziert wird.

Die Reaktionen auf dieses Statement fielen äußerst unterschiedlich aus. Linksorientierte Jungpolitiker jubelten, liberale nickten wohlgefällig, konservative applaudierten brav und die Mehrzahl meiner MdB-Kollegen, die sich aus Neugierde eingeschlichen hatten, gefielen sich mit sauren Gesichtern. Nein, ein solches radikales Statement war nicht erwünscht gewesen. Kritik ja, aber doch nicht so grundsätzlich.

Danach hat es keine Einladung des Ältestenrates an mich mehr gegeben. Bemerkenswert, durchaus überraschend war die von den Jungpolitikern vorgenommene Auswahl der Sachverhalte, die sie mit Vorrang vertieft diskutieren wollten.

Auf Platz drei landete die Präsenzpflicht für MdBs, bei allen Debatten im Plenum anwesend zu sein.

An die zweite Stelle rückten sie die öffentliche Anhörung von Bewerbern für den Bundestag.

Rang eins erreichte mit großer Mehrheit der Vorschlag, ein Wahlverbot für Senioren ab siebzig Jahren einzuführen.

Die grundsätzlichen Hausausforderungen, die Länge der Legislaturperiode, die Größe des Parlamentes wie die Aufhebung der 5-%-Klausel rangierten im Jugendparlament unter „ferner liefen".

Am Ende meines Redebeitrages, für den das Protokoll „langanhaltenden Beifall" vermerkte, zog mich ein Mitglied unseres Unions-Vorstandes jovial, wie es seine Art war, zur Seite. „Börnsen (Bönstrup) bleiben Sie lieber ihrem Drahtesel treu und setzen der Jugend keine Flausen in deren Köpfe." Ich: „Das lassen Sie meine Sorge sein. Von Kollegen in unserer Union, die der Auffassung sind, es genüge, unsere Demokratie nur zu verwalten, gibt es noch viel zu viele!"

Die Anspielung dieses MdB, der später Ministerpräsidentenkandidat von NRW werden sollte, bezog sich auf meine Radfahrbegeisterung. Dieses Vergnügen sollte zu einem Konflikt mit dem Bundeskanzleramt führen und Wellen schlagen.

Als das Fahrrad im Kanzleramt hoffähig wurde

Wer in einem stadtfernen Dorf aufwächst, wird mit dem Fahrrad groß. Deshalb war es für mich selbstverständlich, auch als Bundestagsabgeordneter in Bonn, alle sinnvollen Entfernungen mit dem Rad zu erledigen. Die Ordnungskräfte des Wasserwerkes belächelten zwar den Rad-Exoten aus Schleswig-Holstein, doch tolerierten ihn, wenn er sein arg gebrauchtes Velo rechts vom Eingang zum Parlament einparkte. „Gebraucht" deshalb, weil mir Bonner Spitzbuben in kürzester Zeit zwei neue Räder stibitzten. Die rheinische Duldsamkeit der Wachleute endete mit dem Umzug nach Berlin.

Natürlich blieb ich dem Radfahren treu. Jedoch die Polizisten um das Parlament handelten nach der strikten Anweisung, nur Dienstwagen und die Fahrbereitschaft für Abgeordnete dort zu dulden. Stur stellte ich Tag für Tag am Osteingang mein Rad ab, konsequent wurde es täglich vom Gelände entfernt. Erst als ich gegen den Willen der Verwaltung eine Sondergenehmigung für radfahrende MdBs im Präsidium des Bundestages durchsetzte, entfiel das Umparken. Aus heutiger Sicht, wo das Radfahren für Abgeordnete ein Reputationsgewinn geworden ist, scheint diese Schikane vor drei Jahrzehnten absurd.

Doch die eigentliche Barriere für Velo-Begeisterte bestand beim hermetisch gesicherten Bundeskanzleramt. Als ich Sprecher für Kultur und Medien wurde, hatte ich mindestens einmal wöchentlich im Kanzleramt zu tun. Während meine Kolleginnen und Kollegen, gleich welcher Fraktion, in ihren schwarzen „Dienstwagen" mühelos die geöffnete Schranke passierten, musste ich vor dem Glasbau der Pförtnerloge mein Rad verlassen um nicht nur einmal mit klammen Fingern – es war Herbst – meine Papiere der Sicherheitskontrolle unterziehen lassen. Offensichtlich wurde ich Radfahrer suspekt erscheinenden Hausmeistern und Handlangern zugeordnet, jedoch nicht einem MdB. In der dritten Woche reichte mir die Ungleichbehandlung endgültig! Ich ließ mein Rad stehen, betrat den geheizten Prachtbau der Kontrolleure und ignorierte bewusst das Schild „Betreten für Unbefugte streng verboten!" Bei gut einem Dutzend der Sicherheitskräfte blickte ich in empörte Gesichter wegen meiner Dreistigkeit. Ich ließ sie gar nicht erst zu Wort kommen, sondern stellte mich und meine Beschwernis in einem Gemisch aus Hoch- und Plattdeutsch vor: „Moin! Moin! Ik heff de Snuut vull!" Nannte meinen Namen meine Funktion: „Ich erwarte als Radfahrer den Respekt und die Behandlung, den sie gegenüber Besucherinnen wie

Besuchern in Limousinen zeigen! Sollten Vorschriften dagegensprechen, werde ich mich für eine Änderung stark machen." Machte auf den Hacken kehrt und verließ energisch die Loge, wobei ich einige grinsende Gesichter erblickte. Ich hatte doch tatsächlich vergessen, meine Hosenklammern zu entfernen.

Mein zorniger Ausbruch hatte mehrere Folgen. Erstens: Er sprach sich unter den Beschäftigten des Kanzleramtes in kürzester Zeit herum, und niemand vergaß es, mich in Zukunft zu grüßen und auf mein „Moin, Moin" zu antworten. Zweitens: Von „höchster Stelle" wurde ein faires Vorgehen gegenüber Nicht-Autofahrern angeordnet und drittens: Wenn ich mit dem Rad beim Amt anbrauste, weil ich wieder einmal in Zeitnot geriet, war der Schlagbaum bereits geöffnet und es wurde mir aus dem Pavillon freundlich zugewunken. Die entscheidende Änderung für alle Radfahrer, nicht nur die MdBs, war jedoch, wir mussten das Rad nicht mehr in Sichtweite des kontrollierenden Pförtnerhauses deponieren. Es wurde im Vorhof ein erster Fahrradständer aufgestellt, der bereits bald von mutigen Bediensteten der Behörde in Anspruch genommen wurde. Das Dienstwagen-Privileg musste endgültig einer Gleichrangigkeit mit dem Drahtesel weichen.

Durch die Grünen wurde dieses „neue" Transportmittel im Regierungsviertel populär, weil auch die Medien sich diesem schlichten Verkehrsmittel annahmen. Durchaus verlockend für manche meiner Kollegen sich für ein attraktives Pressefoto aufs Rad zu schwingen. Dass die überwiegende Mehrzahl von ihnen nach dem Erlahmen des öffentlichen Interesses in den Dienstwagen mit Chauffeur dauerhaft zurückkehrte, war keine Meldung wert.

Ich blieb – wie in allen Jahren zuvor – auch Winterradfahrer, weil es mir trotz mancher Eiseskälte Freude machte. Nur einmal erschien ein offizielles Radfahrerfoto von mir. Damals war ich in meiner Fraktion zuständig für den Radverkehr im Bund.

Unabgesprochen prangte ich auf der Titelseite der RadZeit mit der Schlagzeile: Bundestagsabgeordneter Wolfgang Börnsen: „Nationaler Radverkehrsplan: unverantwortliche Bürgertäuschung".

Anekdoten, wie die über den „Einzug des Fahrrades in das Kanzleramt", können als amüsanter Mantel nicht verletzender doch notwendiger Kritik an Zuständen dienen, die weder in unsere Zeit passen, noch in das Gefüge einer demokratischen Gesellschaft.

Eine völlig andere, neue und mich in der Erinnerung immer noch bewegende Erfahrung erfuhr ich am 20. Juni 1991 in Bonn. An diesem Tag, der wie jeder andere begann und für unser Parlament zu einer Sternstunde wurde.

Parlamentarischer Alltag

Kleinkunstbeitrag: „Die Jahrhundert-Rede eines Politikers!"

WB Moin, Moin leeve Lüüd! All good slapen? All vergnögt? Man, ünner all de Promis hütt is een, de kann mehr ass Brod eeten. Wenn he snacken deit, denn beewert de Welt.

UM De Präsident vun uns Bundesrat ist een chanz düchtige een. Heh kümmt vun de Küst.

EK Wenn he an't Mikro geit, weet jede een, düsse Kirl hett uns wat to seggn.

MR Emm to lüstern is, ass wenn de Wiehnachsmann un de Osterhaas opp een Daag tosam' opp Tour sünd.

UM Düsse Präsident is inne Politik to Huus ass in de Schönen Künste. Hüüt vertellt de MP meist butenkops dat Riemel vun Mathias (Matze) Claudius.

Der „Präsident" tritt ans Mikro.

Unser „Chor" tritt auf und singt Satz für Satz die erste Strophe des Volksliedes: „Der Mond ist aufgegangen."

WB Jaa, jaa, nee, nee, leeve Landslüüd. Dat will ick Ju vertellen, so as ick hier as Kind vun't Land, de mit beide Been op de Eer staahn deit. Un dat will ick Ju seggen, so waahrhaftig un oprecht, as wat ick bün.

Chor … ist aufgegangen.

WB Jaa, nee, leeve dütsche Landslüüd. Keeneen ward mi in de Mööt (in den Arm fallen) kaam, wenn ik hier un hüüt vertell'n do:

Chor Die gold'nen Sternlein prangen …

WB Nee un jaa, un wenn een vun ju mi fraagen deit, wodennig dat is, jaa wodennig denn, so anter (antworte) ick in all mien Oprichtigkeit.

Chor	... am Himmel ...
WB	Nee, jaa, un I köön mi glööven (glauben). Ick anter so, as mi dat Muul wussen is, so as ick dat jümmer do.
Chor	... hell und klar.
WB	Un ick as Ur-Dütsche heff ok keen Bang (Angst), hier in ... (Spielort) mit all mien Autorität düütlich to maaken.
Chor	Der Wald steht schwarz ...
WB	un daar will ick noch een Punkt opsetten.
Chor	... und schweiget.
WB	Nee un jaa, leeve Landslüüd vun Ost un West, Süd un Nord. Wi all, du un ick un ick un du. An jedeen vun uns ward de Fraag (Frage) stellt: Jaa, wo geiht dat wieder? Un ick, de Boss vun uns Länderka(o)mer (Bundesrat), heff de Moot (Mut) to seegen: ... Ick weet dat ok nich!
Chor	Und aus den Wiesen steiget ...
WB	Un dat, watt ick ümmer seggt heff un wat mien Reden utteeknen (auszeichnet) deiht.
Chor	... der weiße Nebel wunderbar, der weiße Nebel wunderbar, (leise werdend) der weiße Nebel wunderbar. (dazu Einsatz der Nebelmaschine).

„Hauptstadt-Debatte": In Bonn am Pranger, umarmt von Willy Brandt

Als wir Abgeordnete uns an diesem milden Frühsommertag, dem 20. Juni 1991 um 10 Uhr zum Eintritt der amtierenden Präsidentin Dr. Rita Süssmuth erhoben, ahnte ich noch nicht, eine Sternstunde des Parlamentarismus in Deutschland zu erleben.

Weder vorher noch später habe ich an einer Debatte im Deutschen Bundestag teilgenommen, die mit Herzblut und Leidenschaft, historischer Tiefe, Bärbeißigkeit, Demut, Disziplin, „Donnergrollen" und trotzdem fair und kollegial über alle Parteigrenzen hinweg geführt wurde. Und dabei ging es für die Mehrzahl von uns um eine Schicksalsfrage von nationaler Bedeutung.

Alles begann an diesem Morgen wie stets routiniert. Die Präsidentin eröffnete die Sitzung mit der üblichen Floskel: „Guten Morgen liebe Kolleginnen und Kollegen! Ich rufe den Tagesordnungspunkt 15, den einzigen Beratungsgegenstand unserer heutigen Sitzung auf, der ganz nüchtern heißt: Beratung der Anträge zum Parlaments- und Regierungssitz."

Hinter diesem lapidaren Satz verbarg sich ein politischer Sprengstoff mit weitreichender Wirkung: Sollte der Sitz des Bundestages wie der der Bundesregierung in Bonn verbleiben oder die Herzkammer unserer Demokratie gemeinsam mit der Exekutive nach Berlin in den Reichstag verlegt werden? Die Auffassungen über diese Frage waren äußerst kontrovers. Sie führten in manchen Fraktionen zur Zerreißprobe, spalteten das Parlament, beschäftigte seit Monaten die Menschen und Medien unseres Landes. Ein Kopf-an-Kopf-Rennen zeichnete sich unter den Bürgern wie unter uns Volksvertretern zwischen Bonn und Berlin ab. Befragungsinstitute prognostizierten übereinstimmend, dass die Rheinmetropole mit der Nase vorn liege. Diese Einschätzung gelte auch bei den Mitgliedern des Bundestages.

In der heute noch lesenswerten, informativen wie spannenden Dokumentation ist dieser historische Tag von 1991 unter dem Titel „Berlin/Bonn – Die Debatte" weiter erlebbar. Alle Bundestagsreden vom 20. Juni, die Anträge wie Abstimmungsresultate sind in diesem Buch, erschienen in Köln, zusammengefasst.

Es sollte kein Tag wie jeder andere für uns Parlamentarier werden, denn die disziplinierende Geschäftsordnung unseres „Hohen Hauses" galt nicht mehr. Wer es wünschte, konnte sich an der Aussprache beteiligen, musste sich dem Diktat seiner Geschäftsführer nicht fügen. Auch die Fraktionsdisziplin, die missverständlich als Fraktionszwang „gehandelt" wird, war aufgehoben. Für die Führungsgremien der politischen Gruppen ein wahrer Horror, entglitt ihnen doch für diesen Tag alle Reglementierung! Auch der Ältestenrat, der für die Einhaltung des Ablaufes der Debatte verantwortlich zeichnete, musste „Federn" lassen. „Open end", kündigte die Präsidentin an, also keine eiserne auf die Minute einzuhaltende Zeitbegrenzung der Reden. Auch der Ablauf und die Länge der Aussprache im Plenum waren einvernehmlich mit allen Kollegen neu geordnet.

Noch nie zuvor hatte ich eine solche, eigentlich selbstverständliche Freiheit für uns Abgeordnete erlebt. Wer es denn wollte, konnte das Wort ergreifen. Kommentieren, debattieren, was das Zeug hielt. Von dieser neuen Unabhängigkeit wurde wahrlich Gebrauch gemacht. Über 100 Reden sind an diesem Tag gehalten worden, weitere 100 zu Protokoll gegeben. Die Rücksichtnahme aufeinander, was den Umfang der Beiträge anging, funktionierte, oh Wunder, auch ohne die Weisungen der Fraktionsspitzen.

An diesem 20. Juni 1991 war es möglich, die Debattenkultur im Bundestag neu zu denken: Als ich nach meiner Rede, der Plenarsaal war bis auf den letzten Platz besetzt, froh und erleichtert es geschafft zu haben, das Pult verlassen wollte, erhob sich spontan aus der ersten Sitzreihe der damalige Abgeordnete und ehemalige Regierende Bürgermeister von Berlin, Willy Brandt, von seinem Parlamentsstuhl, eilte auf mich zu, umarmte mich und rief offensichtlich tief gerührt: „Welch' ein glänzendes Plädoyer für mein Berlin!" Mein spitzzüngiger Fraktionskollege Jochen Feilcke kommentierte lautstakt dieses Ereignis vor aller Augen mit dem Zwischenruf: „Jetzt fehlen nur noch die Bruderküsse der Genossen!"

Bevor Dr. Rita Süssmuth um 21.49 Uhr das Ende der Sitzung an diesem 20. Juni verkündete, erfolgte das mit angehaltenem Atem, hochnervöser Spannung erwartete endgültige Abstimmungsergebnis: Es ging denkbar knapp aus. Die Anhänger für einen Verbleib in Bonn kamen auf 320 Ja-Stimmen, für die Berlin-Befürworter wurden 338 Zustimmungen in der namentlich erfolgten Auszählung registriert. Es waren – so Kenner des Parlamentsbetriebes – besonders die eindringlichen Reden von Dr. Wolfgang Schäuble und Willy Brandt, die noch Unschlüssige bewegte, für Berlin zu votieren.

Bereits wenige Tage später hing mein Konterfei, gemeinsam mit denen anderer Kollegen, die Flagge gezeigt haben, in mehreren Bonner Schaufenstern unter dem Titel: „Hier die arroganten Bonn-Verräter! Meidet sie!" Als ich Wochen später in einem dieser plakatierten Geschäfte zwei Hemden kaufen wollte und dabei erkannt wurde, rief die resolute Verkäuferin: „Für Verräter unserer Stadt wie Sie gibt es keine Waren! Raus! Und kommen Sie ja nicht wieder!"

Aus Schleswig-Holstein waren wir vier MdBs, Eckart Kuhlwein (SPD), Ingrid Roitsch (CDU/CSU) und Wolfgang Kubicki (FDP), die öffentlich „Farbe" zu einer Kontroverse bekannten, die auch in unseren Wahlkreisen höchst umstritten war und mir zahlreiche, auch sehr polemische Leserbriefe einbrachten, und zu Parteiaustritten führte.

Für uns Abgeordnete gelten bei namentlichen Abstimmungen Plastikkärtchen mit unserem Namen, der jeweiligen Fraktionszugehörigkeit und den 3 Möglichkeiten für eine Entscheidung: Blaufarbige für „Ja", rote für „Nein" und weiße Namensschilder für „Enthaltung". „Weiß" habe ich willentlich nicht einmal gezogen. Ich war, so meine Auffassung, von den Bürgern unserer Republik gewählt, um Entscheidungen zu treffen. Nicht selten jedoch, wenn es um Gewissensfragen ging, ich schlaflose Nächte hatte, wäre ich zu gerne „neutral" geblieben.

Berlin oder Bonn? Mein Beitrag

Meine Rede zur Debatte um die Parlamentssitzung habe ich wie alle meine Beiträge zur Gesetzgebung eigenhändig verfasst.

Präsidentin Dr. Rita Süssmuth: Als nächster hat das Wort der Abgeordnete Wolfgang Börnsen.

Wolfgang Börnsen (Bönstrup) (CDU/CSU):

Frau Präsidentin! Verehrte Kolleginnen und Kollegen!

»Berlin, über dieser Stadt ist kein Himmel«, schrieb Kurt Tucholsky, und doch hat er sich an ihr ständig gerieben, von ihr fühlte sich Tucholsky herausgefordert. Diese Stadt zwingt zur Auseinandersetzung, sie ist unbequem, sie wird es auch für uns Abgeordnete sein. Aber gerade Widerstand und politische Phantasie sind Auslöser zur Weiterentwicklung unserer Demokratie, ein ständiger Auftrag an uns. Vergessen wir diese Mahnung in dieser Debatte nicht!

(Beifall bei Abgeordneten der CDU/CSU)

Unsere Entscheidung heute, neun Monate nach der Vollendung der deutschen Einheit, muß vor der Geschichte bestehen. Unsere Entscheidung muß die Funktionsfähigkeit von Parlament und Regierung gewährleisten, und unsere Entscheidung muß sich in der Tradition der neuen deutschen Demokratie nach 1945 wiederfinden lassen. Wir können doch nicht vergessen machen, was elf Parlamente vor uns, getragen von dem Willen der Menschen unseres Landes, einstimmig erklärt haben: Fällt die Teilung, kehren wir nach Berlin zurück.

(Beifall bei Abgeordneten der CDU/CSU und der SPD und beim Bündnis 90/GRÜNE)

Mit Herz und Leidenschaft haben Konrad Adenauer und Kurt Schumacher, Carlo Schmid und Karl Carstens, Walter Scheel, Willy Brandt, Annemarie Renger, Jochen Vogel, Helmut Kohl und viele andere diese Position bezogen. Ihr Bekenntnis hat einer eingemauerten Stadt den Rücken gestählt. Ihr Wille ist für mich heute Verpflichtung. Ich käme mir schäbig vor, würde ich nicht heute das vollziehen, was sie gewünscht, gehofft, herbeigesehnt und wofür sie gekämpft haben.

Das Herz unseres Landes schlägt in dieser Stadt. Vor 28 Jahren, auch im Monat Juni, hat John F. Kennedy diese Stadt kennzeichnend vor dem Schöneberger Rathaus charakterisiert. In den Kernsätzen sagte er:

Heute ist der stolzeste Satz, den jemand in der freien Welt sagen kann: Ich bin ein Berliner. Denn ich weiß nicht, ob jemals eine Stadt so lange belagert wurde und dennoch lebt mit ungebrochener Vitalität, unerschütterlicher Hoffnung, mit gleicher Entschlossenheit und gleicher Stärke wie Berlin.

Und dann:

Wenn der Tag gekommen sein wird, an dem alle die Freiheit haben, wenn Ihre Stadt und Ihr Land wiedervereinigt sind, wenn Europa geeinigt ist, dann können Sie mit Befriedigung sagen, daß die Berliner jahrzehntelang die Front gehalten haben. Alle freien Menschen, wo immer sie leben mögen, sind Bürger dieser Stadt.

Dann sagte Kennedy: Und deshalb bin ich als freier Mensch stolz darauf, sagen zu können: Ich bin ein Berliner.

(Beifall bei Abgeordneten der CDU/CSU, der FDP, der SPD und des Bündnisses 90/GRÜNE)

Wer in der Welt hat das Glück, einen Parlamentssitz in einer Stadt zu errichten, die international als Symbol der gelebten Freiheit gilt. Mit Stolz, Würde und Anstand sollten wir in diese Stadt ziehen, nicht mit Kleinmut.

Berlin ist für mich nationale Selbstverständlichkeit. Berlin ist für mich die Einlösung eines festen Versprechens. Berlin ist für mich das Bekenntnis zu einer Stadt, die zur Klammer eines zwischen Ost und West geeinten Europas wird. Das Ja zu Berlin ist für mich der Schlußstein zur deutschen Einheit.

(Beifall bei Abgeordneten der CDU/CSU, der FDP, der SPD und des Bündnisses 90/GRÜNE)

Die Gesetzgebung in unserer Republik ist kompliziert angelegt. Bei vielen Entscheidungen sind die erste wie die zweite Kammer (der Bundesrat) beteiligt. Die Verfasser unseres Grundgesetzes haben ausgehend von der Erfahrung mit dem liberalen Weimarer-Regelwerk hohen Wert auf die gegenseitige Kontrolle der Gesetzgebungsorgane gelegt.

Glücklicherweise gibt es auch Situationen, bei denen es möglich ist, auf zwei Klavieren zu spielen, obwohl oder gerade weil die politischen Mehrheitsverhältnisse im Bundestag wie im Bundesrat gegensätzlich sind. Endlich mehr für die Sicherheit von Kindern im Verkehr zu tun, war Anlass wie Ursache vierhändig zu agieren, obwohl die parteipolitischen Schulen, in denen wir unser Handwerk gelernt hatten, gegensätzlicher nicht sein konnten.

Kindersicherheit zweitrangig?
Ein nicht erwünschtes Gesetz!

Politisches Handeln wird oft mit dem Bohren dicker Bretter verglichen. Mehrfach habe ich diese Erfahrung – frustrierend – erlebt. Die in der Bundesrepublik fehlende Anschnallpflicht für Kinder gehörte mit zu meinen extremsten Erlebnissen als Abgeordneter. Für mich war es ein parlamentarisches Lehrstück, entsprechend habe ich es „öffentlich" vertreten. Bei Informationsveranstaltungen, nicht nur im Wahlkreis 1, stieß dieses Beispiel aus der Gesetzgebung im Rahmen der Verkehrspolitik auf viel Interesse. Besonders bei Schulklassen und Elternverbänden zeigte es Wirkung für die Problemlage von Abgeordneten als „Einzelkämpfer". Der Befund dokumentierte zugleich die Macht bzw. Ohnmacht eines einzelnen Abgeordneten.

Meine Kollegin Dr. Margrit Wenzel, eine Sozialdemokratin, und ich von der Union hatten uns in einen Sachverhalt verbissen, den wir im Rahmen einer Gesetzesinitiative gelöst wissen wollten. Beide waren wir Mitglieder des Verkehrsausschusses des Bundestages. Beide von unseren Fraktionen zu Berichterstattern zu Fragen der Verkehrssicherheit in der Bundesrepublik eingesetzt. Uns bewegte besonders die Verkehrssicherungspflicht für Kinder. Die Anschnallpflicht galt in diesen Jahren allein für Erwachsene; nicht für Heranwachsende bis zu zwölf Jahren. Eine allmächtige Lobby angeführt vom ADAC und der Automobilindustrie hatte diese Ausnahme bewirkt. Das Taxigewerbe unseres Landes, die Sport- und Elternverbände unterstützen diesen Sonderfall vehement. Unvertretbare Kosten für einen Ausnahmefall wurden von den Konzernen wie vom Taxiverband ins Feld geführt. Zusätzliche Sicherheitseinrichtungen in den PKWs sowie gesonderte Sitze für die Kleinen würden die Preise für Fahrzeuge und Taxen immens in die Höhe treiben. Auch die Sportverbände und Elterninitiativen, die es gewohnt waren in Fahrgemeinschaften oft eine Vielzahl von Kindern zum Training oder zur Musikschule auf den Vorder- wie Rücksitzen zu kutschieren, empfanden den vorgesehenen Aufwand als unangemessen. Mehrfach zu fahren lehnten sie rigoros ab.

Anstoß durch einen „bitteren" Brief

Der ergreifende dramatische Brief einer jungen Mutter aus der Pfalz an die Mitglieder des Verkehrsausschusses wurde Auslöser für unser Handeln. Die unglückliche wie tieftraurige Petentin hatte zwei ihrer Kinder durch einen tödlichen Verkehrsunfall verloren. Die Kleinen, sieben und neun Jahre alt, prallten, da sie auf dem Rücksitz ungesichert saßen, so heftig an die Frontschreibe des Fahrzeuges, dass sie noch am Unfallort verstarben. „Tun Sie endlich etwas als Gesetzgeber, damit es nicht noch mehr Opfer gibt und weitere Eltern geschädigt und Kinder getötet werden!"

Unabhängig voneinander reagierten meine Kollegin und ich auf diesen Appell und sagten Hilfe zu. „Hoffentlich!", schrieb die Mutter zurück. „Sie beide sind die einzigen Bundestagsabgeordneten des Verkehrsausschusses, die sich überhaupt auf meinen Bittbrief gemeldet haben!"

Als wir diese Thematik im Kreis unserer Kollegen zur Sprache brachten, gab es, gelinde angemerkt, nur ein zögerliches Interesse. Die „langjährigen alten Parlamentshasen" bis hin zum anwesenden Bundesverkehrsminister meiner Partei dagegen warnten ganz offen vor einer Gesetzesinitiative. Sie erinnerten an den „Glaubenskrieg", den es vor Jahren in der Republik gegeben hatte, als es um die Anschnallpflicht für Erwachsene und ältere Jugendliche gegangen war. Die Auseinandersetzung hatte nicht nur zum Rücktritt des damaligen Ministers geführt, sondern die allmächtige Automobilindustrie hatte ihre Muskeln sogar gegenüber einzelnen Abgeordneten spielen lassen und eine Kampagne gegen die Befürworter der kostenträchtigen Anschnallpflicht in den Wahlkreisen angedroht. Dazu war es dann doch nicht gekommen, weil mit jährlich fast 20.000 Verkehrstoten in der Republik endlich ein Umdenken einsetzte. Unabhängig von der kontroversen Diskussion in Deutschland lieferten unsere Autobauer z. B. in die USA und andere Staaten, wo die Gurtpflicht bereits seit Jahren bestand, voll aufgerüstete PKW ohne einen Aufpreis. Keine neue Anschnallpflicht-Debatte war die Devise der Fraktionsspitzen von CDU/CSU und SPD!

Widerstand auf allen Ebenen

Trotz aller Einwände unserer Kollegen und der Fraktionen bereiteten wir gemeinsam einen Gesetzesentwurf für eine Kindersicherungspflicht vor. Es erwies sich als vorteilhaft, dass wir aus zwei verschiedenen Fraktionen kamen, denn im Bundestag dominierte die Union, im Bundesrat bildeten die Sozialdemokraten die Mehrheit. Kostenpflichtige Gesetze, die den Bund wie die Länder gleichermaßen belasteten, müssen von beiden Kammern der Gesetzgebung beschlossen werden, also dem Bundestag wie dem Bundesrat. Wegen dieser Konstellation, den beiden großen Parteien anzugehören, waren wir guten Mutes, unser Vorhaben erfolgreich durchzubringen. Weit gefehlt! Wir hatten den Einfluss mächtiger Interessensgruppen aus der Wirtschaft wie aus dem Kreis der Interessensverbände außer Acht gelassen. Die wehrten sich energisch gegen unsere MdB-Initiative; weniger öffentlich, sondern versteckt, hinterhältig. Ihre Lobbyisten „bearbeiteten" einflussreiche Kollegen in deren Büros wie bei deren Empfängen. Plötzlich erhoben die Spitzen beider großen politischen Lager schwerwiegende Einwände gegen unseren Gesetzesentwurf, waren nicht bereit, grünes Licht für ein Gesetzgebungsverfahren zu geben. Die CDU/CSU wie SPD ordneten an, unsere laien- wie lückenhafte „Maßnahme auf Eis" zu legen, sie nicht weiter zu verfolgen. Die Zeit sei noch lange nicht reif dafür! Offensichtlich wurde von den Fraktionsgeschäftsführern „über die Bande" gespielt, denn die Order an uns beide MdBs war wortgleich. Zudem suchte mich einer unserer stellv. Fraktionsvorsitzenden persönlich in meinem Büro auf, um mich endgültig von unserem Vorhaben abzubringen. Seine Argumente: „Sie sollten die Wählermacht des mitgliederstarken ADAC und die Spendenbereitschaft der Autokonzerne nicht aus den Augen verlieren! Deshalb weg mit der Initiative in dieser Wahlperiode!" Der Gesandte biss bei mir auf Granit, erreichte das Gegenteil.

Jetzt kam auch noch Zeitnot dazu

Auf jeden Fall wollten Margrit Wenzel und ich unseren Misserfolg nicht wahrhaben. Wir waren davon überzeugt, für eine äußerst wichtige wie notwendige Änderung in der Verkehrssicherheit zu streiten. In dieser Zeit registrierte unser Land einen Rekord an Verkehrstoten, darunter viele, viele Kinder. All diese Opfer, so fanden wir, seien eine Herausforderung für den Gesetzgeber! Aufzugeben war nicht unsere Sache! Wir gerieten jedoch zusätzlich unter Zeitdruck. In sechs Monaten ging die Legislaturperiode zu Ende, vierundzwanzig Monate hatten wir bereits erbittert gekämpft. Entwürfe, die vor dem Ende der Parlamentszeit nicht als Gesetze beschlossen waren, fielen der Diskontinuität zum Opfer, mussten – wenn es die Initiatoren denn beabsichtigten – im kommenden Bundestag völlig neu eingebracht werden. Wir würden also kostbare Zeit verlieren, um Kinderleben zu retten.

Meine Kollegin und ich waren der Auffassung, dass der fehlende Sicherheitsschutz für Kinder einem Verbrechen gleichkam. Dafür eine breite Öffentlichkeit zu mobilisieren, an den Fraktionen vorbei, schien uns der letzte Ausweg.

Mobilisierung der Öffentlichkeit, unsere einzige Chance

Die ganze Dramatik der Kinderunfälle in Bildern zu schildern war unser Plan. Margrit Wenzel nahm Kontakt zu jungen Dokumentarfilmern auf. Ähnlich wie bei den damals populären Kurzfilmen zur Verkehrssicherheit unter dem Titel „Der 7. Sinn" sollte unser Projekt ausgerichtet werden. Dem Dreh sollte es an Dramatik nicht fehlen! Wir gaben diesen Spot in Auftrag, und finanzierten ihn. Es wurde mit privaten TV-Sendern ebenso Kontakt aufgenommen wie mit dem Bundesverband der Kinobetreiber in Deutschland. Zu beiden Medienriesen pflegte ich seit längerer Zeit Kontakte. Sie erklärten sich bereit, den dramaturgisch professionell gestalteten Streifen

u. a. im Werbeblock vor Spielfilmen zu berücksichtigen. Die von uns dazu gestartete Pressekampagne fand Aufnahme in zahlreichen Printmedien. Wir unterrichteten Elterninitiativen, die wiederum griffen den Ball auf und forderten die Regierung sowie die Mitglieder des Bundestages wie der Landtage auf, endlich aktiv zu werden, Rücksicht auf die Sicherheit von Kindern zu nehmen. Die Thematik war plötzlich in aller Munde. Die, wenn auch nur kurze, Filmsequenz ging so manchem unter die Haut. Abgesehen davon fürchteten beide großen Parteien die anhaltend negativen Schlagzeilen. Die Kampagne, wenige Monate vor der anstehenden Bundestagswahl, zeigte Wirkung. Die Regierung wie die großen Fraktionen strichen ihre Bedenken. Mit deutlicher Mehrheit, auch weil endlich die Opposition das Thema aufgriff, beschloss der Bundestag wenige Tage vor Ende der Legislaturperiode, dass es eine altersgemäße Anschnallpflicht für Kinder zu geben habe. Waren bis zu diesem Zeitpunkt nach der Verkehrssicherheitsstatistik 650 bis 800 junge Heranwachsende Jahr für Jahr tödliche Opfer im Straßenverkehr, weil nicht gesichert, sank deren Anzahl nach der Umsetzung der neuen Anschnallpflicht des Gesetzgebers auf 35 bis 50 Kinder. Noch nicht auf null, weil einige Eltern offensichtlich immer noch der Meinung waren, ihre Jüngsten z. B. bei Kurztouren nicht extra anschnallen zu müssen.

Die Mutter aus der Pfalz, die den Stein ins Rollen gebracht hatte, wurde von uns über das Resultat unterrichtet. Sie antwortete postwendend. „Auch wenn für meine Lieblinge das Gesetz zu spät kommt, in Zukunft werden Tausende von Eltern und Kindern gut davon haben, am Leben bleiben. Mehr als 700 Jahr für Jahr! Die Schwerverletzten und jene, die ihr Leben lang mit Behinderungen leben müssen, sollte man dabei nicht vergessen! Sie haben mir den Glauben an unsere Demokratie zurückgegeben. Ich danke Ihnen."

Häufig habe ich diesen Prozess einer Gesetzesinitiative bei Schulbesuchen eingesetzt. Dessen Inhalt – die Verkehrssicherheit für Kinder – traf nicht nur den Nerv Heranwachsender, son-

dern räumte zugleich mit dem Vorurteil auf, zwischen Abgeordneten der Regierung und Opposition gibt es Gegnerschaft, keine Gemeinsamkeiten. Ich kann mich nicht erinnern, eine Einladung als MdB zu einer Schüler-Diskussion nicht angenommen zu haben. Ihr zu entsprechen sollte für Abgeordnete selbstverständlich sein: Politik aus erster Hand bieten zu können. Zugleich Kritik zu erfahren, auch wenn sie unbequem ist. Pro MdB-Jahr war ich Diskutierender in 10 bis 15 Schulen bzw. Jugendverbänden des Wahlkreises 1.

Will ein Abgeordneter im Bundestag unabhängig von seiner Fraktion und Regierung zu Erfolg kommen, sind besonders hohe Hürden zu überwinden. Als ich gemeinsam mit gleichgesinnten Kollegen auszog, anerkannte Sprachminderheiten in unserer Republik zu ihrem Recht zu verhelfen – auch vom Parlament wahrgenommen zu werden –, ahnte ich nicht, dass es fast ein Jahrzehnt dauern würde. Wo wir hinsahen Hindernisse, Fallstricke, Schikanen.

Plattdeutsch im Deutschen Bundestag, „een Barg an Ploog (Mühsal)"

„Eine niederdeutsche Debatte in unserem Parlament? Träumen Sie? Folklore in der Volksvertretung? Nie und nimmer wird es dazu kommen! Bereits an der Geschäftsordnung unseres Hohen Hauses werden Sie scheitern!"

Unsere Altvorderen im Bundestag pflegen das Regelwerk – als sei es ein Heiligtum. In Grund und Boden wurde ich von den Kritikern gestampft, als ich auf dem konstituierenden Treffen unserer überfraktionellen Spracheninitiative in Bonn die Debattenidee äußerte. Allein Carl Even, bodenständiger Sozialdemokrat aus Friesland, der fließend platt wie friesisch sprach und die dynamisch-fröhliche Sorbin Maria Michalk aus meiner eigenen Partei traten mir zur Seite. Carl mit dem Snack: „Worum nich op Platt praten (sprechen)? Keen

Bang hemm (Angst haben), nee, anhooln deit kriegen! (nicht aufgeben)." Maria fuhr uns MdBs in die Parade: „Nicht nur das auf Routine getrimmte parlamentarische System würde verarmen, gäbe es keine Utopien! Nur wer etwas wagt, gewinnt! Minderheiten-Sprachen haben ein Anrecht auf Beachtung und Wertschätzung!"

Trotz deren kollegialem Beistand verwarf die Mehrheit meinen Vorschlag. Ich vergaß ihn nicht. Trotzdem war es ein Erfolg, dass aus allen Fraktionen Kollegen meiner Einladung zu einer Kampagne für den Erhalt und die Förderung von Minderheitensprachen folgten. Zweiunddreißig erschienen zum ersten Treffen, zweiundvierzig bereits beim zweiten Termin. Eines hatte ich bereits in meinem ersten Parlamentsjahr erfahren. Als Einzelkämpfer erreichst du wenig, suche dir Verbündete!

Zorn auf die Regierung

Wir alle wussten um die Verantwortung für Sprachminderheiten in unseren Wahlkreisen. Den Wahlkreis 1 Flensburg-Schleswig kennzeichnet u. a. eine Drei-Sprachen-Region zu sein, mit Hoch- wie Plattdeutsch und der dänischen Sprache. Sie alle kommen gut miteinander aus, tolerieren einander. Das war nicht immer so. Auch ich, wie viele andere, haben in der Nachkriegszeit erst den Wert von Minderheitensprachen lernen müssen. Das galt für das Dänische wie Friesische im Norden Schleswig-Holsteins wie für das Wirken der deutschsprachigen Minderheit im Süden des benachbarten Königreiches.

Uns Abgeordnete einte der Zorn auf die Bundesregierung. Sie hatte zwar der vom Europarat initiierten europäischen Sprachencharta für Klein- und Regionalsprachen grundsätzlich zugestimmt, aber es unterlassen, unsere Minderheitengruppen namentlich zu benennen. Die Konsequenz: Die Dänen, Friesen, Sorben, Sinti wie Roma und die Niederdeutschen blieben ohne Schutz und Förderung. Das Argument der Exekutive, eine namentliche Erwähnung würde einen Rattenschwanz an finanziellen Belastungen für Bund und Länder zur Folge haben.

Abgesehen davon, die Sprachgruppen sollten mit Hilfe ihrer Kommunen selber sehen, wie sie zurechtkämen. Außerdem, die Länder beanspruchten für sich die Kulturhoheit, ein europäischer Rückhalt für die Minderheiten in Deutschland sei überflüssig.

Griff zur Selbsthilfe

Da auch unsere Fraktionen im Bundestag die Regierungsauffassung teilten, griffen wir zur Selbsthilfe. In dem Wissen, dass die Geschäftsordnung des Bundestages Gruppenanträge von Abgeordneten möglich macht, wir die erforderliche Mindestanzahl von MdBs bereits weit überschritten, machten wir uns mit Elan an die steinige parlamentarische Umsetzung. Unser Ziel fest im Auge: Für Sprachminderheiten eine Bresche zu schlagen. Als Eisbrecher unseres Feldzuges an den Fraktionsspitzen vorbei fungierte das Niederdeutsche. Platt deshalb, weil nicht nur Millionen es in Norddeutschland als Zweitsprache aktiv praktizierten, eine noch größere Anzahl es verstand, sondern in vier weiteren Bundesländern zahlreiche nennenswerte Sprachinseln davon existierten. Doch gerade die Länder trotz ihrer kulturellen Verantwortung, torpedierten unsere Bemühungen, teilten die Ablehnung des federführenden um die Finanzen besorgten Bundesinnenministers. Das Ministerium holte mit der Behauptung „Das Plattdeutsche ist überhaupt keine Sprache, sondern allein ein Dialekt" eine vernichtende Keule aus dem Sack und dämpfte damit deutlich unsere mit Leidenschaft begonnenen Bemühungen.

Gutachten weggebügelt

Unser Einwand, das Niederdeutsche sei eine historisch gewachsene eigenständige Sprache, keine Mundart, wurde ebenso rigoros von der Exekutive weggebügelt wie der unwiderlegbare Sachverhalt,

Platt habe als beherrschende Sprache während der Hansezeit in ganz Nordeuropa Fuß gefasst, als Gerichts- wie als Handelssprache. Auch fundierte wissenschaftliche Gutachten, die wir von Universitäten aus Greifswald, Kiel, Uppsala und den Niederlanden auf eigene Kosten anforderten, erschütterten nicht die Front der Blockierer. „Nee, opgeven (aufgeben) warn wi nienich", stellte der Friese Carl sich in unser aller Namen trotzig dagegen „Solang de Orgel noch speelt, is der Kark (Kirche) nich ut!" Mutmacher wurden durchaus benötigt.

Unsere Spracheninitiative bestand bereits sechs Jahre und der ewige Gegenwind begann sogar die Zweckoptimisten in unseren Reihen zu zermürben. Da schritt unser Hamburger Kollege Rolf Niese ein: „Wer sik to'n Schaap (Schaf) maaken deit, de warrt vun de Wulf (Wolf) freeten! Nee, umsieten (umwerfen) laaten wi uns nich!" Wir, die Volksvertreter, die Repräsentanten der Legislative, starteten eine neue Offensive gegen die Regierung wie die Bedenkenträger in den Behörden und Verwaltungen.

Türöffner: Eine Große Anfrage

Mein Gedanke einer plattdeutschen Debatte im Bundestag wurde aufgegriffen. Als Schlüssel dazu diente uns eine Große Anfrage an die Bundesregierung – zweisprachig natürlich. Allein diese Form beinhaltete das Recht auf eine Aussprache. Allumfassend trug sie den Titel: „Es gehe um die Situation der Niederdeutschen Sprache". Begleitend dazu regten wir Vereine wie Verbände zu Unterschriftensammlungen an, mobilisierten für unser Anliegen die Medien auf allen Ebenen und erhielten dazu eine engagierte Unterstützung von Kulturschaffenden aus der vielfältigen niederdeutschen Szene. Als besonders hilfreich erwies sich die bundesweit beachtete Premiere des ersten Asterix-Bandes „Een Törn for nix." Also in prächtigem Plattdeutsch. Wir Abgeordneten von der Initiative sorgten bedingt durch die Sturheit der Unwilligen für eine Zuspitzung der öffentlichen Aufwallung. „Es gehe bei unserem Anliegen nach unserer Auffassung auch um eine staatliche Diskriminierung von Minderheiten durch die Verantwortlichen in Berlin wie in den Ländern. Der öffentliche Druck sorgte offensichtlich für ein erstes Einlenken der Verantwortlichen, als uns eine neue Hiobsbotschaft aus der Bundestagsverwaltung erreichte. „Ihre Große zweisprachige Anfrage betrachten wir bereits als grenzwertig. Jedoch eine plattdeutsche Debatte ist ausgeschlossen, weil unsere Geschäftsordnung auf dem Gebrauch der Deutschen Sprache basiert. Zudem haben wir erfahren, dass die Spitzen Ihrer Fraktionen eine Änderung der Geschäftsordnung derzeit rigoros ablehnen."

Eine hilfreiche Empfehlung

In dieser für uns dramatischen Situation erhielt ich die Bitte der amtierenden Bundestagspräsidentin Prof. Rita Süßmuth, sie in ih- rem Büro aufzusuchen. Dazu war es in der Vergangenheit häufiger gekommen. Wurde die Repräsentantin unserer Volksvertretung von Landvolk- und Heimatverbänden gebeten, die Festrede zu halten, waren ihr aus Gründen der Bürgernähe plattdeutsche Passagen in ihren Ansprachen wichtig. Ausgelöst durch mein „Moin Moin", das ich in allen Bundestagsjahren als Grußformel praktizierte, war sie auf mich als Plattsnacker aufmerksam geworden. So ergab es sich, dass ich für Übersetzungen herangezogen wurde.

„Heute", erklärte sie, „möchte ich mich für Ihre geduldige kollegiale Hilfe revangieren und der Abgeordneten-Initiative für den Schutz von Sprachminderheiten einen vertraulichen Hinweis geben. Sie streiten für eine gute und gerechte Sache. Werfen Sie bitte noch einmal einen genauen Blick auf die Geschäftsordnung des Bundestages. Dort heißt es sinngemäß, ‚im Parlament wird deutsch' gesprochen. Die Einschränkung ‚hochdeutsch' kommt nicht vor." Offiziell möchte ich Ihnen darüber hinaus das Resultat einer nochmaligen Überprüfung Ihrer Universitätsgutachten durch unsere Hausjuristen mitteilen. Sie kommen danach einheitlich zur Auffassung: Beim Niederdeutschen handelt es sich tatsächlich um eine historisch gewachsene Einzelsprache unseres Landes, keineswegs um einen Dialekt. Deshalb erteilt unser Ältestenrat Ihnen für die Behandlung Ihrer Großen Anfrage im Plenum am 14. Januar 1988 grünes Licht."

Nicht nur für die Plattdeutschen wurde dieser schneekalte Januartag zu einem historischen Ereignis, sondern zugleich für die Sprachminderheiten der Dänen, Friesen, Sorben, Sinti wie Roma. Erstmals seit Bestehen des Bundestages führten Abgeordnete eine Aussprache über den Wert, das Wesen und die kulturelle Bedeutung von Minderheitensprachen, zugleich in deren Jargon.

Deutschland, Schrittmacher

Damit wurde unser Land Vorbild wie Schrittmacher in Europa. Der lakonische Kommentar von Carl Ever zu dieser Sternstunde: „Wat mutt, dat mutt." Ein weiteres Ergebnis dieses Tages: Kommentarlos meldete die Bundesregierung alle Minderheitensprachen namentlich dem Europarat, der sie in seine Sprachencharta aufnahm.

Wir Verantwortlichen beließen es nicht bei einer „Eintagsfliege", sondern drei weitere ähnlich strukturierte Plenardebatten folgten in den kommenden Jahren. Doch bereits damals zeichnete es sich ab, dass kleine Sprachen ohne eine dauerhafte Präsenz in den gro- ßen Medien es schwer haben werden, ihre Existenz zu behaupten. Heute bereits werden drei von ihnen, Friesisch, Sorbisch und auch das Niederdeutsche, in der Roten Liste der Unesco für hoch gefähr- dete vom Aussterben bedrohte Sprachen geführt. Von den ca. 7.000 Sprachen, die weltweit vor 30 Jahren registriert waren, sind bereits mehr als 2.500 endgültig von unserem Planeten verschwunden. Welch' ein Verlust für die Menschheit an kultureller Vielfalt. Welcher „Diebstahl" an Identität für die Betroffenen. Der Prozess der Auflösung von Sprachen ist nach Auffassung sachkundiger Beobachter nicht zu stoppen. Wöchentlich, auch aktuell, ereilt zwei bis drei der Minderheitensprachen weltweit der Sprachentod.

Die Kulturängste von Sprachminderheiten bleiben!

„Nee, wat en Büx! De praaten mal wedder Platt in't Berliner Parlament." Bravo-Ruf eines Kieler NDR-Redakteurs am 2. März 2023. Was war geschehen? Tatsächlich, die Tagesordnung des Deutschen Bundestages enthielt für diesen Donnerstagnachmittag eine Sprachendebatte. Anlass war der 25. Jahrestag der Europäischen Charta für Regional- und Minderheitensprachen.

Fast drei Jahrzehnte nach der Premiere eines ersten Sprachendiskurses noch im beschaulichen Bonn klangen wieder einmal ungewöhnliche Töne im Plenarsaal. Eine neue Abgeordnetengeneration um die 24 Jahre alte Kielerin MdB Gyde Jensen von der FDP, um den Sozialdemokraten Johann Saathoff, die Hanseatin Lisa Heitmann von Hamburgs Grünen und weitere selbstbewusste Volksvertreter sorgten sich um die Kulturängste der Mitglieder anerkannter Sprachminderheiten. Mit Kompetenz, ernsthaft wie humorvoll, erledigten sie ihren selbstgesteckten Anspruch. Dem einzigen SSW-Vertreter in Berlin, Stefan Seidler aus Flensburg, gelang dabei das Kunststück, in den ihm zustehenden zwei Minuten Redezeit sich in drei Sprachen zu präsentieren. Plattdeutsch, Dänisch und Friesisch nach der Devise: „In de Noot fritt de Düvel Fleegen!" Wieder einmal wurde das Parlament unseres Landes ein Vorbild dafür, Beschwernissen von Minderheiten eine Plattform zu bieten, damit auch den Sorben, Sinti und Roma.

Noch umfasst der Verband der Sprachminderheiten in Europa über 30 Millionen Mitglieder von Ungarn bis Spanien, Italien bis Skandinavien. Sie repräsentieren über siebzig verschiedene Sprachen. Welch' eine kulturelle Vielfalt! Für sie alle gilt: „Moderspraak

(Muttersprache) is: to Huus sien, een Barg vun Seekerheit hemm', een Stück Heimat to geneeten."

Minderheitensprachen sind zu einer Randnotiz in der Politik geworden. In den überregionalen Medien kommen sie gar nicht mehr, in den örtlichen nur noch selten vor. Deshalb ist es auch nicht verwunderlich, dass die Rechtslage für Regional- und Kleinsprachen weitgehend unbekannt ist. Erst durch den Besuch eines gestandenen Milchbauern von der Treene-Eider-Sorge-Niederung wurde ich auf diesen Sachverhalt aufmerksam.

Kein Bock auf das Bundespatentamt!

Dass man sich als Abgeordneter auf seinen Lorbeeren nicht ausruhen darf, führte mir der Altbauer Heinrich Meggers aus Stapelholm vor Augen. In dieser herben wie noch ursprünglichen Landschaft zwischen Schleswig und Husum, mit einer der größten Storchenpopulationen im Lande, sprechen die Alteingesessenen aus Überzeugung plattdeutsch.

Nun hatte unsere überfraktionelle Gruppe gerade durchgesetzt, dass die Regional- und Minderheitensprachen durch den Bundestag „hoffähig" wurden, damit auch das „Platt", als mir Meggers, der Herrscher über siebzig Kühe, unseren Sprachenerfolg verhagelte. Die Begegnung mit diesem Petenten machte mir deutlich: Ein Parlamentsbeschluss reicht nicht aus, wenn Behörden sich verweigern. Ohne zu zögern, selbstbewusst und zornig besuchte mich der Bauer in meiner Bürgersprechstunde. Nach einem einsilbigen „Moin" kam Heinrich Meggers unvermittelt auf seinen Protest zu sprechen:

„Dat will ik Se seggn (sagen), Börnsen, dat Anerkenn'n vun uns Platt in't Parlament is Lei un Bedruug (Lüge und Betrug). Wenn't um dat Alldäägliche (Alltag) geit, is nix wunn (nichts besser geworden)!"

Was hatte den Rinderbaron auf die Palme gebracht? Der Kuhbauer, seit seiner Kindheit ein Tüftler, hatte die Idee seines Lebens geboren, sich eine beheizte Liegematte für Kühe ausgedacht. „Dat is Sünn (ein Unding), wenn mien Keuh (Kühe) to Winterdag (im Winter) freern (frieren) doon!"

Da der Erfinder in Rede und Schrift ein Könner im Platt, jedoch weniger im Hochdeutschen war, erreichte seine Eingabe das Bundespatentamt in seiner Stapelholmer Heimatsprache. Doch statt seine Genialität in München zu loben, erhielt der Stapelholmer alle seine Unterlagen postwendend mit der Bemerkung zurück: „Das Amt akzeptiert nur ordentliche Sprachen, keine Dialekte."

„Düsse Baggeluuten (Spitzbuben), den hemm (haben) nich mal mien Breef (Brief) oppmakt (geöffnet)." Auch des Altbauern zweiter Versuch schlug fehl. „Nu mutt de Politik wat doon (was für mich unternehmen)."

Auch mein Schreiben an den Präsidenten der Behörde brachte keinen Erfolg, alleine eine über drei Seiten reichende Begründung, warum es nicht geht. Die Rechtslage lasse keine andere Lösung zu. Erst wenn sie geändert würde, könne man handeln.

Als ich dem Altbauern die Botschaft mitteilte, bestand sein Kom- mentar aus zwei Sätzen: „Bit dat een nüe (neues) Gesett gift (gibt), bün ik all lang dood (bereits gestorben). Man watt ik alleen will is, dat mien Keuh dat good hemm (sich im Winter wohl fühlen)!"

Also musste für die Anerkennung des Patentes eine rasche wie pragmatische Lösung gefunden werden. Sie bestand in meinem auf- geschlossenen Freund und MdB Kollegen Manfred C., dem Vorsit- zenden des allmächtigen Haushaltsausschusses des Deutschen Bun- destages, Plattsnacker wie ich.

Die Haushälter sind die „Könige" unter uns Abgeordneten, weil sie allein über die Verteilung der Finanzen verfügen. Vor ihnen kriechen sogar Minister zu Kreuze und noch tiefer buckeln manche Präsidenten der Bundesbehörden. Der Haushaltsausschuss bittet die Behördenleiter nicht zum Besuch, sondern zitiert sie zum Rapport nach Berlin! Diese Tortur wiederfuhr auch dem Mächtigen aus München vom Patentamt.

Gut vier Wochen später erschien – unangekündigt – jedoch breit grinsend, der Kuhbauer Meggers in meinem Wahlkreis-Büro. „Moin! Moin! Börnsen. Een Wunner! Een Wunner! (Wunder). Du glövst (glaubst) dat nich! Hier swatt op witt (schwarz auf weiß)! Ik heff dat Patent! Un weetst Du in watt för een Spraak (in welcher Sprache) se mi antert (geantwortet) hemm? Plattdüütsch! Düsse Döör (Tür) is in Tokunft uk open (offen) för de Freesen, de Sorben, för alle de dat swor (schwer) mit dat Hochdüütsche hemm. Man, Bock opp dütt Amt heff ik jümmer (immer) noch nich, so wi de mi piesackt hemm (gequält haben)."

Zurück zur Tätigkeit des Bundestages. Dessen Tagesordnung vergleichen manche Kritiker mit dem Spielplan eines Theaters oder einer Speisekarte, weil das Debattenprogramm allein eines Tages eine Vielfalt verschiedener Thematiken enthält, bunt und brisant ist. Die Herausforderung für den Gesetzgeber ist dabei, einen funktionierenden Staat für ca. 84 Millionen Menschen zu garantieren. Nicht immer jedoch ist das Parlament Herr des Geschehens. So geschah es auch am 9. November 1989.

Der Tag im Bundestag, als Tränen flossen

An diesem tiefgrauen wolkenverhangenem 9. Novembertag des Jahres 1989 war nicht vorhersehbar, dass in den späten Abendstunden auch hartgesottene, sonst äußerst zurückhaltende Altparlamentarier des Deutschen Bundestages in Tränen ausbrechen würden. Wie in der gesamten Republik, so beherrschte auch im beschaulichen Bonn ein Thema die Menschen: Zu welchen Folgen für Ost wie West würden die sich zuspitzenden revolutionären Vorgänge in der DDR führen? In Ostberlin wie in anderen Orten des Arbeiter- und Bauernstaates skandierten mutige Mensch auf den Montagsdemonstrationen „Wir sind das Volk!" Zugleich wurde eine scheinbare Ohnmacht der SED-Führung gegenüber den „Ausschreitungen" wahrgenommen. Sogar als die Parole eine neue Wendung mit „Wir sind ein Volk!" erhielt, reagierte Erich Honecker, der Staatsratsvorsitzende, der seit 1976 Partei- und Staatsführung in einer Person vereinte, mit seinen Spitzengenossen, als seien sie gelähmt. Die machtvolle, couragierte Bürgerbewegung hat die Führung schließlich hinweggefegt. Auf beiden Seiten der Berliner Mauer stiegen jedoch in diesen dramatischen Wochen die Befürchtungen, es könne zu einem gewaltsamen Ende der Protestbewegung durch den Einsatz der Volksarmee kommen. Der 17. Juni 1953, als die Russen Panzer einsetzten, um den Aufstand der Arbeiter brutal niederzuwalzen, blieb – zumindest in der älteren Generation – unvergessen. Niemand im Bonner Parlament konnte und wollte sich der rasant verschärfenden Lage entziehen.

Furcht vor einem Dritten Weltkrieg

Eine permanente nervöse Spannung, Erregung, Ungeduld beherrschte uns Abgeordnete. Wilde Spekulationen über den Ausgang der ansteigenden Protestwellen in der DDR machten die Runde, befeuerten die Ängste. Wohin würde die Krise führen? Die West-, die Schutzmächte der Bundesrepublik befanden sich in Alarmbereitschaft, Moskau beteuerte offiziell seine Solidarität ebenso mit Ostberlin wie die Mehrzahl der Länder des Warschauer Paktes. Die Furcht vor einem Dritten Weltkrieg trieb die Menschen in beiden Teilen Deutschlands um. Hochexplosiv schien die Situation in der Mitte Europas. Trotzdem oder gerade deshalb war Bundeskanzler Helmut Kohl einer Einladung der polnischen Regierung zu einem Staatsbesuch gefolgt. Ähnlich reagierte der Bundestag, der sein „Alltagsgeschäft", die Gesetzgebung, in gelassener Routine betrieb. So auch an diesem 9. November.

Gegen 19 Uhr stand die Beratung des strittigen Vereinsfördergesetzes an. Mit einer namentlichen Abstimmung musste gerechnet werden. Da ich zu den Unterzeichnern dieser Initiative gehörte, nahm ich pflichtbewusst an der lustlos geführten Debatte im nur spärlich besetzten Saal teil. Viel lieber hätte ich mich in der Lobby des Wasserwerkes aufgehalten, wo das Präsidium Fernseher hatte installieren lassen, damit wir uns aktuell informieren konnten.

Plötzlich, es muss gegen 20 Uhr gewesen sein, wir befanden uns noch mitten in der Aussprache, strömten durch alle Türen Kollegen in das Plenum, als habe sie eine Riesenwelle hereingespült. Sofort wurden wir, die Platzhalter, wenn auch leise, flüsternd gedämpft mit der Sensation konfrontiert: Die Berliner Mauer ist geöffnet! Es gäbe derzeit keine Grenzkontrollen mehr!

Ein „Dammbruch" zeichnete sich ab

Ich kann mich noch genau daran erinnern, dass ich ungläubig voller Skepsis reagierte. Sollte die SED tatsächlich nach fast dreißig Jahren Teilung unseres Landes den Weg für die Freiheit ihrer Bürger geöffnet haben? Meine Informanten nickten bestätigend „so berichten es die Medien. Die TV-Bilder beweisen, dass es einen Dammbruch gibt. Hunderte, nein Tausende überglückliche, fröhliche Menschen aus Ostberlin bevölkern bereits die Straßen Westberlins. Ganz Verwegene tanzen auf der Mauerkrone!"

Energisch klopfte in diesem Moment Annemarie Renger, die amtierende Vizepräsidentin, auf ihr präsidiales Pult. „Ich unterbreche hiermit unsere Debatte und ersuche Rudolf Seiters, den Chef des Bundeskanzleramtes, wegen der Aktualität um eine offizielle Regierungserklärung zu den Vorgängen in Ost-Berlin." Gespannte Stille trat ein. Mit bebender Stimme begann der Christdemokrat. „Die Mauer ist offen!" Wir alle im Plenum, ich eingeschlossen, kämpften um unsere Fassung. Ein Wunder schien geschehen! Dann jedoch setzten tosender Applaus, Jubel, Hochrufe ein, wir Parlamentarier gebärdeten uns, als befänden wir uns in einem Tollhaus. Nur noch Begeisterung, überschwängliche Freude herrschte. Von gesetzter parlamentarischer Würde keine Spur. Mit drei kräftigen Hammerschlägen gelang es der Sozialdemokratin Renger, für eine vertretbare Ruhe zu sorgen, so dass Rudolf Seiters fortfahren konnte.

„Es sind einmalige historische Prozesse, die wir erleben. Und die Chancen und Perspektiven, die sich unserem geteilten Land auf friedliche Weise eröffnen, erfordern von uns allen ein ganz hohes Maß an Solidarität mit denen, die uns Schwestern und Brüder sind", schloss er.

Ähnlich im Inhalt wie in der Kürze folgten die Beiträge der Fraktionsvorsitzenden, die für das Hohe Haus ungewöhnlich stets den Beifall aus allen Fraktionen erhielten. Alfred Dregger von der CDU/CSU liefen die Tränen, Jochen Vogel von der SPD kam ohne mehrfach sein Taschentuch zu benutzen nicht aus. Allein Wolfgang Mischnik FDP und Helmut Lippelt von den Grünen gelang es, ihre Fassung zu bewahren. So viel Einheit hatte es in den Monaten zuvor zwischen den Regierungs- und Oppositionsfraktionen nicht gegeben.

Einigkeit und Recht und Freiheit

Schon hob Annemarie Renger den Hammer, um die Sitzung vorzeitig zu beenden, um das Plenum für den kommenden Mittwoch einzuberufen, als mein Kollege Hermann Josef Umland aus NRW zuerst den neben ihm sitzenden Urbayern Ernst Hinsken und anschließend mich, der ich auf seiner anderen Seite saß, auffordernd anblickte. Hermann-Josef als Abgeordneter souverän, selbstbewusst, von Kollegen aus allen Lagern auch deshalb geschätzt, weil er als Vorsitzender des Vermittlungsausschusses aufgeschlossen für Kritik und fair fungierte. Er reckte und erhob sich. Wir mit ihm. Verwunderung in den Reihen vor und hinter uns. Unabgesprochen waren wir uns einig, beherrscht von unendlicher Dankbarkeit. Die Maueröffnung, dieses historisch einmalige Ereignis, verdiente von uns Volksvertretern eine Würdigung, die diesem unvergleichbaren Anlass gerecht wurde: unsere Nationalhymne! Wir standen, stimmten das Lied an und schon waren wir umringt von Kollegen aller Fraktionen. Anfänglich verhalten, feierlich klangen „Einigkeit und Recht und Freiheit für das deutsche Vaterland" durch das Rund des Wasserwerkes. Die Tränen liefen, manche Stimme kippte.

Nie wieder habe ich den Gesang des Deutschlandliedes so erlöst, so leidenschaftlich erlebt wie an diesem Abend des 9. November 1989.

Eine Minderheit der Grünen trotzte dieser Gemeinsamkeit, blieb sitzen. Nur drei ihrer Umweltpolitiker verließen pikiert den Saal. „Es bleibt zu hoffen", sagte deren Sprecherin Ruth Hambach später, „dass das Singen der bundesdeutschen Nationalhymne eine einmalige Entgleisung war. Gefragt sind keine ‚nationalen Gefühlsaufwallungen', sondern Konzepte."

Erinnerung an den 13. August 1961

Wie ich beobachtete, hatte sich auch Willy Brandt, der in der vorderen Reihe saß, nicht erhoben. Er, der als Oberbürgermeister Berlins die Tragik der Teilung der Stadt und des Landes hautnah erlebt und erlitten hatte, schien still und in sich gekehrt den Mauerfall wahrzunehmen. „Der große Sozialdemokrat mochte", wie der damalige Bonner Repräsentant des Flensburger Tageblattes Stephan Richter in seinem ergreifenden Beitrag schrieb, „an jene bitteren Stunden des 13. August 1961 gedacht haben, als die inhumane Mauer errichtet wurde und Brandt seinen Berliner Landsleuten zurief: ‚Der Senat von Berlin erhebt vor aller Welt Anklage gegen die widerrechtlichen und unmenschlichen Maßnahmen der Spalter Deutschlands, der Bedrücker Ostberlin und der Bedroher Westberlins.'"

Auch ich hatte in diesen aufwühlenden Abendstunden mit meinen Tränen zu kämpfen. Ich erinnerte mich in diesem Augenblick auch an die vielen feierlichen Gedenkstunden in meiner Heimatstadt Flensburg vor dem Deutschen Haus, wo zu Ehren der mutigen aufständischen Arbeiter des 17. Juni 1953 ein Mahnmal errichtet worden war. Keine dieser Versammlungen habe ich als Jugendlicher verpasst. Die dort gehaltenen Gedenkreden von klugen, lebenserfahrenen Frauen wie Männern hatten stets den Wert unserer Freiheit wie die Festigung unserer jungen Demokratie zum Mittelpunkt. Für mich besaßen sie einen prägenden Charakter. Ganz gegen den damaligen Zeitgeist, der solche Treffen als reaktionär geißelte, fanden die Gedenken zum 17. Juni 1953 noch zu Beginn der sechziger Jahre statt.

Ein Mahnmal wird geschliffen

Sie endeten 1960 abrupt, als es einer aggressiven linksradikalen Gruppierung mit dem Einsatz physischer Gewalt endlich gelang, unsere Kundgebung zu sprengen. Der Einsatz von Trillerpfeifen, Knallkörpern und Nebelhörnern in den Jahren zuvor hatte uns nicht weichen lassen. Ich gehörte zu denen, die von irregeleiteten, zumeist studentischen Protestierenden zu Boden gerissen und mit Fußstößen brutal traktiert wurden. Begleitet wurden die Ausfälle mit Parolen: „Ihr Reaktionäre beleidigt die DDR! Ihr Giftspritzer schmäht den Sozialismus! Euch neue Nazis werden wir zertreten!" Jahrzehnte später, als ich wegen meiner Kulturtätigkeit in Berlin regelmäßig auch mit der „Stasi-Untersuchungsbehörde" zu tun hatte, erfuhr ich, dass Flensburg an der Nahtstelle zu Dänemark und als ehemalige „Nazihauptstadt" zu einem der Schwerpunkte des DDR-Staatssicherheitsdienstes in Westdeutschland gehört hatte. Dieses Wissen entschuldigt zwar nicht die Brutalität der Störer, aber erklärt deren Handeln. Was mich damals jedoch zutiefst schockierte, die anwesenden Ordnungskräfte schritten nicht ein! Wochen später teilte die Polizeiführung dem Veranstalter, dem CDU-Stadtverband, mit, sie könne auch in Zukunft einen ordnungsgemäßen Ablauf der Freiheitskundgebung anlässlich des Ostberliner Arbeiteraufstandes am 17. Juni 1953 nicht sicherstellen. Dieses Hinweises hatte es nicht bedurft, weil die Stadtführung dieser „stets unruhestiftenden Versammlung" müde war. In einer Nacht- und Nebelaktion wurde der „Stein des Anstoßes", das Mahnmal zur ersten demokratischen Volksbewegung in der DDR, abgeräumt.

Auch die Mauer wurde Alltag

Natürlich war ich über diese Vorgänge noch lange tief enttäuscht. Ich ließ mich jedoch nicht entmutigen, mich auf Gedenkveranstaltungen für den Wert der Freiheit einzusetzen. Die Errichtung der Berliner Mauer am 13. August 1961 war einer der Anlässe, um zu handeln. In Schleswig, unserer Kreisstadt, gab es dazu Jahr für Jahr ein gemeinsames Nachdenken über Recht und Unrecht in Deutschland, über die Menschenverachtung eines Schießbefehls ebenso wie die Wahrung des Friedens. Jedoch, je länger die Mauer bestand, Alltag wurde, umso mehr nahm die Beteiligung der Bürgerlichen ab. Zugleich wuchs auch in Schleswig die Zahl linker Protestierender. Die Befürworter einer Zwei-Staaten-Lösung, der Anerkennung der DDR, entsprachen dem damaligen Zeitgeist. Aus heutiger Sicht habe ich durchaus Zweifel, ob unser Atem für viele weitere „Mauergedenken" ausgereicht hätte. Der revolutionäre für viele unerwartete Erfolg der Bürgerproteste mit der Öffnung der Mauer vom 9. November 1989 enthob uns einer Entscheidung.

Wozu Gedenktage?

Noch heute bin ich der Auffassung, kein anderes Ereignis der Geschichte unseres Landes wäre geeigneter gewesen, zu einem nationalen Feiertag zu werden, als die Maueröffnung am 9. November 1989. Sie dokumentierte nicht nur den unerschütterlichen Freiheitswillen der Menschen Deutschlands, sondern zugleich das Vermögen der Beteiligten, mit unendlicher Geduld und Einfühlungsvermögen die Überwindung der Teilung in Ost und West friedlich zu lösen. Einen solchen Glücksfall hat es in den konfliktvollen zweitausend Jahren unserer Historie nicht einmal gegeben.

Für mich ist und bleibt die Maueröffnung ein Tag der Freude, Dankbarkeit und des Respektes für die Bürgerbewegung im östlichen Teil unserer Republik. Im Gegensatz zum willkürlich gewählten 3. Oktober hat dieser Tag eine einmalige Geschichte geschrieben, war ein weltweites Signal, dass wir, verantwortlich für verheerende Kriege, Frieden können und Freiheit verstehen.

Ich weiß sehr wohl, dass der 9. November ein Schicksalsdatum, ein belasteter Tag unserer Geschichte ist. Es hat uns an 1918 zu er- innern, das Ende der Monarchie und den erstmaligen tatsächlichen Beginn eines demokratischen Rechtsstaates aus eigenem Willen und dem Wollen der Menschen.

Er hat uns erinnert, die Augen zu öffnen, dass wir 1923 beim „Hit- ler-Putsch" unwissend schienen, befangen, untätig blieben, um ei- nen zukünftigen Diktator zu verhindern.

Dieses Datum hat uns ganz besonders auf den 9. November 1938 aufmerksam zu machen, als in der sog. „Kristallnacht" unübersehbar ein Zivilisationsbruch in Deutschland begann. Die Nazi-Barbarei hat zu einem Bruch unserer Geschichte geführt und ihr unmenschliches Handeln gegenüber Jüdinnen und Juden in Deutschland hat natio- nal wie regional eine Vielzahl von Erinnerungsorten wie Daten zur wiederkehrenden Mahnung erhalten.

Gedenktage sind notwendig, weil sie Stachel in unserer Geschichte sind, gleich ob sie auf verwerfliche oder vorbildliche Ereignisse hinweisen. Sie können zur Orientierung zukünftiger Generationen beitragen. Mit der Absage, den 9. November 1989, die Freiheitsbekundung durch den friedlichen Fall der Berliner Mauer zu unserem nationalen Feiertag zu erklären, haben wir unwiderruflich die Möglichkeit vergeben, ein beispielhaftes ermutigendes Signal für unsere Kinder und Enkel zu sichern.

Für die Mehrzahl unserer Landsleute, auch für mich, war und ist der Fall der Mauer, der Beginn einer Wiedervereinigung in Frieden, der glücklichste Tag der wechselvollen Geschichte unserer Republik. Deshalb wäre der 9. November das geeignete Datum eines nationalen Feiertages, wohl wissend, dass dieses Datum durchaus umstritten ist, es bei uns an tragische wie hoffnungsvolle Geschehnisse erinnert.

Die Wiedervereinigung wurde Wirklichkeit. Weit waren die Tore für ein gigantisches Wiederaufbauprogramm geöffnet: Der SED-Staat hatte ein abgewirtschaftetes Land hinterlassen. Es galt, unseren neuen Mitbürgern jegliche Unterstützung zukommen zu lassen. Für unser Büro war die Aufgabe klar definiert: Wer sich aus unserem Wahlkreis, gleich an welcher Stelle, in welchem Umfang, engagierte, der erhielt Hilfe. In unserem Elan, Eifer, ja Enthusiasmus entwickelten wir ein Projekt, das in Berlin als „Schnapsidee" galt, jedoch zwischen Förde, Schlei und Treene auf Gefallen und Befürworter stieß. Moritz, unser Büroleiter, prognostizierte „Ärger" und wir bekamen ihn.

Zoff mit der Berliner Präsidialbürokratie und dem Kanzleramt

Auslöser für den Ärger, den unser MdB-Büro mit Bundesorganen in Berlin bekam, war ein Leserbrief. Im Flensburger Tageblatt empörte sich die Handwerkerfrau eines Elektromeisters: „Die Deutsche Einheit ist gerade zwanzig Monate alt, da wird bereits für die Berliner Prominenz die Ordenstür weit geöffnet. Wer Rang und Namen hat, wird für die Wiedervereinigung ausgezeichnet. Doch wir, die ‚kleinen Leute', gehen wieder einmal leer aus. Mein Mann hat in Malchow gemeinsam mit einem Ossi einen Elektrobetrieb eröffnet, vier

Mitarbeiter eingestellt. Mindestens einmal pro Woche fährt er um drei Uhr in der Früh von Flensburg dorthin. Er muss sich auf maroden Straßen durch den Verkehr quälen. Eine Förderung gibt es nicht, obwohl die vier ehemalige VEB-Arbeitslose sind. Wir bilden bei uns zwei Schulentlassene aus Waren an der Müritz aus. Sie wohnen bei uns und werden versorgt. Die da oben nehmen von unserem Aufwand überhaupt keine Kenntnis. Für unsere Familie ist es selbstverständlich zu helfen. Wir hier im Westen haben es doch gut und unsere Landsleute in der alten DDR schlecht gehabt. Manche Politiker erwähnen uns vom Mittelstand zwar in ihren ‚Sonntagsreden', doch dabei bleibt es!"

Mich hat die vorwurfsvolle Meinungsäußerung mobilisiert. Zwei Tage später habe ich die Familie aufgesucht. Sie hat sich darüber gefreut. Das Gespräch war aufschlussreich. Allein aus dem Umfeld des Elektromeisters wurden mir mehrere Betriebe genannt, die gleichfalls „Aufbauhilfe in den Ostländern", wie er es nannte, leistete.

Wir sammelten systematisch weitere Initiativen. Nach 36 Monaten registrierten wir 397 Vorhaben – alle aus dem Wahlkreis 1.

Vorbilder gehören ins Rampenlicht!

Darunter die Feuerwehren, Rettungskräfte, Bauern, Beamte, Bauhandwerker, das DRK, der ASB, Ärzte, Imker, Journalisten a. D., Kulturschaffende, besonders viele Selbständige und Pensionäre, die sich als Patrioten verstanden. Öffentliche Anerkennung für sie alle – Fehlanzeige. Berlin und Kiel verwiesen auf ihre Nichtzuständigkeit und die Verantwortung der Kommunen. Ungerecht, so fanden wir in unserem MdB-Büro die Lage und handelten. Herausragende Beispiele seien anzuerkennen und geben anderen Ansporn. Wir ließen eine silberfarbene Medaille zur „Deutschen Einheit" mit dem Bild des Reichstages wie Brandenburger Tores prägen. Eingelegt in ein blaues Samtfutteral erhielt sie ein repräsentatives Aussehen. Wir ließen gut 400 Rundlinge herstellen. Kollegen, auf unser Vorhaben angesprochen, winkten ab. Zu aufwendig und kostspielig. Dafür griffen die Medien unsere Dankesaktion auf, auch die Hauptstadtpresse. Alle nahmen wohlwollenden Anteil, jedoch nicht die bundesdeutsche Obrigkeit.

Berlin reagiert gereizt

Wenige Tage später erreichte uns ein ungezügeltes Donnerwetter von der Spree. Die Ordensabteilung des Bundespräsidialamtes bat uns in wohlgesetzten Worten, Abstand zu nehmen. Allein dem Bundespräsidenten stehe die Vergabe einer Medaille „Deutsche Einheit" zu. Der Direktor des Bundestages empfahl mir kollegial, auf weitere Provokationen zu verzichten. Ich hätte wohl übersehen, dass bei Medaillen dieses Ranges zuerst eine Anfrage bei Behörden zu stellen sei. Die Krone administrativer Machtdemonstration leistete sich die Protokollabteilung des Kanzleramtes. Einem MdB sei es untersagt, Orden zu verleihen! Die Juristen des Hauses habe man aufgefordert, rechtliche Schritte gegen mich zu prüfen. In den Augen des Kanzleramtes sei es völlig unangemessen, was im Wahlkreis 1 geschehen sei! Meine Antwort fiel kurz und knapp aus: Bevor Sie, meine Damen und Herren, weiter mit Kanonen auf Spatzen zielen, nehmen Sie zur Kenntnis:

1. Es gibt kein Urheberrecht auf die Vergabe von Medaillen!
2. Die von uns verliehene Auszeichnung trägt die Bezeichnung „zur Deutschen Einheit"
3. Ein Abgeordneter des Deutschen Bundestages ist nach unserer Verfassung allein seinem Gewissen und nicht bundesdeutschen Bürokraten in Berlin verantwortlich!

P.S.: Lob und Anerkennung haben noch keiner Seele geschadet.

Eine ereignislose Bundestagsnormalität über einen längeren Zeit-

raum habe ich als MdB nicht kennengelernt. Politische Wechselbäder häufiger. Ausgelöst wurden sie oft, wenn eine Fraktion massiv in die öffentliche Kritik geriet, die Umfragewerte der Partei in den Keller rasselten, ein „Befreiungsschlag" notwendig erschien, blitzschnell zu handeln war.

In eine solche Situation geriet ich als Mitglied des U-Boot-Untersuchungsausschusses. Drei Abgeordnete der Union sollten – vor Ort in Südafrika – Unschuldsbeweise sichern. Ich gehörte dazu. Diese Entlastungsaktion galt als streng geheim. Eigentlich!

U-Boot-Suche am Kap „der guten Hoffnung"

Mehrfach habe ich in den über sechsundzwanzig Jahren meiner Abgeordnetentätigkeit an meiner Eignung wie Kompetenz für dieses Amt gezweifelt. Wirklich überschätzt habe ich mich einmal, und das gründlich! Meine Fraktionsführung schlug mir vor, Mitglied des Untersuchungsausschusses zur Aufklärung der sogen. „U-Boot-Affäre" zu werden. Ich sei ein Kollege von der Küste, kenne mich wegen des Werftenstandortes Flensburg im Wahlkreis 1 mit der Materie des Marineschiffbaus aus und habe Ortskenntnisse von Kiel, dem Ort des Geschehens. Als gerade frisch gekürter MdB, erstmalig im Bundestag, schmeichelte das Angebot durchaus. Den Rat alter „Parlamentshasen" die Finger davon zu lassen, schlug ich in den Wind. Ich könne in diesem „Kampfgremium" nur verlieren. Unsere Regierung, das Kabinett Kohl, stände in diesem möglichen Skandal mit dem Rücken zur Wand. Die besseren Karten lägen in den Händen der Opposition.

Meine Neugierde jedoch war geweckt. Ein parlamentarisches Kontrollgremium von innen kennenlernen zu können, das sich über Monate dazu im Blickpunkt des medialen Interesses befinden würde, waren Anregung und Aufregung pur. Blauäugig sagte ich zu. Diese Bereitschaft habe ich später auch deshalb bitter bereut, weil meine Frau und unsere vier Kinder in Mithaftung gezogen wurden. Über Wochen waren wir während des U-Ausschusses in unserem Zuhause einem Telefonterror, verbunden mit Mord- und Totschlagdrohungen von hasserfüllten Mitbürgern, ausgesetzt. Meine Telefonnummer war öffentlich zugänglich, denn ich wollte für die Fragen und Nöte der Menschen in meinem Wahlkreis stets erreichbar sein. Der Polizeischutz, den unsere Familie erhielt, war zwar äußerlich beruhigend, nahm uns jedoch nicht die Angst. Dass ich gerade in der Endphase des U-Boot-Ausschusses, als eine Verurteilung der Kohl-Regierung in weite Ferne rückte, auf der Straße mehrfach angespuckt und angerempelt wurde, fand ich als Aggressivität zwar abscheulich, doch sie war im Vergleich zu den Drohungen gegenüber meiner Familie aushaltbar. Zusammengeschlagen, wie es zweien meiner Kollegen leider erging, wurde ich nicht. Über diese Vorfälle wurde öffentlich nicht berichtet, um Nachahmungstäter nicht zu ermutigen, lautete die Begründung der Bundestagsverwaltung.

Der Sachverhalt, wie er 1987 ans Licht kam

Zuerst handelte es sich nur um Gerüchte. Es folgten Vermutungen, dann Verdächtigungen, sogar angeblich echte Unterlagen tauchten auf. Die Presse witterte einen brisanten politischen Skandal, eine Story mit Sprengkraft. HDW, der Kieler Werft für den Marineschiffbau, sei es angeblich auf verschlungenen Wegen gelungen, Blaupausen, also Pläne zum Bau von U-Booten, in das weltweit geächtete Südafrika zu schmuggeln. In einem von einer weißen Minderheit dominierten Staat, dessen Regierung gegenüber der schwarzen Mehrheit eine menschenverachtende Rassenpolitik betreibt. Eine deutsche Werft ertüchtige – obwohl es ein Verbot gab – ein brutales Apartheid-System, eine Militärmacht zur See zu werden! Bei diesen Beschuldigungen blieb es nicht. Es tauchten weitere Papiere auf. HDW hatte sich offensichtlich abgesichert, bundesdeutsche Behörden, vielleicht sogar die Schlüsselministerien Außen, Wirtschaft,

Verteidigung und Finanzen, und sogar das Bundeskanzleramt von diesem Geschäft in Kenntnis gesetzt. Die Wogen in der Republik gingen hoch, erreichten den Bundestag. Die Opposition beantragte umgehend die Einrichtung eines parlamentarischen Untersuchungsausschusses. Wer alles habe von diesem streng verbotenen Handel gewusst? Wer wolle damit das Apartheits-Regime in Südafrika unterstützen? Wer halte sich nicht an Recht und Gesetz, keine Waffenlieferung in dieses Land? Die zentrale Frage lautete: Gibt es einen Machtmissbrauch der Regierung Kohl? Ist sie in irgendeiner Weise am sog. Blaupausen-Geschäft, das zugespitzt als „Waffen-Deal" bezeichnet wurde, beteiligt?

Im Untersuchungsausschuss flogen die Fetzen

Monat für Monat wurden die Vorwürfe gegenüber HDW, den Bundesbehörden und der Bundesregierung, oft Woche für Woche nicht selten bis tief in die Abendstunden, heftig gewürzt mit Polemik von beiden Seiten, diskutiert. Bei manchen besonders umstrittenen Sachverhalten flogen die Fetzen. Parlamentarische Sachkenner waren sich einig, kein Untersuchungsausschuss sei bisher politischer gewesen. Die Unterlagen, die uns „Aufklärern" zugestellt wurden, waren verwirrend umfangreich, nicht mehr zählbar. Am Wochenanfang erreicht der Papierstapel, der Beweise über die Schuld oder Unschuld der Beteiligten enthielt, fünfzehn Zentimeter und mehr. Besonders die Bundesregierung schüttete uns mit Dokumenten jeder Art regelrecht zu. Da mir wie manchen Kollegen es an juristischer Sachkenntnis fehlte, arbeiteten uns Fraktionsreferenten zu. Sie, so mein Eindruck, hatten weniger die Enthüllung im Auge, sondern mehr das Wohl der Regierung. Bei aller Loyalität gegenüber meiner Fraktion und der von mir gewählten Regierung, war es ungleich schwierig, zugleich kritischer Aufklärer zu sein. Meiner parlamentarischen Verantwortung, dem Anliegen zu dienen, habe ich trotz einiger Rüffel unseres Obmannes Rechnung getragen. Das

Klima in den Sitzungen war angespannt und oft von Aggressivität erfüllt. Was im Ausschuss nicht oder nur unzureichend zur Sprache kam, lieferten die Medien. Die Mehrheit von ihnen waren – mit Recht – erfüllt von unbändigem Zorn auf das Apartheid-Regime Südafrikas. Entsprechend fiel ihr Urteil gegenüber den sog. Machenschaften von HDW und der Bundesregierung aus. Im TV kam es mehrfach zu Sondersendungen über den U-Boot-Ausschuss, oft hochgepeitscht, als berichte man von einem Kriegsschauplatz. Die mediale Sympathie galt der Opposition. Wir MdBs, die wir das Handeln der Werft und der Regierung verteidigten, weil es an wirklichen Beweisen fehlte, gerieten in die Rolle der „Buhmänner". Nicht selten setzten uns Berichterstatter mit den Befürwortern des Apartheid-Systems gleich. Entsprechend gezeichnet wurden wir, auch ich, in unseren Wahlkreisen behandelt. Wütende Proteste auf öffentlichen Versammlungen, geifernde Leserbriefe und schlimme anonyme Beschuldigungen waren die Folge. Besonders im Anschluss an Sitzungen, in denen der Kanzler, sein Außenminister und Mitglieder des Kabinetts als Zeugen „vernommen" wurden, setzte ein schäumender Protest ein. Nach parlamentarischem Recht war das Erscheinen vor uns Ausschussmitgliedern Pflicht, Ausnahmen gab es keine. Das Problem für die Opposition war, es fehlte an eindeutigen Fakten. Was sie nicht daran hinderte, einen Generalangriff auf die Kohl-Regierung zu starten.

In geheimer Mission

Die Offensive der Kritiker am „U-Boot-Deal" zeigte Wirkung, verunsicherten die Verantwortlichen. Entlastung musste her. In dieser brenzlichen Lage kam die Spitze unserer Fraktion auf den abenteuerlichen Gedanken, eine dreiköpfige Delegation von Abgeordneten nach Südafrika zu entsenden. Sie sollten nach Erkundigungen vor Ort bestätigen, dass keine Blaupause über den Bau von U-Booten je eine Schiffswerft in der Union erreicht habe. Zu den drei Auserwählten gehörte ich, wegen meiner angeblichen Kenntnis vom Schiffbau! Da die Manager dieses Rechtfertigungs-Coups ihrer Sache nicht sicher waren, wurde strengste Geheimhaltung angeordnet. In einer mehrtägigen Klausur im Kanzleramt wurden wir von Experten auf mögliche Fundorte für U-Boot-Pläne hingewiesen wie auf Fachleute vor Ort. Wir wurden dringend gebeten, nicht Dritte über das Ziel und den Zweck unserer Reise zu informieren. Wir waren also in geheimer Mission unterwegs, top secret war streng einzuhalten!

Journalisten mit an Bord

Deshalb traf es uns wie ein Schock, als wir an einem Freitagvormittag die Kabine der Lufthansa-Maschine nach Durban betraten. Wir blickten in ein gutes Dutzend fröhlich-feixender Gesichter von applaudierenden Journalisten. Vom Spiegel über zwei TV-Sender bis hin zum Hamburger Abendblatt waren die Reporter mit ihrem Stab vertreten, die uns bereits seit Beginn der Ausschusstätigkeit kritisch begleiteten.

Unsere Geheimunternehmung war also „durchgestochen" worden. Wir würden also weitgehend in Gesellschaft unsere Termine absolvieren. Ich schlug vor, aus der Not eine Tugend zu machen. Trotz des Risikos, auf Blaupausen zu treffen, die Korrespondenten aktiv zu beteiligen. Also suchten wir fünf Tage in Werften, Behörden und Regierungsstellen gemeinsam nach Plänen zum Bau von U-Booten und ... fanden keine! Was die Medienvertreter leider nicht daran hinderte, ihre Berichte mit wildesten Vermutungen zu versehen. Diese Art von Journalismus empfand ich als unfair. Für Hohn und Spott über unsere problematische Unternehmung hatte ich jedoch Verständnis. So bedachte uns u. a. das Hamburger Abendblatt mit einer Karikatur unter dem Titel „Mitglieder der Union im U-Boot-Ausschuss polken blind im Nebel". Das Bild zeigte drei Strichmännchen, alle mit einer Binde vor den Augen, wie sie auf einer Werft mit Blindenstöcken hilflos im abziehenden Nebel stochern.

Bis zum Ende des U-Boot-Ausschusses standen sich „Angreifer" und „Verteidiger" unversöhnlich gegenüber. Die getrennt vorgenommene Abschlussbilanz beider Gruppen verdeutlichte noch einmal die unversöhnliche Gegensätzlichkeit. In den Augen der Presse galt die Union mit Kanzler Kohl, trotz fehlender Fakten, Belege wie Beweise, als klarer Verlierer.

Ich habe die Ausschuss-Tortur bis zum Ende durchgestanden. Aus Pflichtbewusstsein? Falschem Stolz? Auf jeden Fall eine Lehre zog ich. Nie wieder stände ich für einen parlamentarischen Untersuchungsausschuss dieser Art zur Verfügung.

Nachtrag

Erst 1990 mit der Wiederzulassung der Oppositionsbewegung des ANC begann endlich die schrittweise Abschaffung der Rassendiskriminierung von Schwarzen wie Asiaten in Südafrika. 1992 wurde sie in einer Volksabstimmung gebilligt. Sie fand ihren vorläufigen Abschluss 1994 mit dem Sieg des ANC und der Wahl von Nelson Mandela zum Staatspräsidenten.

Bis heute (2023) hat es weder in Südafrika noch bei uns einen glaubwürdigen Nachweis gegeben, dass es tatsächlich zu einem Export von Blaupausen zum Bau von U-Booten gekommen ist.

Die sogenannte U-Boot-Affäre fiel in die Ära von Helmut Kohl. Zu ihm als Bundeskanzler hatte ich ein angespanntes Verhältnis. Das galt nicht bei meinen Interviews mit ihm zur Gerhard-Stoltenberg-Biografie. Einerseits habe ich bis heute einen hohen Respekt für seine historischen Leistungen als Kanzler der Deutschen Einheit. Gemeinsam mit Außenminister Hans-Dietrich Genscher gelang die friedliche Wiedervereinigung zweier gegensätzlicher deutscher Staaten, ohne dass ein Drehbuch dafür vorlag. Andererseits hat auch der Regierungschef die Regeln eines Rechtsstaates zu akzeptieren, Vorbild in Rechtstreue zu sein. Während ich Helmut Kohl in kleiner Runde aufgeschlossen, verständnisvoll erlebte, konnte er, wenn es „politisch zur Sache ging", knarzig, biestig, unwirsch reagieren.

Mehrfach Knatsch mit Bundeskanzler Dr. Helmut Kohl

Kleinkunstbeitrag: „Auf dem Wochenmarkt erkannt und gestellt …"

E.K.: Wie es einer direkt gewählten Abgeordneten, seit mehreren Jahren in Amt und Würden, ergeht, wenn die sich unter das „Volk" begibt, zeigt folgende, fast wahre Begebenheit.

Sonnabendvormittag, Markttag: Hausmann einer MdB:

M.R.: „Angela, wenn du auf den Wochenmarkt gehst, vergiss die Mohrrüben, Bohnen und Tomaten nicht. Kaufe frisches, hast du gehört, frisches Obst und wenn es etwas besonders Preiswertes gibt, kannst du es mitnehmen. Aber nützlich muss es sein!" „Vergiss die Kartoffeln nicht", ruft er ihr hinterher, „ich brauche sie gleich, Freunde haben sich heute zum Mittagessen angesagt."

G.H.: Gerade auf dem Wochenmarkt, per Fahrrad, weil man gesehen werden könnte. Auch wenn nach 15 Kilometern Atemnot herrscht, froh es geschafft zu haben (hat leider keiner zur Kenntnis genommen). Doch bereits nach zwei Schritten sieht der erste Marktbesucher die Abgeordnete. „Sind Sie nicht …?" „Ja, ich bin es …!" Man sieht es mir doch hoffentlich an!

U.M.: Eine resolute Marktbeschickerin verfolgt den Kurzdialog und ruft laut mit kräftiger Stimme: „Was, Sie, Sie sind im Bundestag? Wissen Sie angebliche Volksvertreterin eigentlich, dass unsere Energiekosten durch die Decke gehen? Alles ist teurer geworden. Für eine Slipeinlage muss ich sogar das Dreifache blechen. Was wissen Sie eigentlich überhaupt da in Berlin von uns hier unten?" Die Frau MdB setzt zu einem Erklärungsversuch an. Mehrere Marktkunden haben sich neugierig genähert. Der erste Marktbesucher fällt der Parlamentarierin, die gerade Luft holt, ins Wort:

M.R.: „Sehen Sie", und wendet sich damit der Marktbeschickerin zu. „Schweigen im Walde! Den kleinen Leuten das Geld aus der Tasche ziehen und hier auf dem Markt dick einkaufen!"

W.B.: Eine junge Mutter mit ihrer Tochter nähert sich und wünscht ein Autogramm. Die Abgeordnete ist für die Ablenkung dankbar, schreibt ihren Namen auf die Rückseite einer Theaterkarte. Die Tochter will auf einmal ein solches Zufalls-Autogramm nicht mehr, fordert laut eine Fotokarte mit Bild. Die MdB, gekleidet in Marktzivil, verneint die Bitte, handelt sich von der Mutter eine entrüstete Rüge ein. Sie sei Mitglied in derselben Partei wie die MdB und beklagt vor allen Leuten. Es sei ihr peinlich, wie schlecht vorbereitet diese Abgeordnete sei. Außerdem, fügt sie hinzu, stehen immer noch die Antworten auf die Fragen der Marktbeschickerin aus.

J.K.: Es gibt eine neue Störung. Der Verkäufer der alternativen Obdachlosen-Zeitung bietet sein Blatt an. Die Parlamentarierin, die bereits am Vortag und in der Bahn zwei Exemplare gekauft hat, nimmt zögernd dem selbstbewussten Händler trotzdem eine Zeitung ab. Als geizig und unsozial will sie nicht gelten.

G.H.: „Dass konnte auch langsam Zeit werden", ruft die Marktbeschickerin.

W.B.: Der Zeitungsverkäufer ergreift die Gelegenheit und will wissen, was sie gegen die Armut in der Welt und der Stadt zu tun gedenke. Sie verweist darauf, das sei allein eine städtische Angelegenheit. „Was", ruft die Marktbeschickerin, „Sie drücken sich um eine Antwort, feige sind Sie!" Um die Frau zu besänftigen, kauft die MdB bei der resoluten Frau ihre Bananen und Bohnen, obwohl die teurer als am Nebenstand sind. Jetzt will sie ihren Einkauf an anderer Stelle fortsetzen, da erinnert die Marktbeschickerin trotz laufender Kundenbedienung daran, endlich darauf zu antworten, warum ihre Benzin- und Heizölkosten laufend steigen. „Wir hier auf dem Wochenmarkt bestehen auf eine Antwort!"

M.R.: Der MdB kommt ein rettender Einfall: „Kommen Sie in meine Sprechstunde am nächsten Montag, elf Uhr, da habe ich Zeit." „Ich aber nicht", antwortet die Marktfrau, „ich muss nämlich wirklich arbeiten!" Da zupft ein älterer Mann die Parlamentarierin zaghaft am Ärmel und erbittet eine Auskunft über die Sicherheit seiner Rente. „Seit Jahren gibt es nur Nullrunden!" Zwei Schülerinnen drängen den betagten Fragesteller ohne böse Absichten zur Seite und halten der MdB einen Fragebogen unter die Nase. „Unser Lehrer erwartet für Montag einen vollständigen Bogen zurück!" „Später", sagt die Abgeordnete, „jetzt passt es nicht!"

G.H.: „Bitte, bitte, gleich", wünschen die Schülerinnen. Wegen der zahlreichen Zuschauer gibt Frau MdB nach. Ob Sie stolz darauf sei, eine Deutsche zu sein? Ob noch mehr Ausländer aus Afrika hier in der Bundesrepublik arbeiten sollten? Rasch notiert sie ihre Auffassung. Knapp damit fertig lädt der rührige zappelnde Vorsitzende des Kleintierzuchtvereins die Wahlkreisabgeordnete zum anstehenden Jahresfest ein. „Zweimal haben Sie bereits bei uns abgesagt und sind nicht erschienen", beschwert er sich lauthals.

„Beim Bühnenball sind Sie regelmäßig, für kleine Leute bleibt wohl keine Zeit!" Und da es viele weitere neugierig gewordene Zaungäste gibt, zeigt sie guten Willen und sagt zu, obwohl Vereinsfeste für sie ein Gräuel geworden sind.

U.M.: „Angela", vernimmt sie da die vorwurfsvolle Stimme ihres Mannes. „Seit über einer Stunde warte ich auf die Kartoffeln!" Er ist nicht außer Atem, weil er das Auto zum Markt genommen hat. Ohne auf die Umstehenden weiter zu achten, zieht ihr Gatte sie zum nächsten Gemüsestand. Protest der Marktfrau: „Und was ist mit den hohen Spritpreisen?"

Unvertretbar! Das Bundesverdienstkreuz für die Porno-Queen aus Flensburg!

Ich war gerade frisch gewählt, erstmalig Mitglied des Deutschen Bundestages, voller Elan, Ideen und Tatkraft, mein neues Amt auch auszufüllen, als es zu einem ersten Konflikt mit Helmut Kohl kam. In meinem Eifer, wohl auch politischer Naivität, hatte ich außer Acht gelassen, dass umstrittene Äußerungen eines MdB eine weitreichendere Wirkung haben als die eines Kommunal- oder Landtagsrepräsentanten. Auf jeden Fall, mein Vorschlag, die Flensburger Erotik-Händlerin Beate Uhse für ihre bisherige Lebensleistung das Bundesverdienstkreuz zu verleihen, schlug Wellen bis in den aktuellen Kommunalwahlkampf in NRW.

Bereits zweimal war Beate Uhse zur Unternehmerin des Jahres in der Republik vorgeschlagen worden. Progressive Frauenorganisationen lobten den erfolgreichen Beitrag dieser „Pionierin der sexuellen Aufklärung" für ihr Handeln zur Emanzipation der Frau.

Besonders im katholisch geprägten NRW kam es wegen dieser Initiative zu einem Sturm der Entrüstung. Auch deshalb, weil die Opposition den Vorgang aufgriff und genüsslich mit Unterstützung konservativer Printmedien ausschlachtete, Salz in die Wunden empörter Gläubiger streute. Tagelang beherrschten Schlagzeilen wie: „CDU will den Pornostar Beate Uhse auszeichnen!" „Noch unter Verschluss bei der Union, die Erotikqueen Uhse soll den höchsten Orden unseres Landes erhalten!" „Der Kanzler der geistig-moralischen Wende wechselt seinen Kurs!"

Heftiger Gegenwind

Die CDU, die Bundespartei wie die Fraktionsführung in Bonn, dementierten, was das Zeug hielt. „Nein, für die Union ist eine solche Auszeichnung undenkbar!" Man distanziere sich mit aller Schärfe von der Einzelauffassung eines Schleswig-Holsteiners und werde entsprechende Schritte einleiten. „Das Handeln dieser Frau ist mit den Werten, die die CDU vertritt, nicht vereinbar!"

Ich wurde zu einem – kurzen – so lautete die Einladung – Gespräch ins Kanzleramt zitiert. Helmut Kohl, zugleich Bundesvorsitzender unserer Partei, redete mir nicht nur ins Gewissen, sondern versuchte mir eine Brücke zu bauen. Es könne sich bei mir wegen dieser Frau doch nur um ein Missverständnis, ein Versehen handeln. Eine knappe aufklärende Pressemitteilung von mir und die Sache sei erledigt.

„Nein, Herr Bundeskanzler, Beate Uhse hat mit der Umsetzung des Harzberger Modells neue Maßstäbe für die Unternehmensstruktur in Deutschland gesetzt und dem Anliegen der Frauen mit Mut und Zivilcourage gedient. Sie hat eine öffentliche Würdigung verdient!" Damit blieb es, wie angekündigt, bei einer kurzen Begegnung mit dem Regierungschef.

Meinen Vorschlag habe ich nicht zurückgezogen, sondern wie es damals üblich war, der Staatskanzlei meines Bundeslandes Schleswig-Holstein entsprechend dem Dienstweg vorgelegt. Ich war guten Mutes, Erfolg zu haben, denn der Sozialdemokrat Björn Engholm fungierte als Ministerpräsident.

Mir verschlug es fast die Sprache, als ich Wochen später – erst auf Nachfrage – die ernüchternde wie enttäuschende Nachricht erhielt: „Der Herr Ministerpräsident ist aus grundsätzlichen Erwägungen nicht in der Lage, Ihre Eingabe dem Herrn Bundespräsidenten zur Umsetzung vorzulegen."

Untragbar! Entwicklungshilfe für die Volksrepublik China!

Weniger öffentlich spektakulär, trotzdem kam es Ende der achtziger Jahre zu einem weiteren Streit mit dem Bundeskanzler. Die Ursache dafür lag in – wenn man es will – meinem hartnäckigen Festhalten an meinen politischen Grundsätzen.

Wenige Wochen vor der Bundestagswahl 1990, Dr. Helmut Kohl stand zur Wiederwahl an. Hochgekocht in dieser heißen Phase der Wahlauseinandersetzung war die höchst umstrittene Frage: Soll es Entwicklungsgelder für die kommunistische Volksrepublik China geben? „Nein", war die Auffassung der gesamten Opposition.

„Keine Steuergelder für die Diktatur der VR China!" „Doch", argumentierten die Befürworter, zu denen auch die CDU/CSU maßgeblich gehörte. „Millionen von Menschen leben dort in großem Elend. Es ist ein Gebot der Menschlichkeit zu helfen!" Auch die deutsche Wirtschaft meldete sich. China sei der bedeutendste Zukunftsmarkt der Welt. Exporte in dieses Land würden Tausende neue Arbeitsplätze in der Bundesrepublik ermöglichen. Entwicklungshilfe muss sein!

Bei der entscheidenden Abstimmung im Deutschen Bundestag kam es auf jede Stimme bei uns Konservativen an, weil sich die FDP bis zur letzten Minute mit ihrem Votum bedeckt hielt. Bei der Probeabstimmung in der Fraktion am Vortag hatte ich gegen die Gelder gestimmt und meine Auffassung dargelegt: „Ein Staat, der die Todesstrafe befürwortet, die Bürger- und Menschenrechte missachtet, dessen Machthaber dürfen nicht mit Finanzmitteln aus Deutschland stabilisiert werden. Unsere eigene Diktaturvergangenheit solle uns eine Mahnung sein!" Meine Wortmeldung verpuffte, blieb ohne Wirkung.

Strikt für die Menschenrechte

Geschlossen sprach sich die Fraktionsversammlung für das Chinageschäft aus. Die Schlussformel des Fraktionsgeschäftsführers: „Wir gehen bei dieser Eindeutigkeit des Abstimmungsresultates davon aus, dass morgen im Plenum alle Kollegen diese Position vertreten. Ich muss Sie nicht erst an die geltende Fraktionsdisziplin erinnern! Unser Herr Bundeskanzler, Herr Dr. Kohl, für den diese Entwicklungsgelder eine Herzensangelegenheit sind, legt Wert auf die Geschlossenheit unserer Union!"

Die Sitzung hat gerade geendet, da erhielt ich einen Anruf aus dem Kanzleramt und wurde direkt mit Helmut Kohl verbunden. „Ich gehe davon aus, lieber Herr Kollege, dass Sie morgen ihre idealistische Einzelmeinung aufgeben werden. Wir müssen in der Öffentlichkeit die Einheit unserer Union deutlich machen! Abweichler schaden unserer Reputation! Wir sind uns also einig?" „Nein, Herr Bundeskanzler, für mich ist und bleibt das China-Engagement eine Gewissensfrage!" Damit endete das Telefonat.

In der Abstimmung im Plenum erhielt die Initiative der Regierung eine überraschend deutliche Mehrheit. Die gesamte FDP war auf den Kohl-Kurs eingeschwenkt, zugleich auch zahlreiche Gewerkschaftsvertreter anderer Fraktionen. Der Auslöser dafür: Der Bundesverband der Deutschen Wirtschaft und der Dachverband der Gewerkschaften hatten am Vorabend gemeinsam auf die deutliche Reduzierung der Arbeitslosigkeit bei uns in Deutschland durch den China-Deal hingewiesen.

Anmerkung: Unglaublich aber wahr: Noch heute, drei Jahrzehnte nach dieser Entscheidung, zahlt die Bundesrepublik jährlich Hunderte von Millionen Euro als sogen. Entwicklungshilfe an das kommunistische China, obwohl dessen Wirtschaftsleistung die unseres Landes längst überholt und uns von vielen Märkten bereits verdrängt hat.

Angst vor der Weltmacht?

Auf der UN-Weltklimakonferenz COP27 im ägyptischen Scharm El-Scheich im November 2022 wurde ein Finanzhilfe-Fond für die ärmeren Länder unserer Erde beschlossen. Eine Gruppe von 130 Staaten, angeführt von der VR China, hatte sich dafür stark gemacht. China, neben den USA größter Umwelt- und Klimasünder, die zweitgrößte Wirtschaftsmacht der Welt, der mit Abstand umfänglichste Kohlekonsument, gehört zu denen, die aus diesem neuen Topf Geld erhalten wird. Die Begründung: Es beharrt gegenüber der Weltgemeinschaft eisern auf seinem Status als Entwicklungsland. Niemand wagt offenbar Kritik daran zu üben. Auch nicht an dem Sachverhalt, dass diese autoritär geführte Weltmacht allein im Jahre 2021 mehr als 293 Milliarden Dollar in den Ausbau seines Militärs zu einer Hightech-Armee investiert hat.

Wann endlich wachen die Demokratien auf?

Fauler Zauber! Die Würde des Reichstages darf nicht beschädigt werden!

Haben sich das Präsidium des Bundestages, der Ältestenrat und die Fraktionen mit Mehrheit auf eine „namentliche Abstimmung" geeinigt, müssen wir Abgeordnete „Flagge" zeigen, uns per Stimmkarte persönlich bekennen. Im Sitzungsprotokoll wird unser Votum veröffentlicht. Bei höchst umstrittenen Entscheidungen informieren sogar lokale Medien unverzüglich, wie die oder der Wahlkreisabgeordnete abgestimmt hat. Jeder von uns kommt also in die Verlegenheit, von den Wählern vor Ort belobigt – was selten geschieht

– oder was die Regel ist, abgestraft zu werden. Trotz eigener bitter erfahrener negativer Reaktionen war und bin ich für diese Transparenz. Sie nimmt die Mündigkeit der Bürger unseres Landes ernst. Namentliche Abstimmungen werden zu wenig praktiziert.

Ein Bekenntnis solcher Art stand am 25. Februar 1994 an. Die im Bundestag zu treffende Entscheidung „Soll das historische Gebäude des Reichstages zu Berlin in der Zeit vom 24. Juni bis zum 7. Juli 1995 vollständig verhüllt zu einem Kunstprojekt umfunktioniert werden?" Die Debatte über eine kurzfristige Neugestaltung des Zentrums unserer Demokratie war über zwei Jahrzehnte bereits kontrovers und mit Leidenschaft geführt worden.

Berlin im Fixpunkt der Kunst

Die Auseinandersetzung darüber begann 1971, als das amerikanische Künstlerehepaar bulgarischer Herkunft, Christo Javacheff und seine Frau Jeanne-Claude, mit dieser damals utopisch klingenden Idee an die Öffentlichkeit traten. „Keine Stadt der Welt ist besser als Berlin geeignet, die spannungsreiche Ost-West-Problematik auf den Punkt zu bringen. Auf diese Stadt ist der Blick der gesamten Welt zu richten." Diese Vision stellten die Künstler in einer Epoche vor, in der noch alle vier Siegermächte des Zweiten Weltkrieges über Berlins Hoheit verfügten, die deutsche Teilung zementiert und die Berliner Mauer unumstürzbar schien. Christo und Jeanne-Claude hielten unerschütterlich fest an ihrem Vorhaben. Faszinierende Persönlichkeiten! Dreimal haben sie mich in meinem Abgeordnetenbüro aufgesucht, haben wir ihr Vorhaben gemeinsam in allen Einzelheiten erörtert.

Bereits kurz nach dem Jahresbeginn 1994 spitzte sich der Konflikt um die Verpackung des Reichstages noch einmal zu. Eine Mehrheit in der Bevölkerung war dagegen, sah die Würde des „Hauses der Demokratie" durch eine Verhüllung verletzt. Unter uns Parlamentariern hatte sich Bundeskanzler Dr. Helmut Kohl gemeinsam mit dem damaligen CDU/CSU-Fraktionsvorsitzenden Dr. Wolfgang Schäuble an die Spitze dieser Bewegung gesetzt.

Die Fürsprecher zu diesem Wagnis aus allen Fraktionen wussten sich von der amtierenden Präsidentin des Bundestages kompetent vertreten. Frau Dr. Rita Süssmuth plädierte für einen neuen Blick auf das historisch belastete Gebäude, für einen Neustart des Parlamentarismus in Deutschland durch dieses Kunstprojekt.

Niemand wagte am Morgen des 25. Februar vorherzusagen, wie die umstrittene Entscheidung ausgehen würde. Sie stand Spitz auf Knopf mit leichten Vorteilen für die „Nein-Sager".

Ich gehörte damals zu den 35 Rebellen in der CDU/CSU, die sich am Vortag für die Verhüllung ausgesprochen hatten. Unsere Minderheiten-Auffassung war von Fraktionskollegen mit Hohn, Spott und Gelächter begleitet worden. „Der Reichstag mit seiner großen Historie darf nicht zu einem Kinderspielplatz für übermütige Künstler herabgewürdigt werden!"

Halten alle ihre Zusage ein?

In meinem Büro wurde ich mit der Nachricht empfangen, in zwei Stunden gemeinsam mit den anderen Abweichlern dem Herrn Bundeskanzler zu einem Treffen zur Verfügung zu stehen. Für mich stand fest, es würde eine „Seelenmassage" von Helmut Kohl erfolgen, die auf uns nicht ohne Wirkung bleiben würde. Kurzentschlossen ergriff ich die Initiative und lud meine Mitstreiter eine Stunde vor dem „Obrigkeitstermin" ein, appellierte an deren Standhaftigkeit und bat jeden persönlich, die Position zu halten. Ein Widerspruch erfolgte nicht.

Der Regierungschef, offensichtlich in Zeitnot, sprach noch einmal die Würde des Hauses, die hohen Werte der Union und die Notwendigkeit der Geschlossenheit unserer Bundestagsfraktion an. „Ich gehe davon aus, verehrte Kollegen, Sie haben den Ernst der Lage endlich begriffen! Ein wie ein Kindergeschenk verpackter Reichstag ist eine Schande für Deutschland!" Schon erhob er sich, um gemeinsam mit seinem Anhang den Saal zu verlassen.

Ich blickte mich um. Das Machtwort des CDU-Bundesvorsitzenden brachte blasse Gesichter. Nicht nur ein eifriges zustimmendes Nicken setzte ein. Spontan erhob ich mich. „Herr Bundeskanzler, auf ein Wort. Wir Befürworter der Verhüllung des Reichstages sind uns einig. Wir werden dem Gesetz morgen unsere Zustimmung geben." Mehrere meiner Gleichgesinnten sahen mich erschrocken an, das „Fallbeil" war durch meine Wortmeldung endgültig gefallen!

„Es wird also neben der Bundestagspräsidentin aus unserer Fraktion mindestens fünfunddreißig weitere ‚Ja'-Sager geben."

Noch heute höre ich Helmut Kohl beim Hinausgehen murren:

„Der Börnsen schon wieder!"

Alle die sogenannten Abweichler hielten Wort. Die Abstimmung, so die Kenner des Bundestages, wurde nicht zuletzt durch unsere Voten gewonnen.

In unseren Wahlkreisen setzte es für uns „Abtrünnige" Prügel der Gegner des Kunstprojektes. Dabei ging es der Mehrzahl weniger um die geschändete Würde, sondern um die angeblich horrenden Kosten für die Steuerzahler. Die Kritiker wollten einfach nicht wahrhaben, dass die 13 Millionen Dollar Gesamtkosten von Christo Jaracheff, seiner Frau und seiner Crew über den Verkauf u. a. von Bildern, Büchern allein beglichen wurden. Der Imagegewinn für Berlin, die Bundesrepublik und unsere Demokratie also kostenlos war, den Steuerzahler kein Geld kostete.

Der Reichstag wurde in Silberfolien verpackt. Das von vielen Millionen aus aller Welt besuchte Kunstwerk erlebte fröhliche Festtage der Demokratie.

Unbestreitbar: Ein verlockendes Angebot

Trotz des Unwillens von Dr. Helmut Kohl über mein Abgeordnetenverständnis habe ich den Bundeskanzler weder als kleinlich noch nachtragend erlebt. Als ich ihn bat, für mein Buchprojekt, eine Biografie über Dr. Gerhard Stoltenberg, mir für Interviews zur Verfügung zu stehen, sagte er ohne zu zögern zu. Den gewählten Titel „Fels oder Brandung? Gerhard Stoltenberg – der verkannte Visionär" nickte er abgeklärt wohlwollend ab.

Über viele Jahre seit der gemeinsamen Mitgliedschaft in der Jungen Union waren beide Politiker, der Schleswig-Holsteiner und der Rheinländer, Rivalen um den CDU-Bundesvorsitz wie um die Kanzlerkandidatur gewesen.

Die Billigung der Audienz bedeutete jedoch noch lange keinen Zutritt zu den Privaträumen des Regierungschefs. Vor diesem Portal thronte seine allmächtige Chefsekretärin Juliane Weber. Nicht einmal Präsidenten kamen ungefragt an ihr vorbei. Ein Gerücht besagte, Juliane entschied und Helmut Kohl akzeptierte. Diese für einen schlichten Abgeordneten unüberwindbare Barriere überwand ich mit einer Handvoll geschnitzter Elefanten aus Malawi. Den Ratschlag dafür erhielt ich von Hardy Voss, einem guten Freund aus der Bundestagsverwaltung. „Die Frau Weber hat ein Herz für Spielzeugelefanten, ihr Schreibtisch ist bedeckt davon."

Als diese legendäre Frau mein Präsent erblickte, leuchteten nicht nur ihre Augen, sondern ich erhielt einen zusätzlichen Termin, sollte die Zeit für das Interview nicht ausreichen. Auch Einladungen zu Gesprächen mit Vereinigungen, die ich als Abgeordneter gegründet habe, nahm der Bundeskanzler ohne Zaudern an. Mehrfach war er Gast des „Küstenkreises" der Fraktion, eine Art Selbsthilfe-Einrichtung von uns Abgeordneten der fünf norddeutschen Küstenländer. Der lockere Verbund der „Lobbyisten der Nordländer" existiert heute noch. Beim „Politischen Club der 78er" der Parlamentarier, die seit 1978 dem Bundestag angehörten, war Helmut Kohl wiederholt dabei. Eine solche Präsenz ist gar nicht selbstverständlich, denn keine

Kanzlerin und kein Kanzler in Berlin kommt an einer Achtzig- bis Neunzigstundenwoche vorbei. Die „Elefanten-Investition" für Juliane Weber zeigte eine Langzeitwirkung.

In dieser „Epoche" entspannter Kooperation mit dem Regierungschef fiel ein Anruf aus dem Kanzleramt, der Herr Dr. Kohl wolle mit mir um 17 Uhr telefonieren. „Lieber Herr Kollege, können Sie sich vorstellen, als Parlamentarischer Staatssekretär in meine Regierung einzutreten? Eine Kollegin von Ihnen aus Norddeutschland ist heute Vormittag ausgeschieden. Sie, als Vorsitzender Ihrer Landesgruppe, sind mein Kandidat für das ehrenvolle Amt." Äußerst überrascht von diesem Angebot, bat ich um Bedenkzeit, um mit meiner Frau und der Familie die Konsequenzen einer solchen Veränderung zu beraten. „Überlegen Sie sich meine Offerte gut, ein zweites Mal werde ich Sie nicht fragen", reagierte Helmut Kohl ein wenig gereizt.

Pünktlich rief ich zurück, bedankte mich für das Vertrauen, lehnte die „Beförderung" zum Parlamentarischen Staatssekretär ab. Unabhängiger Abgeordneter war ich und wollte es bleiben. Frei in meiner Auffassung, nicht eingebunden in eine Kabinetts-Disziplin.

„Und, Herr Bundeskanzler, meine Frau und ich haben vier tolle Kinder. Durch ein zeitraubendes Regierungsamt würde ich auch noch den Rest aller Erziehungsverantwortung auf meine Frau abwälzen. Das geht nicht. Die Familie hat Vorrang." Als ich nachfragte, ob er dafür Verständnis habe, hatte der Kanzler bereits abrupt das Gespräch beendet.

Keinesfalls! Kriegseinsatz in Afghanistan!

Die Ohnmacht eines einzelnen Abgeordneten habe ich am eindringlichsten erfahren, als es um die erstmalige Beteiligung der Bundeswehr bei den kriegerischen Auseinandersetzungen in Afghanistan ging. Die kontroverse Debatte darüber wurde nicht nur mit Leidenschaft, sondern Härte, Polemik, auch Hasstiraden geführt. Der Auslandseinsatz der Soldatinnen und Soldaten in diesem weit entfernten Land, außerhalb Europas, erreichte die Dimensionen eines „Glaubenskrieges". Der damalige Bundesverteidigungsminister, der Sozialdemokrat Peter Struck, hatte mutig Stellung bezogen.

„Deutschlands Sicherheit wird nicht nur, aber auch am Hindukusch verteidigt!" Jedoch in seiner Partei und bei den Grünen flogen wegen dieser Auffassung die Fetzen.

Die eigentliche Ursache dafür waren die veränderten Machtverhältnisse nach der Bundestagswahl 1998 in unserer Republik. Rot-Grün, von ihren Inhalten eigentlich Antikriegsparteien, besaßen die Mehrheit im Deutschen Bundestag. Gerhard Schröder wurde Bundeskanzler, Joschka Fischer von den Grünen sein Außenminister.

Helmut Kohl, abgewählt, blieb weitere vier Jahre einflussreiches Mitglied der CDU/CSU-Bundestagsfraktion.

Die neue Regierung stand wegen des Kriegseinsatzes vor einer Zerreißprobe. Würde sie die Bündnisverpflichtungen innerhalb der NATO einhalten, oder sich einer internationalen Verantwortung verweigern, sich als ein unberechenbarer, unzuverlässiger Partner erweisen?

Für die Union, jetzt größte Oppositionspartei, die Chance, die „Linksregierung" zu stellen, zugleich mit einem eindeutigen Votum in dieser Frage Anerkennung in der Bevölkerung zurückzugewinnen und bei den westlichen Verbündeten als verlässlich zu gelten. Also „Ja" zum Afghanistan-Einsatz!

Daumenschrauben?

Bereits Wochen zuvor hatte die Union, auch auf Anraten des Altkanzlers, sich für diesen pro-amerikanischen Kurs entschieden. Für diesen Beschluss wurde innerhalb der Partei und besonders der Bundestagsfraktion getrommelt, was das Zeug hielt. Gegenüber einer zerstrittenen rotgrünen Regierung musste die absolute Geschlossenheit der Union in dieser „Schicksalsfrage" gesetzt werden. Der Gewissensentscheidung der Abgeordneten ordnete die Fraktionsspitze – verklausuliert – eine Zweitrangigkeit zu! Unbedingten Vorrang erhielt die Einheit der CDU.

Obwohl Parlamentarier nach unserem Grundgesetz bei Abstimmungen allein ihrem Gewissen gegenüber verantwortlich sind, weder ihrer Partei, der Fraktion noch der Öffentlichkeit, wird dieses mandatsbezogene Grundrecht von allen Gruppierungen des Deutschen Bundestages bis heute hin misshandelt, missbraucht. Überspitzt formuliert mit Füßen getreten. Keine Fraktion des „Hohen Hauses" ist frei von einem solchen Handeln, „Daumenschrauben" gegenüber Abweichlern anzusetzen. Stets wird mit sogen. „Sachzwängen" argumentiert, verbunden mit der Besorgnis, es könne zu einer Imageschädigung der Partei in der Wählerschaft kommen.

Wir Abgeordnete sind an dieser Entwicklung mitschuldig. Statt Zivilcourage zu beweisen, an der eigenen Auffassung festzuhalten, schwenkt die Mehrzahl von uns am Ende auf die Meinung der Fraktionsspitze ein. Sie oder er stimmt dem Gesetz im Plenum zu und verdeutlicht in einer – im Plenarprotokoll erfassten – persönlichen Erklärung, was sie oder ihn daran gehindert hat, die vorher eingenommene Position einzuhalten. Ganz Plietsche weichen auf eine „Enthaltung" aus, bleiben damit „offen" nach allen Seiten.

Neutralität kein Ausweg!

Diesen Ausweg habe ich in allen meinen über zwei Jahrzehnten der Parlamentszugehörigkeit nie gewählt – es sei denn ich habe mich in der Abstimmungshast einmal in einer Stimmkarte vergriffen. Auch wenn es bei emotional belasteten Gesetzesvorlagen mir äußerst schwerfiel, habe ich trotzdem entweder für „Ja" oder „Nein" gestimmt. Eine Enthaltung hat es nicht gegeben.

Dieses parlamentarische Verständnis vorausgesetzt brachte mich in der Frage der Beteiligung der Bundesrepublik am Kriege in Afghanistan in äußerste Bedrängnis. Die Position meiner Fraktion war eindeutig, meine gegenteilige auch. CDU/CSU: „Wir haben die Bündnisverpflichtungen gegenüber den USA ohne Wenn und Aber einzuhalten." Ich: „Es kann und darf nicht sein, dass wir mit der Bürde zweier Weltkriege einseitig Partei ergreifen, nicht als Deutschland bereit sind, aus den Erfahrungen unserer Geschichte als Vermittler aufzutreten, eine politische Friedenslösung zu erreichen!"

Gleich zu Beginn der entscheidenden Fraktionssitzung am Vorabend der Plenardebatte im Bundestag kündigte der Geschäftsführer eine Probeabstimmung an. Man habe über Wochen Zeit gehabt, sich eine Meinung zu bilden und in allen Gremien der Union sei ausführlich diskutiert worden.

Beides traf zu, aber Alternativen zum „Ja" für den lebensgefährlichen Einsatz unserer Soldatinnen und Soldaten wurden nicht ernsthaft erwogen! Ob alle mit dieser Regelung einer Meinungsbildung einverstanden seien, fragte er mehr aus formalen Gründen. Eifriges Nicken und breite Zustimmung folgten. „Dann kommen wir jetzt zur Abstimmung." Ruhe kehrte ein, jedoch keine Spannung, denn das Resultat einer geschlossenen Abstimmung schien fest zu stehen.

Börnsen schon wieder

In diesem Moment erfolgte meine Wortmeldung. Ich erhob mich, die Mehrzahl meiner über 250 Kollegen wie gut 100 Gäste schüttelten ihre Köpfe und aus den Reihen der CSU ertönte der Zuruf: „Der Börnsen schon wieder! Wir kennen doch seine abwegige Auffassung aus den vergangenen Debatten. Der soll sich setzen!"

Ich blieb standhaft, wiederholte meine Auffassung. Verwies auf die Gewissensfrage, wenn es um Kriegseinsätze ging, dass die Bundeswehr nach unserer Auffassung eine Verteidigungs-, keine Angriffsarmee sei, und als ich von einem „Diktat" der USA für die NATO-Partner sprach, waren Murren und lautstarker Protest in der Fraktionsversammlung so angestiegen, dass ich trotz des Mikrofons nicht mehr durchdrang.

Die anschließend erfolgte Abstimmung brachte das erwartete Resultat: Einstimmigkeit für den Einsatz in Afghanistan. Meine Gegenstimme „übersah" die Geschäftsführung geflissentlich.

Bevor ich meinen Einwand dagegen beendet hatte, unterbrach mich der Fraktionsgeschäftsführer: „Unser Altkanzler, Herr Dr. Kohl, möchte unbedingt mit Ihnen gesprochen haben. Ich gehe davon aus, dass nach Ihrem Treffen die uneingeschränkte einhundert Prozent-Höhe erreicht wird."

In die Mangel genommen

Dr. Helmut Kohl redete mir gut zu. Ich hätte in der Faktion durchaus Zivilcourage gezeigt und könne meinen „Gesinnungsgenossen" von diesem Erfolg berichten. Jetzt gehe es jedoch darum, der Fraktion den Rücken zu stärken und morgen im Plenum mit „Ja" zu stimmen. „Im Notfall", so baute er mir eine Brücke, „wäre auch eine Enthaltung mit einer persönlichen Erklärung zu meinem Abstimmungsverhalten möglich. Diesen Härtefall sehe ich jedoch nicht!"

„Nein, Herr Bundeskanzler, wenn es um Krieg oder Frieden, um das Leben von Menschen geht, gibt es für mich als Christen keine Kompromisse!"

Äußerst verärgert ließ der Kanzler a. D. mich stehen. Es war mir wahrlich nicht leicht gefallen, gegen den Einsatz der Bundeswehr zu sein, schlaflose Nächte lagen hinter mir.

Von diesem Augenblick an sind Helmut Kohl und ich uns aus dem Wege gegangen.

In den kommenden weiteren dreizehn Parlamentsjahren habe ich konsequent gegen die deutsche Kriegsbeteiligung und für einen Abzug der Bundeswehr gestimmt. Zum Schluss war ich der einzige Abgeordnete des bürgerlichen Lagers. Anerkennung in der eigenen Fraktion hat mir diese Haltung nicht eingebracht, aber Respekt.

Die Menschen im Wahlkreis 1 haben mein Abstimmungsverhalten moderat, kritisch verfolgt. Es hat nicht einen Parteiaustritt deshalb gegeben. Diese Region im äußersten Norden der Republik gehörte, als ich mit meiner MdB-Tätigkeit begann, durch seine Randlage, marode Infrastruktur, massive Abwanderung Jüngerer und zweistelliger Arbeitslosigkeit zu den 20 „Armen Schluckern" Deutschlands. Die Finanzströme des Bundes waren auf die Metropolen ausgerichtet, weniger auf ländliche Gebiete, schon gar nicht auf unterentwickelte Kreise. Die beiden großen Fraktionen waren sich in diesem Kurs einig.

Mir ging diese Benachteiligung gewaltig gegen den Strich. Gemeinsam mit den Kollegen der gleichfalls betroffenen Regionen gründete ich die AG der „Armen Schlucker. Überparteilich!" Wir verstanden uns als eine Art „Kampfgemeinschaft" und machten Dampf auf allen Ebenen. Unser Kernargument: Das Grundgesetz verlangt gleichwertige Lebensverhältnisse in unserer Republik! Wir erhielten, auch weil die Medien auf unserer Seite waren, bereits nach zwei Jahren einen eigenen Finanzierungstitel im Bundeshaushalt. Er hat mit dazu beigetragen, dass aus den „Armen Schluckern" attraktive Gebietskörperschaften werden konnten.

Mit dieser Perspektive im Rücken konnte ich endlich aus der Wirtschaft in den Fachbereich wechseln, dem mein besonderes Interesse galt: Der Kultur- und Medienpolitik. Eher durch einen Zufall denn bewusstes Handeln setzte ich meinen ersten Kulturakzent im Hohen Hause selbst.

Nicht nur Randnotizen zum Bundestag

Kleinkunstbeitrag: „Wahlfernsehen"

J.K.: Guten Abend, meine Damen und Herren. Es ist so weit. Deutschland hat gewählt, einen neuen Bundestag!

G.H.: Wir von der ARD, meine Kollegin und ich, werden heute Abend über Trends, Ergebnisse und Meldungen informieren. Wie immer mit Hilfe von „infas".
So, ich schaue auf unsere Studio-Uhr – Noch 5 Sekunden. Vier, drei, zwei, eins.
Es ist 18.00 Uhr, die Wahl ist zu Ende, nun warten wir auf die ersten Trends. (Der Sprecherin wird ein Blatt gereicht) Und hier bekomme ich bereits ein Ergebnis, das geht heute ja wirklich rucki-zucki!

J.K.: Das erste Resultat liegt also vor, es kommt von der Insel Fehmarn: Luft 19, Wasser 15 – Luft hat einen klaren Vorsprung, meine Damen und Herren.

G.H. Ein weiteres Ergebnis bekommen wir gerade (neues Blatt) von der Hamburger Hallig. Abgegebene Stimme eine, ungültig eine. Damit ist noch kein Trend erkennbar.

J.K.: Eine dpa-Meldung möchte ich Ihnen nicht vorenthalten. Der Bundespräsident gab heute Morgen um 10 Uhr in seinem Berliner Wahllokal seine Gattin ab. Entschuldigung, das ist ein Schreibfehler. Es muss heißen: Gab mit Gattin seine Stimme ab.
Seine Gemahlin trug bei dieser Gelegenheit das blaue Queen-Elizabeth-Hütchen mit Tüllschleife und Zuversicht zur Schau. In den Tagesthemen zeigen wir Ihnen heute Abend die Lebensbegleiterin des Präsidenten von hinten, wie sie ihr Kreuz macht.

G.H.: Berlin: Die Regierende Bürgermeisterin erklärte soeben: Unser Bundespräsident möchte, dass alle gewinnen, denn wir sind ja schließlich alle Deutsche.

J.K.: Eine Sondermeldung kommt aus Schleswig-Holsteins Landeshauptstadt Kiel, vom Ostufer dieser Stadt. Dort sind mit sofortiger Wirkung alle Langneseeis-Fahnen eingezogen worden. Der Grund: Der Eisriese hat 29 % aller Kreuze erhalten.

G.H.: Und hier sind weitere Wahlergebnisse: Kloster Heiliger Helmut: Abgegebene Stimmen 30. Das muss ein Schreibfehler sein ... Doch es stimmt: Für die CDU nur 29, für die SPD 1, ein klarer Sieg für die SPD.

Da derzeit keine neuen Resultate vorliegen, jetzt neueste Nachrichten vom Tage. Wir schalten um.

W.B.: Frankfurt: Die Privatisierung der Bundesbahn hat zu weiteren Verbesserungen im Service geführt. Jetzt ist es möglich in Dresden zu frühstücken, Mittagessen in Hannover, Abendessen in Köln einzunehmen. Das Gepäck muss jedoch auch zukünftig in Flensburg abgeholt werden.

U.M.: Berlin: Die Bundesverteidigungsministerin hat ein neues Dienstpflicht-Gesetz vorgeschlagen. Danach werden zukünftig nur Studenten mit BAFÖG einberufen. Damit können dann von den Dienstpflichtigen Unterkunft, Verpflegung und Übungsmunition selbst bezahlt werden.

Das Verteidigungsministerium hat aber dementiert, dass Dienstpflichtige als AB-Maßnahmen einberufen werden sollen.

E.K.: Stuttgart: Verdi hat bei den laufenden Tarifverhandlungen in Stuttgart neue radikale Forderungen erhoben. Für Angehörige, die der buddhistischen Religionsgemeinschaft angehören, soll es zukünftig bei Wiedergeburt eine Arbeitsplatzgarantie geben.

U.M.: Berlin. Die Präsidentin des Deutschen Bundestages hat, wie erst jetzt bekannt geworden ist, kürzlich zwölf Flüchtlinge aufgenommen – mit ihrer neuen japanischen Videokamera.

W.B.: Berlin. Der Vizepräsident des Bundestages hat heute die neuen Reiserichtlinien für zukünftige Abgeordnetenreisen bekannt gegeben. Grundsatz der Richtlinien ist: Je dritter die Welt, desto erster die Klasse. Wir schalten zurück in unser Wahlstudio.

G.H.: Hallo, wieder liegt ein neues Wahlresultat vor: Es kommt aus dem Feierabend-Wohnheim der Verdi-Gewerkschaft. Abgegebene Stimmen 40, SPD 40. Es ist also weiterhin alles offen. Und von Mallorca, den dort wohnenden Dauerdeutschen erhalten wir die Meldung: Die Linke 66 Prozent, die Grünen 33 Prozent und 1 % für die FDP.

E.K./M.R.: Wir fragten heute auch Bürger und Bürgerinnen, wie sie den Wahlsonntag verbrachten. Darf ich um diesen Filmbeitrag bitten.
Na Opa, auch schon 80?
Hält sich die Hand hinters Ohr: Ja, ja ... das macht sich.
Na Opa, waren Sie wählen?
Ja, ja, auf mich kann man zähl'n.
Opa, welche der 15 kandidierenden Parteien haben Sie denn gewählt?
Wie viele gibt es?
Fünfzehn.
Ach, von den anderen 14 hat mir mein Sohn nie was gesagt.
Und welche Partei haben Sie gewählt?
Ich wähl' schon seit 70 Jahren ZENTRUM.

G.H.: Hallo, hallöchen, von den Bündnisgrünen gibt es bereits eine Stellungnahme zu der ersten Hochrechnung – die uns noch gar nicht vorliegt. Vor vier Jahren hätten sie 20 % aller Stimmen erhalten. Jetzt seien es 10 % geworden. Sie hatten aber mit einem Verlust von 12 % gerechnet. Danach haben sie 2 % hinzugewonnen. Sie gehören also zu den Siegern der Wahl.

J.K.: Wenn die erste Prognose vorliegt, melden wir uns wieder.

G.H.: In der Zwischenzeit spielen wir Ihnen einen Beitrag ein, welche Auswirkungen die Klimakatastrophe auf die Berliner Hinterhöfe hat und wie Umweltschützer mit selbst gezogenen Topfblumen diese Herausforderung annehmen.

Einzug der Nationalhymne durch die Hintertür

Eine kulturpolitische Debatte, in der wir uns u. a. um unsere nationale Identität als „Deutsche" stritten, war der Auslöser für meine Suche nach dem Text unserer Nationalhymne im Reichstag. Die Spannweite der Redebeiträge im spätabendlichen Plenum reichte von der sofortigen Abschaffung dieses Symbols nationaler Identität bis zur Forderung des Erlernens der Nationalhymne zu einer Pflichtaufgabe der Schulen. Die einen ermittelten in dem „Lied der Deutschen" ein völlig überflüssiges Relikt einer bösen Vergangenheit, andere beklagten den Mangel an Patriotismus in Deutschland. Sie führten als Beweis die peinliche Schmallippigkeit der Fußball-Nationalspieler an, wenn diese in das Visier von TV-Kameras gerieten. Der Zorn darüber gipfelte in dem Satz: „Unsere Nationalhymne ist doch kein schnöder, nuscheliger Schlager, sondern ein Bekenntnis zu den Werten von Einigkeit, Recht und Freiheit!"

Stolz wäre auch diesem Hohen Hause angemessen! „Quatsch! Kokolores! Weg mit dem Unsinn!" Die Kritiker höhnten, wieherten, rissen Witze. Die Bekenner applaudierten rasend, erhoben sich mutig von ihren Plätzen und gifteten zurück.

Da die TV-Übertragung an diesem Abend wie üblich mit Beginn der Tagesschau endete, gaben wir Abgeordneten uns ganz ungeniert. Die Zuschauertribüne war bis auf zwei Dienst tuende Mitarbeiter des Parlamentes leergefegt. So blieb Außenstehenden der peinliche Anblick erspart, dass weit über 500 Kollegen und Kolleginnen wieder einmal der Debatte fernblieben. Parlamentarisch ernst wurde es jedoch, als die Opposition kurz vor der Schlussabstimmung feststellte, dass sich die Parlamentarier der Regierung vermutlich in der Minderheit befanden. Damit stieg die Chance der „Radikalen", ihr Ansinnen, die Nationalhymne als historischen Ballast endlich über Bord zu werfen.

Ein „Hammelsprung" sollte Klarheit bringen

Um keinen Zweifel an den Mehrheitsverhältnissen aufkommen zu lassen, beantragten sie den „Hammelsprung". Alle Anwesenden hatten umgehend den Plenarsaal zu verlassen, um anschließend einzeln registriert entweder durch die „Ja-", „Nein-" oder „Enthaltungstür" den Saal wieder zu betreten.

Während die Oppositionellen fröhlich beschwingt dem Foyer zustrebten, herrschte bei den Platzhirschen der Regierungskoalition blanke Panik. Die Nationalhymne musste um jeden Preis gerettet werden, eine Abstimmungsniederlage wäre ein „nationales Unglück!" Zuerst war Zeit zu gewinnen. Eine Fraktionsgeschäftsführerin hastete an das Rednerpult und filibusterte, was das Zeug hielt. Nicht Inhalte waren gefragt, sondern es mussten kostbare Minuten geschunden werden, um eine volle Präsenz der eigenen Fraktionsmitglieder zu erreichen. Während der Marathonrede seiner Kollegin telefonierte der zweite Verantwortliche in Schweiß gebadet durch das nächtliche Berlin, besonders mit einschlägigen Lokalen. Beim zweiundzwanzigsten Versuch hatte er endlich Erfolg. Die Mehrheit der Ferngebliebenen flanierte als bürgernahe Volksvertreter bei Freibier und Fladenbrot auf dem Sommerfest des ZDF. Gut eine halbe Stunde später waren so viele „Matrosen an Deck", dass die Nationalhymne gerettet werden konnte.

Zeugnisse über die Nationalhymne: Fehlanzeige

Ich hatte die Zwangspause genutzt, um in den Räumen des Reichstages historischen Zeugnissen, besonders nach dem Text vom „Lied der Deutschen", auf die Spur zu kommen. Fehlanzeige! Kein Aushang, keine Vitrine! Nicht einmal ein Foto von der Urschrift des Liedes. Zwar stieß ich auf Texte unserer Verfassung, Urkunden über den Bau des Reichstagsgebäudes und weitere Dokumente, aber einen Befund des Textes von Heinrich Hoffmann von Fallersleben fand ich nicht. Tatsächlich, Fehlanzeige! Ein weißer Fleck, weder über das Leben und Wirken des Verfassers noch über seine Person. Kein Wort davon, dass der freiheitsliebende Autor nach Helgoland geflohen war, weil Häscher nach seinem Leben trachteten. Keine Zeile, dass von Fallersleben deshalb Schutz, Sicherheit und schöpferische Kraft auf der roten Insel erfuhr, weil dessen Eigentümer, die Engländer, ein Herz für den Emigranten bewiesen.

Weimar adelt das „Lied der Deutschen"

Keine Daten darüber, dass das „Lied der Deutschen" am 26. August 1841 das Licht der Welt erblickte und am 17.8.1922 durch die Weimarer Republik „getauft" wurde. Zuvor, am Verfassungstag der neuen Republik, am 11.8. d. J. hatte der damalige Reichspräsident Friedrich Ebert seinen Vorschlag für diese Nationalhymne präsentiert. Auch kein Kommentar über die Beweggründe des Sozialdemokraten für seine Empfehlung. Die Mehrheit der Fraktionen der Republik waren sich einig gewesen, der Präsident habe mit seiner Textwahl Mut, Courage, Fingerspitzengefühl unter schwierigsten politischen Konstellationen bewiesen!

Da weder Text noch die Geschichte unserer Nationalhymne im Reichstag präsent waren, erfuhren die Millionen jährlicher Besucher der Gesetzgebungskammer auch nichts über den Missbrauch, den die Nationalsozialisten mit dem Lied trieben, kein Wort davon, wie schwierig und kontrovers der Prozess gewesen war, bis es 1952 schließlich doch dem Bundespräsidenten Theodor Heuss, einem Freien Demokraten, und Bundeskanzler Dr. Konrad Adenauer von der Union gelang, sich auf das „Lied der Deutschen" zu einigen. Trotz vieler Kritiker und Proteste hatten beide die Traute und den Schneid – in einem zu der Zeit noch geteilten Deutschland – an die Tradition von Weimer, der ersten Republik unseres Landes, anzuknüpfen. Bewusst rückten damit die Initiatoren die dritte Strophe des Liedes und damit Ideen von Freiheit, Frieden und Einheit in die Mitte der Gesellschaft.

Auf der Suche nach Verbündeten

Am Tag nach dem Hammelsprung setzte ich meine Suche nach einem Beweis der Hymne in der Herzkammer unserer Demokratie fort. Es blieb bei der Fehlanzeige.

Mein nächster Schritt führte mich zum Direktor des Bundestages, einem historisch bewanderten Repräsentanten. Als ich ihm das Resultat meiner Nachforschungen mitteilte, fiel er buchstäblich „aus allen Wolken". „Sie haben Recht, wenn ich jetzt darüber nachdenke, kann ich mich an kein Dokument in unserem Hause erinnern. Wir haben die Nationalhymne bei allem Trubel um die Innengestaltung des Reichstages vergessen." „Ein historischer Missstand", gestand er ein und hob, weil er mich gut kannte, seinen Zeigefinger. „Lassen Sie ab von jeder Initiative. Sie können sich nur die Finger verbrennen, denn es gibt derzeit keine Konjunktur für nationale Symbole!" Er ergänzte: „Von Fallersleben hat, soweit ich weiß, mehrere Urfassungen des Liedes erstellt. Eine befindet sich hermetisch abgesichert im Staatsarchiv, eine im polnischen Krakau und vielleicht eine Dritte als Beutegut in Moskau.

Das Gespräch empfand ich als ernüchternd, jedoch nicht als entmutigend. Um Erfolg zu haben, musste ich bei den Entscheidungsträgern für die Belange des Reichstages ansetzen. Als Bundestagspräsident fungierte in dieser Legislaturperiode Prof. Norbert Lammert, sein einflussreichster Vizepräsident war Wolfgang Thierse. Beide schätzte ich als leidenschaftliche Kulturpolitiker und hatte durch meine Funktion als Kulturpolitischer Sprecher meiner Fraktion zu ihnen einen guten Draht. Auch sie hatten das Fehlen des Textes von Hoffmann von Fallersleben – gestanden sie freimütig ein – noch nicht wahrgenommen. Sie sprühten nicht gerade vor Eifer, als ich sie um Unterstützung bat. Die Ursache ihrer Zurückhaltung begründeten sie mit der aktuellen negativen Diskussion um den Reichstag. Auch mein dezenter Hinweis, ich sei seit einem halben Jahr ehrenamtlicher erster Vizepräsident des BHU, des Bundes für Heimat und Umwelt, eines Verbandes, der über mehr als 550.000 Beteiligte verfüge, brachte sie nicht aus der Ruhe. Auch nicht, als ich anbot, diese traditionell denkenden Mitglieder für eine bundesweite Kampagne zu mobilisieren. Im Gegenteil, fast waren sie aus ihren Sesseln gehüpft. „Bloß das nicht, wir können uns derzeit einen weiteren Streit um den Reichstag nicht leisten!" Was war die Ursache?

Kunstprojekt, Muttererde in den Innenhof des Reichstages

Zeitgleich hatte eine einflussreiche Gruppe von Kunstschaffenden es trotz der Vorbehalte des Ältestenrates durchgesetzt, dass jeder MdB aus seinem Wahlkreis ein Säckchen Muttererde im Innenhof des Reichstages ausschütten durfte. Streng Konservative in den Reihen der Abgeordneten waren dagegen, Progressive dafür. Ich merkte dem präsidialen Christ- wie dem Sozialdemokraten an, sie wollten beide das dem Image des Parlamentes schadende Thema vom Tisch haben. Im Ältestenrat herrschte zu diesem Muttererde-Aktionismus ein Patt, weil die CSU mauerte. Wenn es mir gelänge, die Vertreter aus Bayern von ihrem „Nein" zu einer „Enthaltung" zu bewegen, würden sie dafür sorgen, dass die Kritiker nationaler Symbole die „Thematik Hymne" nicht aufgriffen.

Ohne Brimborium durch die Hintertür

„Diese Absicht gelänge jedoch nur", ergänzten die beiden Profis, „wenn das Lied der Deutschen stillschweigend in den Reichstag einzöge, ohne öffentliches Brimborium."

Die Einflussreichen unter meinen bayrischen Freunden köderte ich mit dem vertraulichen Hinweis, ein vergessenes, bedeutendes Symbol unserer Geschichte wird in einigen Monaten einen Platz im Foyer des Reichstages erhalten. Meine fünf Kollegen, an deren Spitze mein Freund, der ehemalige Bundesbauminister Eduard (Eddi) Oswald, hielten ihre zugesagte Vertraulichkeit ein und sorgten zugleich für die Aufhebung der Stimmengleichheit im Ältestenrat. Auch die Präsidenten wie der Direktor des Bundestages haben Wort gehalten.

Wer als Besucher von der Westseite den Reichstag betritt, findet eine informativ gestaltete Vitrine mit dem Originaltext des „Liedes der Deutschen" und erklärende Texte. Den Schaukasten haben die Initiatoren so geschickt und zugleich repräsentativ aufstellen lassen, als habe er bereits mit dem Einzug des Bundestages in dieses Gebäude dort gestanden. Nur wenige Insider wissen, dass der Aufbau des Glasschrankes wohlweislich in den Parlamentsferien geschah und aus technischen Gründen tatsächlich durch eine Hintertür erfolgte.

Wie es gelang, Parlamentshistorie zu retten!

Die Vorgeschichte

Ich sammele gerne, bewahre auf, was mir gefällt. Besonders Fundstücke mit geschichtlichem Wert, speziell aus der Fülle der ländlichen Volkskunde, bereiten mir Freude. Die Neigung, ja Leidenschaft hat dazu geführt, dass ich u. a. als Lehrer für Geschichte 1974 gemeinsam mit meiner Familie und dem Pastor Dr. Dieter Andresen ein kleines Volkskundemuseum eröffnete. Untergebracht war es im ehemaligen Pferdestall unseres aufgegebenen Bauernhofes. Diese volkskundliche Sammlung konzipierten wir vom ersten Tag an als sogenanntes „Anfassmuseum" ohne Eintrittsgelder, mit gleitenden Öffnungszeiten. Die Initiative entwickelte sich zu einem erfolgreichen Nachbarschaftsprojekt. Sie war gezielt auf Kinder, Menschen mit Behinderungen und Senioren ausgerichtet. Den beschwerlichen Alltag unserer Vorgenerationen vergangener Jahrhunderte, von der Frauenarbeit über Handwerker, Händler bis hin zu den Bauern, präsentierten wir mit ca. 2.300 Exponaten, die zum Ausprobieren und Mitmachen anregten. Hemmschwellen, ein solches Heimatmuseum in den Sommermonaten aufzusuchen, gab es keine. Jedoch ohne diese Ausstellung wäre ein kleines Stück deutscher Parlamentshistorie vermutlich nicht für die Öffentlichkeit erhalten worden.

Das eigentliche Geschehen

Im beschaulichen Bonn am Rhein konstituierte sich das erste Parlament unserer Republik. Der Zweite Weltkrieg hatte überall in unserem Lande tiefe Spuren und riesige Zerstörungen hinterlassen. Provisorien bestimmten die Tagesordnung. Das galt auch für die Volksvertretung. Sie wurde in der ursprünglichen Turnhalle der ehemaligen pädagogischen Akademie Bonn untergebracht und tagte erstmals am 7. September 1949. Es sollte 53 Jahre dauern, bis 1992 ein neuer Parlamentsbau in der Bundeshauptstadt Bonn feierlich eröffnet wurde. Kein pompöses, jedoch ein zeitgemäßes, stilvolles mit viel Glas versehenes, damit lichtdurchlässiges transparentes Gebäude. Bürger und Bürgerinnen, die Interesse an der Tätigkeit von uns Abgeordneten zeigten, konnten uns durchaus auf „die Finger sehen".

Vor dem Neubau gab es für uns Parlamentarier ein längeres Intermezzo im für das „Hohe Haus" umgebauten Bonner Wasserwerk, weil das ursprüngliche Domizil sichtbar in die Jahre gekommen war. Weder der Plenarsaal noch die weiteren Tagungs- und Büroräume entsprachen in ihrer Funktion, Form, Farbe und technischer Ausrüstung den Erfordernissen zeitgemäßer parlamentarischer Arbeit.

Mit dem Umzug in das prägnante, nicht nur für mich persönlich ansprechende Wasserwerk, geriet das Gründungshaus unseres Bundestages rasch in Vergessenheit.

Dort, wo u. a. Konrad Adenauer, Kurt Schumacher, Prof. Carlo Schmidt, Theodor Heuss, Dr. Erich Köhler und viele andere großartige imponierende Frauen und Männer die Grundlagen unserer parlamentarischen Kultur in Deutschland legten, hielten Staub und Spinnweben Einzug, „vergammelte", wie Karl Joseph, ein mir befreundeter Parlamentsmitarbeiter, es formulierte, die Vergangenheit der ersten Stunde unserer Republik. Er, der hier mit dunkelblauem Frack, vergoldeten Adlerknöpfen und stets blütenweißem gestärktem Hemd noch als „Saaldiener" die Volksvertreter mit Unterlagen während der Debatten versorgt hatte, beklagte wie viele seiner Kollegen durchaus betrübt den Verfall des Gebäudes und seiner Einrichtung. Was nicht mehr funktionsfähig und zu gebrauchen war, kam auf den Müll oder wurde geschreddert. Dazu gehörte auch die Mehrzahl der gepolsterten Sitzgelegenheiten. Nach Karl Joseph landete der klägliche Rest des Parlamentsgestühls nach einer profanen Versteigerung in den Partyräumen anderer Bediensteter, in Weinkellern und Wartezimmern von Arztpraxen. Von musealen Einrichtungen, so berichtete er, hätten wohl nur ganz wenige Interesse gezeigt und zudem dabei auf ihre gefüllten Depots verwiesen. Dieser Hinweis elektrisierte mich. „Gibt es irgendwo noch einen dieser Parlamentssessel?" „Eigentlich nicht", antwortete Karl Joseph, „aber", ergänzte er, „ich habe davon gehört, dass der Armstuhl, der angeblich Ludwig Erhard, dem zweiten Kanzler der Republik, gedient habe, bei einem Bonner Jäger in dessen Hochsitz ein Zuhause gefunden hat." Ich reagierte als „Museumsmann" wie elektrisiert. „Was, schlappe Jägerärsche auf dem geweihten Polster des legendären Vaters des Wirtschaftswunders?" Dem Frevel musste abgeholfen werden! Gegen eine Kiste Flensburger Bier und eine Flasche Rum aus meiner Heimatstadt an der Flensburger Förde wurde ich neuer Eigentümer des durchgesessenen Polstersessels des leidenschaftlichen Zigarrenrauchers Ludwig Erhard. Fast zwei Jahrzehnte belebte dieses exotische Exponat unser Dorfmuseum in Bönstrup. Manche Besucher fanden es rühmlich wie belustigend, einmal dort Platz nehmen zu können, wo ein ehemaliger von seinem Vorgänger Adenauer nicht gewollter Bundeskanzler tüchtig Sitzfleisch bewiesen hatte. Unsere museale Kuriosität zwischen Mausefallen, Melkgeschirr und Mühlsteinen fand ein jähes Ende, als zwei Direktoren des Deutschen Historischen Museums aus Berlin in unserer Volkskundlichen Ausstellung erschienen.

Das Nachspiel

Der Präsident des DHM, Prof. Alexander Koch, hatte auf parlamentarischen Umwegen davon erfahren, dass wir in unserem dörflichen Resthof über eine umfangreiche Sammlung seltener großrahmiger Schulwandbilder verfügten. Als die beiden Repräsentanten aus der Hauptstadt mehr als zweihundert von ihnen für ihre Ausstellungszwecke aussortiert hatten, blieben ihnen noch einige Minuten, um einen kurzen Augenblick in unser gepflegtes museales Sammelsurium zu werfen. Beide waren wie vom Donner gerührt, als sie den Parlamentsstuhl aus dem ersten Bundestag erblickten. „Seit Jahren suchen wir für unser Deutsches Historisches

Museum nach diesem einmaligen Exponat für unser Berliner Haus, um endlich einen geeigneten Blickfang für unsere Besucher zu gewährleisten, wenn es um die Anfänge der Parlamentsgeschichte in Deutschland geht."

Mit dem 15. September 2013 wechselte der gepflegte, im Original erhaltene Stuhl seinen Standort aus unserem Dreihundert-Seelen-Dorf in das dortige DHM. Zwei Monate später folgte ihm, gleichfalls als Spende, ein gut erhaltener Blockwagen einer Flüchtlingsfamilie aus Königsberg, dessen wechselvolle Geschichte wir vor Ort in unserem Heimatmuseum dokumentiert hatten. Er avancierte nicht auf die Museumsinsel, sondern in die Ausstellung der Stiftung Flucht, Vertreibung, Versöhnung zu einem Besuchermagneten. Die beiden Experten aus Berlin hatten offensichtlich ihre Kollegen von der Mauerstraße 83 auf dieses museale Kleinod aus der Provinz aufmerksam gemacht. An beiden aus der Provinz exportierten Exponaten prangt der Hinweis, dass sie über eine heimatkundliche Sammlung im Angelner Bönstrup, also auf Umwegen, ihre eigentliche Bestimmung in Berlin gefunden haben. Das versöhnliche Ende einer abenteuerlichen Reise.

Auch wenn es sich für Außenstehende mehr um eine Nebensächlichkeit handelte, ich stellte mich dieser Aufgabe. Dabei ging es eigentlich nur um einen schnöden, ausrangierten Parlamentssessel. Gleich, was alles in das Kulturressort fiel, ich empfand es als Herausforderung.

Wer Honig essen will, ertrage das Stechen der Bienen (arab. Sprichwort) Kulturpolitik in Berlin: Stiefkind der Politik oder allein Zuckerguss?

Was von uns, den Mitgliedern des Bundestages, von den Medienmachern gespeichert ist, wird dir von deren Miesmachern ein Leben lang genüsslich unter die Nase gerieben. Normenbrüche werden nicht verziehen.

So erging es auch meiner ehemaligen MdB-Kollegin Andrea Nahles, einer Frau, die manche bitteren Stunden in ihrem politischen Leben erfahren hat. Erdreisteten sich doch einige Beobachter aus der für sie sicheren Kulisse, noch einmal die Öffentlichkeit an ihren misslungenen Sologesang vom Rednerpult im Parlament zu erinnern. Der Anlass im Jahr 2022 war ihre Nominierung zur Chefin der Arbeitsagentur durch das Bundeskabinett. Die nun wirklich mit ihrer neuen Aufgabe auch gar nichts zu tun hatte. Was hatte meine Kollegin gewagt? Im Rahmen einer sozialpolitischen Rede illustrierte sie ihren Beitrag mit einem Lied. Die Zuhörenden durch alle Lager überschütteten die Mutige mit höhnischem Gelächter und grobem Spott. Was mir besonders in der Debatte aufstieß, die Mehrzahl ihrer eigenen sozialdemokratischen Fraktion gab sie der Lächerlichkeit preis. Dabei hatte Andrea Nahles nur gewagt, die Fesseln einer Routinerede zu sprengen. Andrea war zwar keine Helene Fischer, jedoch beispielhaft couragiert. Ich habe mich im Anschluss an dieses Spektakel für das flegelhafte Verhalten meiner Kollegen und Kolleginnen bei ihr entschuldigt.

Sologesang im Bundestag verpönt

Ich wusste aus eigener Erfahrung, wie ihr zumute war. In der Legislaturperiode zuvor hatte ich, um die Aufmerksamkeit meiner Zuhörer in einer abendlichen Kulturdebatte zu erhalten, meine Rede mit einem kraftvoll geschmetterten Kanon begonnen. „Herr Präsident, verehrte Kollegen: ‚Froh zu sein bedarf es wenig, denn wer froh ist, ist ein König!'" Plötzliche Stille im weiten Rund des Hohen Hauses. Dann jedoch brach ein hohnvoller Heiterkeitssturm über mich zusammen. Statt in den Kanon einzufallen, erging sich das prustend-wiehernde Auditorium in anhaltendem Gelächter und bissig-beißenden Zwischenrufen: „Der Troubadour der CDU! Ein Roland-Kaiser-Verschnitt! In diesem Haus darf nur geredet, nicht gesungen werden! Herr Präsident, der Börnsen verdient einen Ordnungsruf! Helau, der Karneval hat begonnen!" Ich habe den Orkan mit Bedauern überlebt, denn zumindest bei meinen Freunden aus der Kulturszene hatte ich Toleranz vorausgesetzt.

Trotz dieses Geschehens habe ich mich in keiner parlamentarischen Herausforderung so erfüllt gefühlt, wie in der Kultur- und Medienpolitik. Zu ihrem Sprecher wählte mich die CDU/CSU-Bundestagsfraktion, um eine mit Erika Steinbach überaus kompetente Kandidatin zu verhindern. Die Frankfurterin, die nach ihrem Ausscheiden aus dem Bundestag zur AfD abdriftete, übertrieb es in unserer Fraktion mit Kritik und Widerspruch ebenso wie gegenüber der Bundeskanzlerin Angela Merkel. Ich sei zwar nicht viel bequemer, eröffnete mir unser für die Kultur aufgeschlossener Fraktionsführer Volker Kauder, aber umgänglicher. Außerdem sei ich als leidlicher Buchautor, leidlicher Jazzmusiker, leidlicher Kabarettist wie Regisseur im plattdeutschen Amateurtheater zumindest mit der Kulturpraxis vertraut.

Kommissionsmitwirkung: Ein Gewinn

Trotz meiner theoretischen Defizite sagte ich zu und hatte das Glück, gleich zu Beginn meiner Sprecherfunktion für „Kultur und Medien" durch das Parlament in Gremien gewählt zu werden, die für mich auch ein persönlicher Gewinn waren, fachlich wie kollegial. Dazu gehörten die Enquete-Kommission „Kultur für Deutschland", die Berliner Filmförderanstalt sowie die Deutsche Welle. Gründlich, ernsthaft und verantwortungsbewusst ging es überall zur Sache. Besonders jedoch in der Enquete-Kommission, die sich mit grundsätzlichen Fragen der Kulturpolitik im wiedervereinigten Deutschland zu befassen hatte. Ihr gehörten bundesweit anerkannte Experten aus allen Kulturbereichen ebenso an wie unsere Fachkollegen aus allen Fraktionen.

Die ohne Subventionen nicht auskommende klassische Hochkultur zu sichern, war mir wichtig. Jedoch meinen Akzent legte ich auf die Förderung der Breitenkultur, die weitgehend von ehrenamtlich Engagierten geleistet wird. Nach meiner Auffassung hatte dafür die Kulturpolitik einen Nachholbedarf.

Die Enquete-Kultur ambitioniert

Um den Umfang der Aufgabenstellung zu verdeutlichen, erfolgt hier eine Kurzfassung von dessen Zielsetzung:

Der Einsetzungsbeschluss des Bundestages für diese Kommission erwartete von dessen Mitgliedern:

1. Sie sollten für ein möglichst einheitliches Verständnis zur Förderung der Kultur in unserer Republik sorgen. Die durch die deutsche Teilung bewirkte unterschiedliche, zum Teil gegensätzliche, Kulturauffassung zwischen Ost und West sollte eine neue gemeinsame Basis finden.
2. Sie sollte für eine Klärung der zum Teil irritierenden verfassungsrechtlichen Kulturzuständigkeit zwischen den Ländern und dem Bund beitragen.
3. Schließlich sollte sie Kriterien entwickeln, wie die Kultur in Deutschland erfolgreicher, effizienter wie nachhaltiger zu unterstützen und zu fördern war.

Über drei Jahre erstrecke sich unsere Tätigkeit mit 87 vielstündigen Sitzungen, 22 öffentlichen Anhörungen sowie 21 Expertengesprächen. Für uns nominierte Abgeordnete kamen noch die doppelte Anzahl, also ca. 260 interne Vorbereitungs- wie Auswertungstreffen hinzu. Eine Mammutaufgabe neben dem laufenden Parlamentsbetrieb!

Sie wurde möglich, weil sich beharrlich arbeitsame, kompetente Mitarbeiter auf allen Ebenen zuverlässig einbrachten. Das am Ende erstellte „nationale Kulturbuch" enthielt 460 Empfehlungen für eine identitätsstiftende Kulturarbeit auf allen Ebenen. Unsere gemeinsame Forderung, die Kultur – wie beim Naturschutz erfolgt – in unser Grundgesetz aufzunehmen, gehörte dazu. Ernüchternd, ja frustrierend lässt sich bilanzieren: Nur ein Bruchteil der Vorschläge aus dem Kulturkompass der Kommission wurde umgesetzt, die Verfassungs-Empfehlung gehörte nicht dazu! Unser gemeinsames Anliegen – über alle Fraktionsgrenzen hinweg – war es, durch eine Grundgesetzänderung den gesellschaftlichen Stellenwert für die Kultur und damit für Künstler und Kulturschaffende zu sichern und zu verbessern.

Über diese misslungene Initiative, zu der auch meine Unionsfraktion beigetragen hat, und über weitere Aspekte der Kulturpolitik in unserem Land habe ich später gemeinsam mit dem dynamischen wie verdienstvollen Geschäftsführer des Deutschen Kulturrates, Olaf Zimmermann, und meinem Freund, dem erfolgreichen Filmproduzenten Eberhard Junkersdorf, ein Buch mit dem Titel „Roter Teppich für die Kultur!" herausgegeben, gewidmet dem stets umsichtig handelndem damaligen Staatsminister im Bundeskanzleramt, Bernd Neumann, einem Bremer aus Leidenschaft. Die Kurzbilanz ersetzt jedoch nicht die Enttäuschung der Mehrzahl von uns Kulturpolitikern – aus allen Fraktionen. Ob in der parlamentarischen Wertung, Anerkennung, Förderung wie Finanzierung war es nicht zu einem wirklichen Durchbruch gekommen. So blieb der Eindruck bestehen, die Kultur sei Stiefkind bei den politisch Handelnden – Zuckerguss in Ausnahmefällen, ablesbar auch in den jährlichen Haushaltstiteln. Das überschaubare Wachstum bremst an allen Ecken Initiativen.

Neuland Filmförderung

Als Neuland für mich – wie bei der Enquete – erwies sich auch die durch einen Bundestagsbeschluss erfolgte Mitwirkung in der FFA, dem Zentrum der deutschen Filmförderung mit seinem Sitz in Berlin. In der Regel findet kein bundesdeutscher Film den Weg in die Kinos, wenn er nicht eine erhebliche Förderung fände. Kritiker sprechen verächtlich von einer subventionierten Filmkultur. Doch ohne sie wäre unsere Republik kein Filmland, wären Tausende Filmschaffende ohne Job. Die wesentliche Grundlage für eine Finanzierung war das Drehbuch, der Plot, die Besetzung und die Eigenfinanzierung. Sie mussten uns, das Auswahlgremium, überzeugen. Weit über eintausend Filmvorlagen/Manuskripte gingen in den Jahren meiner Beteiligung durch unsere Hände. Da ich mit Theatervorlagen vertraut war, fand ich relativ rasch Zugang zu den Drehbüchern, obwohl Filme einer ganz eigenen Dramaturgie folgen. Wenn ich Fragen hatte, fand ich in diesem Expertenkreis stets Hilfe. Besonders Iris Berben bleibt mir in Erinnerung. Die facettenreiche, wie empfindsame, großartige Schauspielerin half mir über manche fachliche Hürde. Unsere Kollegialität ging so weit, dass sie mir ihre Entwürfe filmpolitischer Reden zur Kommentierung und Bearbeitung zustellte. Damals fungierte sie, die gesellschaftspolitisch couragiert Flagge zeigt, u. a. als Präsidentin der Filmakademie.

Achteihn-Negenteihn in Kiel

Zu einer ähnlich kollegialen kulturellen Kooperation kam es – Jahre später – mit Robert Habeck von den Grünen. Robert, Flensburger wie ich, wir kannten und schätzten uns. Gemeinsam mit seiner Frau Andrea Paluch hatten sie ein faktengenaues Schauspiel über den Matrosenaufstand „1918, Revolution in Kiel" verfasst. Ein Erfolgsstück wurde es nicht richtig, was die Autoren durchaus zu wurmen schien. Ich hatte zu der Zeit ein neues plattdeutsches Theaterstück anlässlich des Luther-Jubiläums mit dem Titel „Lüüds, Luther un de Düvel" verfasst. Auf Einladung der EKG präsentierte die Niederdeutsche Bühne „Nordangler Speeldeel" es wirkungsvoll auf dem Kirchentag in Berlin. Mit dem Landesvorsitzenden der Grünen in Schleswig-Holstein kam ich überein, 1918 – die überaus aufmerksam recherchierte Theatervorlage zu bearbeiten und zu einem zweisprachigen Bühnenstück umzuschreiben. Die revolutionär handelnden Matrosen wie Arbeiter trumpften also, wie es der Wirklichkeit von 1918 entsprach, plattdeutsch auf, die Offiziere, der Adel und der aus Berlin angereiste Regierungsrepräsentant, der Sozialdemokrat Gustav Noske, hochdeutsch. „Achteihn-Negenteihn, de Revolutschoon in Kiel" wurde in seiner geänderten Fasson ein voller Erfolg. Jede Aufführung der Kieler Bühne war wohl auch deshalb ausverkauft, weil die überzeugend agierenden Akteure die Zweisprachigkeit souverän beherrschten und das Stück an Authentizität gewonnen hatte. Ein solches Experiment, wie das Autorenehepaar Habeck gewagt hatte, verdient Anerkennung. Das neue Revolutionsschauspiel entpuppte sich, wie die Presse es zuspitzte, „als ein Produkt schwarz-grüner Zusammenarbeit. Durch die herausragende Hauptfigur von Gustav Noske (SPD) erhalte es zusätzlich eine rote Fahne." Am 21. 10. 2018 hat die Märkische Allgemeine unter dem Titel „Die Revolution findet in den Köpfen und Herzen statt" zur Thematik des Theaters ein bemerkenswertes Interview mit Robert Habeck geführt.

Aufführungen von Amateur-Theatern werden der „Alltagskultur" zugerechnet. Die öffentliche Förderung für das nichtprofessionelle viele Tausende Bühnen zählende Volkstheater beträgt nach Zahlen der Bühnenbünde 0,2 Prozent! Dass dieser wenig beachtete Kultursektor aus seinem „Schattendasein" erlöst wurde, verdankte er eine Initiative der UNESCO.

Anerkennung für Brauchtum und Alltagskulturen?!

Oder: Die Hoffnung ist wie Zucker im Kaffee: Auch wenn sie klein ist, versüßt sie alles. (Redewendung aus Lettland)

Was haben der argentinische Tango, die Friedhofskultur unseres Landes, das niederdeutsche Bühnenspiel, die chinesische Akupunktur, Georgiens polyphonischer Gesang, das deutsche Schwarzbrot gemeinsam mit dem indonesischen Wayang Puppentheater? Alle diese kulturellen Ausdrucksformen sind registriert im weltweit geltenden UNESCO-Verzeichnis des immateriellen Kulturerbes oder dessen nationalen Listen zum „Erhalt von Traditionen und Alltagskulturen".

2003 fassten die Vereinten Nationen den Beschluss zu einem weltweiten Schutz traditionsreicher, lebendiger Alltagskulturen. 24 Staaten traten diesem Abkommen sofort bei. Die Bundesrepublik gehörte nicht dazu. Auch dann nicht, als 2005 und jedes weitere zweite Jahr die UNESCO die Tür zum Beitritt öffnete. „Peinlich", merkten UN-Repräsentanten an, „eines der reichsten Länder der Welt scheut aus Kostengründen internationale Solidarität." So einfach war der Sachverhalt keineswegs. Die Kritiker beachteten zu wenig unser föderales System, in dem Kulturfragen weitgehend Ländersache sind.

Die ganze Wahrheit über die bundesdeutsche Zurückhaltung war jedoch vielschichtiger. Zu den erklärten anfänglichen Gegnern dieser Initiative gehörte Otto Schily, der Innenminister. Vehement stemmte er sich gegen eine Ratifizierung der UNESCO-Konvention, weil sie den Integrationsprozess zugewanderter Asylsuchender stark gefährden würde. Das Justizministerium wie das Kanzleramt teilten zwar die Kritik der BMI im Grundsatz nicht, doch verhinderten sie die Beratungen – mit Hinweis auf den Bundesinnenminister.

Also wurde es notwendig, den inhaltlichen wie öffentlichen Druck auf die Entscheider am Kabinettstisch zu erhöhen. Mit meinen Freunden aus der Union und aufgeschlossenen Kolleginnen und Kollegen fast aller Fraktionen gelang es, die Enquete-Kommission „Kultur in Deutschland" zu einer Zustimmung zur Notwendigkeit der Sicherung des immateriellen Kulturerbes zu gewinnen. Allein die FDP grätschte mit einem Sondervotum ein. „Der eingeschlagene Weg stelle eine unnötige Bürokratisierung und Konservierung des kulturellen Lebens dar."

Die Debatte über diese Thematik in der Enquete hatte der Bund für Heimat und Umwelt, BHU, aus Bonn bewirkt. Der Verband, deren Vizepräsident ich damals war, umfasste über 500.000 Mitglieder und ist mit Untergliederungen in allen Bundesländern vertreten. Sein vehementes Eintreten für die UNESCO-Initiative löste in der breiten Bevölkerung viel Zustimmung aus. Für Parteistrategen, die sich an Umfragen und Stimmungen orientieren, erreichte diese Beachtung der Alltagskultur eine mahnende Größe, die zu gewinnenden Wähler nicht zu vergessen! Es solle deshalb, trotz der Wählergewichtung bis 2013, also 10 Jahre dauern, bis auch die Bundesrepublik die UNESCO-Urkunde mit folgender Begründung ratifizierte: „Gelebte Traditionen stehen für gemeinsame Identität der Menschen in der Region. Sie sind Ausdruck ihrer Kreativität und ihres sozialen Zusammenhalts."

Die urbane „Alltagskultur" ist unterrepräsentiert!

Zuvor hatten weit über 500 große Kulturverbände, Bürgerinitiativen und Handwerksorganisationen an die Bundesregierung appelliert, endlich in der Frage des immateriellen Kulturerbes „Haltung" zu zeigen. Die urbane Alltagskultur sei in Deutschland unterrepräsentiert. Anerkennung erwarten die weltweit eingesetzte Morsetelegrafie ebenso wie die Zehntausende zählenden historischen Schützenbünde, die mehr als 100.000 Gruppen umfassende Chormusik, die Jahrmarktbeschicker und das „Wandergesellen-Wesen".

Die entscheidenden Weichen für das nationale wie internationale

Verzeichnis hatte nicht – was unüblich war – das Kabinett in Berlin gestellt, sondern die Volksvertreter des Deutschen Bundestages. Die Fraktionen glichen fehlendes Regierungshandeln aus. In der Lobby des Hohen Hauses hieß es an den zwei Debattentagen 2011, den Aufforderungen an die Regierung, die Ratifizierung in New York endlich vorzunehmen, bis es zu einem Einstellungswandel kam, unter uns Abgeordneten salopp: „Die Regierung muss zum Jagen getragen werden." Die Zögerlichkeit der Verantwortlichen in unserem Land begründete sich nicht nur in den fehlenden Geldmitteln, der Bremse durch den Föderalismus, sondern auch durch eine erkennbare Arroganz der Hochkultur gegenüber den Vertretern der Breitenkultur. Die professionelle Kunst, das Theater wie die klassische Musik galten als Maß aller Dinge. Es dauerte seine Zeit, bis es zu einem Einstellungswandel kam, auch die Schätze der Alltagskulturen in unserem Land weitgehend ohne Vorbehalte erkannt wie anerkannt wurden.

Eine Schauspielerin gab den Anstoß – plattdüütsch!

Dass es dazu kam, ist u. a. einer Einwohnerin meiner Heimatstadt Flensburg, der Schauspielerin Renate Delfs, zu verdanken. Bevor sie zum Fernsehen wechselte und dort Erfolge feierte, gehörte sie dank ihres schauspielerischen Talentes zu den Stars der niederdeutschen Bühnen in Schleswig-Holstein. Eines Tages erschien „die plattdüütsche Deern" in meiner regelmäßigen MdB-Sprechstunde im Wahlkreis. Da das Niederdeutsche das „Sie" weitgehend vermeidet, kam es zwischen uns zu folgendem Dialog:

Renate D.: Du, Wolfgang, ik kam to di, wiel ik Bang (Angst) heff um de Tokunft vun uns plattdüütsche Spraak. Alleen de oln' Lüüd de snacken noch Platt, man de Jungen all lang nich mehr.

MdB: Hest bannig Recht mit dat wat di umdriev'n (umtreiben) deit. Uns Platt, ass uk dat Freesch (die friesische Sprache), stahn bilütten op de rode List (auf der roten Liste) von de UNESCO. Dat heet, wenn wi nix doon, geit dat mit de Spraaken de Bach daal; se starv'n ut.

Renate D.: Süh, Wolfgang, darüm kam ik to di. Du hest in uns Bundesdach gode Wöör för uns Platt funn. Man datt reckt nich ut! (reicht nicht). Dat Nedderdüütsch mutt so ass de annern lütten Spraaken een Schuul (Schutz) hemm!

MdB: Wi stellst du di dat för?

Renate D.: Süh, een vun mien Kinner is Dirigent in Amerika. He, ein Kulturminsch, hett mi vertellt: De UNESCO hett een „Schuul-Verdrag" för all Länner vun uns Welt schapen (geschaffen). Dat heet, all de olen Dänze (Tänze), de Dudelee (Musik) un uk de Kommedie (Theater) schülln seekert warn (geschützt werden), wiel se to dat Kulturarf (Kulturerbe) vun uns Minschen hörn doon.

MdB: Dat is een Büx, heff davon nix wusst!

Renate D.: Mi weer dat uk nüü (neu). Man, uns plattdüütsche Theater un uk uns Spraak geef dat all in de Hansetied. So old is dat.

MdB: Dat ist een bannig feine Naricht! (Information). Kannst glöven (davon ausgehen): Darüm war ik mi kümmern! Weer doch een Klacks för Düütschland, wenn wi dat nich op de Reeg kriegn kunn. (für Deutschland verwirklicht bekämen)!

Zehn Jahre bis zur Ratifizierung

Meine eher großspurige Zusage der Bühnen- wie TV-Schauspielerin gegenüber musste ich bald reumütig zurücknehmen. Von den ersten Briefen, die ich in meinem Einsatz für die Beteiligung der Bundesregierung am immateriellen, weltweit geltenden Kulturerbe schrieb, bis zu Ratifizierung sollten noch über zehn Jahre ins Land gehen. Weder die Bundesregierung noch die Landesregierungen und nicht einmal die Mehrzahl der betroffenen Kultur- und Handwerksverbände zeigten anfänglich Aufgeschlossenheit und Bereitschaft. Die Thematik schien für viele zu neu, zu kompliziert, zu teuer, zu wenig griffig zu sein. Gut möglich, dass meine Initiative den Sachverhalt nicht genügend auf den Punkt brachte. Ich ließ jedoch nicht locker, warb unter den Kulturpolitikern aller Fraktionen für die Idee.

Was dann geschah und 2007 den eigentlichen Durchbruch für ein öffentliches wie parlamentarisches Interesse brachte, erfuhr ich am 27.10.2022, also Jahrzehnte nach der Ratifizierung. Ein mir Unbekannter, Jonas Leineweber von der Universität Paderborn, schrieb mir: „Ich wende mich wegen meiner Doktorarbeit an Sie und bitte um Ihr Verständnis. Ich promoviere über das ‚Immaterielle Kulturerbe'. Bei meinen Recherchen taucht immer wieder Ihr Name auf. Ich würde mich freuen, wenn Sie für ein Interview zur Verfügung ständen. Wissen Sie eigentlich", setzte er fort, „dass Sie mit Ihrer am 28. 3. 2007 veröffentlichen Pressemeldung: ‚Ja, zur Bewahrung unseres immateriellen Kulturerbes!' den Stein für eine parlamentarische Behandlung durch den Bundestag ins Rollen gebracht haben?"

Uneins mit der eigenen Fraktion

„Was ich außerdem ermittelt habe: Sie waren nicht nur der Initiator, sondern haben ihre PM offensichtlich ohne Rücksprache mit ihrer Fraktionsführung abgesetzt." Ja, an den damaligen Ärger – unabgesprochen gehandelt zu haben – erinnere ich mich durchaus. Nach unendlichen vielen Gesprächen wie Petitionen und ständigem Hingehalte war meine Geduld aufgebraucht. Auch wenn es meine Sprecherfunktion für die Bundestagsfraktion kosten würde, Handeln war angesagt. Bis zum Jahr 2007 hatten bereits 74 Staaten das Abkommen ratifiziert. Deutschland mit einer Vielzahl Identität und soziale Verbundenheit stärkender Traditionen und Brauchtümer stand weiter abseits. Was ich gleichwohl als respektlos empfand, wir verweigerten unseren Beistand den vielen Staaten der Dritten Welt, deren Alltagskulturen zu stärken wie zu schützen. Meiner Fraktionsführung begegnete ich ein wenig verwegen – aber durchaus erfolgreich – mit einem Sprichwort aus der Ukraine: „Nur wenn man eine Zitrone isst, weiß man den Zucker zu schätzen." Mir wurde verziehen. Wohl auch deshalb, weil das politische Berlin die Wählermacht der Brauchtums-Praktiker erkannt hatte. Allein das nationale Verzeichnis des immateriellen Kulturerbes weist weit über 130 Eintragungen von 117 Kulturformen aus. Das von Renate Delfs, der Anstoßgeberin, ersehnte „Niederdeutsche Bühnenspiel" gehört dazu. Voller Stolz teilte sie ihrem Sohn in New York mit. „Mien Jung, nu hört uk uns plattdüütsch Bühnenspeel to dat Weltkulturarf! Wat een Höög! (überaus erfreulich). Man, nu sünd wi all opföddert (aufgefordert), dat quicklebendig to hooln."

Themenwechsel! Auslandsreisen gehörten zu meinen parlamentarischen Arbeitsfeldern. Sie sind mit Recht umstritten, wenn ihre Sinnhaftigkeit nebulös bleibt. Bereits vor meinem Amt fungierte ich als einer der Verantwortlichen für die Deutsche Gesellschaft für Menschenrechte. Gleich welche Auslandsunternehmung anstand, stets habe ich mich vor Beginn bei der DfG wie bei Amnestie International und dem Auswärtigen Amt nach der aktuellen Menschenrechtslage kundig gemacht. Für mich als Volksvertreter eines demokratischen Landes mit unserer Historie eine Selbstverständlichkeit.

Wagemut tut selten gut: Fünf Staaten zeigen mir die „rote Karte"!

Kleinkunst, verlegt in den Plenarsaal: Die Nonsens-Debatte oder: Der Stellenwert des Gemeinen Runkelrübenkrautgewächses

Einmal haben wir Wasserwerker die öffentliche Bühne verlassen und den „heiligen" Plenarsaal zweckentfremdet. Aus einer Bierlaune entstand die Idee. Anlass waren zwei Bundestagsdebatten, deren Ende der Ältestenrat bis weit nach Mitternacht festgelegt hatte. Vernünftige Entscheidungen zu solch später Stunde – waren wir uns einig – seien nicht zu erwarten. Doch die etablierten „Parlamentshasen" bestanden auf eine vollständige Abwicklung der Tagesordnung, gleich wie lange die Sitzung dauern würde. Proteste dagegen verhallten.

Ich schlug vor, wir sollten dieses Szenario ad absurdum führen. Eine passende Thematik für den übernächsten „Lang-Tag" war bald gefunden: Die vierte Novelle des Bundesstatistikgesetzes, vorgesehen für 0.32 Uhr. Wir Kabarettisten erklärten uns bei unseren Fraktionen bereit, zu diesem Sachverhalt Stellung zu beziehen. Die Geschäftsführung zeigte sich darüber äußerst zufrieden, war es für sie in der Regel schwierig, zu einer späten Stunde Freiwillige zu finden. Was sie nicht erfuhren, wir waren übereingekommen: Jeder hatte in seinem Redebeitrag den Begriff „Das Gemeine Runkelrübenkrautgewächs" zu verwenden. Weder das Präsidium noch die spärlich anwesenden Kollegen hatten wir von unserer Nonsens-Debatte in Kenntnis gesetzt.

Jürgen von der FDP begann den Redner-Reigen. Nach wenigen Bemerkungen zur Bundesstatistik setzte er, ohne die Miene zu verziehen, fort: „In diesem Zusammenhang, verehrte Kolleginnen und Kollegen erinnere ich Sie mit Nachdruck daran, dem Gemeinen Runkelrübenkrautgewächs mehr Aufmerksamkeit zu schenken. Wir Freie Demokraten fordern für dieses edle Gewächs absolute Wachstumsfreiheit!" Stürmischer Applaus von uns (Mitwissern) verzeichnete später das Protokoll. Die fragend-verdutzten Blicke der Nichteingeweihten blieben darin unerwähnt.

Bereits bei (unserer) zweiten Rednerin Ulrike, als sie an die Bundesstatistiker appelliert, die Wirkung des „Gemeinen Runkelrübenkrautgewächses" bei dem sich vegan ernährenden Bevölkerungsanteil differenziert darzustellen, registrierten alle im Plenarsaal: Hier bahnte sich eine höchst ungewöhnliche, amüsante Debatte an. Alle MdBs fielen in unseren Beifall ein. Als Eckehard die Bedeutung des Gemeinen Runkelrübenkrautgewächses für einen modernen Schulunterreicht herausstrich und die Einsetzung von Fachlehrern empfahl, kam es zu ersten „Bravo", „Bravo-Rufen".

Gerlinde, Sozialpolitikerin, hinterfragte, ob bei dieser vierten Novellierung auch sichergestellt sei, dass der ärmere Bevölkerungsteil am Gemeinen Runkelrübenkrautgewächs profitiere. Keiner, so schloss sie, dürfe bei diesem Vorhaben ausgeklammert denn benachteiligt werden. Dieses Gewächs sei lebenswichtig, ein Menschenrecht und wörtlich: „Ich verlasse dieses Pult nicht, bevor die Regierung dafür eine Garantie ausspricht!" Da gab es kein Halten mehr, das gesamte Plenum erhob sich zu einer „standing ovation". Lachtränen liefen.

Die Krone jedoch war Hans von der CSU. Er lehnte das Statistikgesetz wie auch das Gemeine Runkelrübenkrautgewächs für Bayern strikt ab. „Wir haben eigene, blau-weiß-farbige Krautgewächse. Wir vom Freistaat wollen uns von den bundesdeutschen Runkelrüben nicht überfremden lassen!" Der Plenarsaal glich einem Tollhaus.

Natürlich sprach sich das Spektakel rasch herum. Viele Kollegen bedauerten, nicht dabei gewesen zu sein.

Der Ältestenrat traf sich zu einer Sondersitzung. Seine anschließende Verlautbarung: „Ein Missbrauch des Plenarsaales werde weder gegenwärtig noch in Zukunft geduldet. Wer sich nicht daran hält, muss mit einem Verweis rechnen! Unabhängig davon erwägt das Gremium über eine zeitliche Begrenzung der Plenarzeit nach 24.00 Uhr nachzudenken."

Immerhin, wir hatten den Fuß in der Tür. Mehr auch nicht! Es sollte noch fast zwei Jahrzehnte dauern, bis der Bundestag zu vertretbaren Plenarzeiten stattfand.

P.S.:
Für Plagiatsjäger: Die Vornamen der Genannten halten jeder Überprüfung stand. Nicht jedoch Tag, Thema und Termin der Debatte.

Voller Überraschungen, Präsidentenwahlen in Weißrussland

Mit meiner Bundestagskollegin von den Grünen, Marieluise Beck, derzeit Direktorin des Zentrums für Ostmitteleuropa/Osteuropa, als Berichterstatter für unser Parlament unterwegs zu sein, ist ein anhaltendes Vergnügen. Sie ist kenntnisreich, fix mit dem Wort, engagiert, eindeutig in ihrer Auffassung zu Fragen von Bürgerrechten und betont unabhängig als Abgeordnete. Unsere Fraktionen hatten uns beide bei der EU als Wahlbeobachter für die anstehende Präsidentenwahl in Belarus empfohlen. Lukaschenko, selbsternannter „letzter Diktator Europas", stand zur Wiederwahl an. Chancenlose Gegenkandidaten gab es nur wenige. Es gehört in diesem autoritär geführten Staat viel Mut und Zivilcourage dazu, Opposition zu praktizieren.

Erstmalig hatte Lukaschenko einer Kontrolle der Wahl durch eine international zusammengesetzte Kommission von Beobachtern zugestimmt. Grenzenlose Optimisten aus dem Westen – und davon gab es nicht wenige – legten dieses Zugeständnis des Machtinhabers als Beginn eines politischen Tauwetters des Regimes aus.

„Demokratisches Wetterleuchten in Weißrussland", titelte eine viel gelesene Zeitung in unserem Land. „Die Wahlen in Belarus", so ließ sich Lukaschenko zitieren, „finden nach den Grundsätzen einer Demokratie statt. Sie sind frei, unmittelbar, direkt und geheim."

Wir erreichten Minsk, die tief verschneite Hauptstadt, bei klirrender Kälte. Ausgestattet mit Sonderausweisen begaben wir uns unverzüglich zu unserem Quartier. Es war der Abend vor dem Wahltag. Uns wurde von einem Militärpolizisten in einem verschlossenen Briefumschlag die Liste von sechs Wahltreffpunkten mit einer genauen Zeitangabe im Zentrum von Minsk übergeben, die wir aufzusuchen hatten. Unterzeichnet war das mit einem offiziellen Stempel versehene Papier nicht nur durch den Vorsitzenden unserer Kommission – einem schwedischen Parlamentarier – sondern zugleich von dem Innenminister Weißrusslands – was unseren Argwohn weckte. Warum entschieden wir Wahlbeobachter nicht selbständig, welches Wahllokal in Minsk wir nach eigenem Zeitplan aufsuchen wollten? Ein Rückruf bei unserem Kollegen aus Schweden endete mit dem Hinweis: Diese Liste sei in dieser Form mit der Regierung abgestimmt, Änderungen stünden nicht auf der Tagesordnung.

Aus Skepsis erwuchs Misstrauen

Aus unserer Skepsis erwuchs Misstrauen. Am kommenden Tag wurden wir von einem Regierungsfahrzeug abgeholt und durch das winterliche Minsk zum ersten Wahllokal vorgefahren, wo Offizielle uns freundlich begrüßten. Sie begleiteten uns, ohne uns aus den Augen zu lassen, beim Gang durch die Räumlichkeiten. Erste Wähler, ausschließlich junge Männer mit kurz geschorenen Haaren, warteten bereits im überdachten Vorbau dieses Amtsgebäudes. Dort befanden sich auf zwei Tischen belegte Brote, heißer Tee und Kaffee.

„Diesen Service", so erläuterte einer unserer Gastgeber, „leiste die Stadt Minsk, weil so mancher Wahlberechtigte einen längeren Fußweg zu absolvieren hat. Natürlich muss diese Leistung von den Nutzern bezahlt werden."

An den Wahlräumen und der Organisation war nichts auszusetzen. Wir erkannten drei mit Vorhängen zu schließende Abstimmungskabinen. In keinem der Räume gab es eine auch offene oder versteckte Wahlwerbung. Zivilisten nahmen die Registrierung vor.

Es gab nur einheitliche Blei-, keine Farbstifte und die Box für die Stimmzettel war mit einem Schloss versehen. „Perfekt", lobte ein Schweizer Kollege, auf dessen Blatt auch dieser Ort genannt war, dieses Szenario. Wir enthielten uns eines Kommentars, weil wir dieser heilen Welt nicht trauten.

Eine Weiterfahrt mit dem Regierungsfahrzeug lehnten wir mit der Begründung ab, den viel gepriesenen öffentlichen Nahverkehr der Hauptstadt ausprobieren zu wollen. Als Marieluise und ich uns unbeobachtet wussten, orderten wir ein Taxi. Dessen Chauffeur kannte sich in seiner Stadt gut aus und beherrschte zudem die deutsche Sprache, weil er in der DDR tätig gewesen war. Wir baten ihn, uns zu Wahltreffpunkten in Vororten von Minsk zu fahren.

Tische bogen sich vor Köstlichkeiten

Bereits das erste nicht auf unserem Blatt dokumentierte Wahllokal bot ein völlig anderes Bild. Eingerichtet war es in einer älteren Grundschule. Die erste Überraschung erlebten wir in der Pausenhalle, die alle Besucher passieren mussten, um in die eigentlichen Wahlräume zu gelangen. Die hier aufgestellten Tische bogen sich vor Köstlichkeiten aus der weißrussischen Küche. Fettglänzende Würste verschiedenster Sorten, Käse, Fisch, dunkle und helle Brote, Butter, Speck und sogar Südfrüchte gab es. Nur heißen Tee und Kaffee vermissten wir. Dafür jedoch standen jede Menge Wasser- und Wodkaflaschen bereit. Besonders Durstige tranken deren Rest sogar aus den Flaschen.

Auf Marieluises höfliche Frage, wer hier der Gönner dieser Leckereien sei, zeigte einer der Verantwortlichen, ein Offizier, auf eine übergroße gerahmte Fotografie, die über der Essenstafel thronte. Präsident Lukaschenko in Paradeuniform. „Heute an diesem Wahltag ist alles umsonst, kostenfrei für die Wähler. Präsidentenwahlen sind schließlich wie ein Feiertag zu bewerten."

Auch in den folgenden Räumen blickte der Staatschef mit ernster

Miene auf seine Untertanen. Im Gegensatz zu unserem ersten Wahllokal bestimmten Uniformen das Bild. Soldaten registrierten die Ankommenden, Militärpolizisten kontrollierten. Zwei von ihnen saßen kerzengerade rechts und links vom Eingang der einzigen Wahlkabine, die hier aufgestellt war. In der Zeit, in der wir anwesend waren, traute sich niemand, diese Kabine zu betreten. Die Kreuze wurden alle öffentlich unter den Augen des Militärs vollzogen.

Marieluises empörter Einspruch, die Fotos des Präsidenten abzuhängen, weil sie eine einseitige Beeinflussung der Wählenden darstellten, wurde lapidar mit dem Hinweis abgetan. „Hier werde nichts geändert! Befehl sei Befehl! Warum auch?", so fragte uns ein hoher Offizier. „In westlichen Ländern entferne man auch keine Kreuze aus Schulen und öffentlichen Gebäuden."

Meine Intervention, alle Uniformierten in die Pausenhalle zu verbannen, um einen möglichen Druck von den Wahlberechtigten zu nehmen, nötigte dem Offiziellen nur ein müdes Lächeln ab. „Soldaten sind doch auch Wahlberechtigte! Die Bevölkerung von Belarus betrachte Uniformierte als Brüder!"

Wir absolvierten danach weitere sieben Wahltreffpunkte, die nicht auf unserem Zettel standen. Alle glichen sie ausnahmslos dem der Grundschule. Die einzige Abweichung, die uns auffiel: „Je später die Stunde, um so fröhlicher das Wahlvolk."

In keinem der acht Wallokale waren die Urnen durch ein Schloss gesichert.

Einen uns bewegenden Abschluss erleben wir zum Ende unserer Kontrollunternehmung in einer kleinen Werkzeughalle, in der Wodkaflaschen fröhlich kreisten. Wir erschienen zu spät, die Wahlen waren bereits offiziell abgeschlossen. Trotzdem war die Halle noch voller Menschen in Feierlaune.

Als eine ältere, ein Kopftuch tragende Frau vom Taxifahrer erfuhr, dass wir aus der Bundesrepublik angereist waren, kam sie eilig auf uns zu, umarmte uns spontan und herzlich. „Deutsche gut! Sehr gut! Viel Hilfe nach Tschernobyl. Kinder glücklich. Danke. Danke!" Damit war ihr Wortschatz aufgebraucht und der Chauffeur wurde als Dolmetscher herangezogen. Vier ihrer sieben Kinder seien in den Sommerferien in Deutschland gewesen.

Hilfsbereitschaft aus Deutschland anerkannt

Weitere Mütter, die hinzutraten, reckten ihre Arme, um mit den Fingern anzuzeigen, wie viele ihrer Heranwachsenden bereits an diesem Gesundheitsprogramm teilgenommen hatten. Wir zählten mindestens zwei Dutzend Beteiligte. Kein Land in der Nachbarschaft der Ukraine hatte so heftig unter der Strahlenbelastung des Unglücksreaktors gelitten wie die Menschen in Belarus.

Eine Welle der Hilfsbereitschaft war durch Deutschland gegangen. Durchweg private Initiativen organisierten mit eigenen Mitteln uneigennützig Ferienaufenthalte für geschwächte Kinder. Dieser Einsatz war keine Eintagsfliege. Noch fünfzehn Jahre nach der Reaktorkatastrophe existierten z. B. zwölf aktive Gruppen im Wahlkreis 1 Flensburg-Schleswig.

Unaufhörlich wurden Marieluise und mir dankbar von den „Zivilisten" die Hände geschüttelt und Wodka gereicht. Die anwesenden Militärpolizisten hielten Abstand.

Gegen Ende dieser Begegnung gruppierten sich auf einmal die Frauen zu einem spontanen Chor und sangen, wie deren Sprecherin betonte, die Nationalhymne von Weißrussland zu Ehren der hilfsbereiten Menschen in Deutschland.

Da meine umtriebige MdB-Kollegin wegen eines dringenden Termins in Berlin bereits am frühen Morgen Minsk verlassen musste, beendete ich unseren Bericht mit den registrierten Beobachtungen aus den Vororten der Hauptstadt. Ich übergab alle Unterlagen unterzeichnet mit meinem Namen dem Kommissionsbüro, in der Erwartung eines vernichtenden Protests von uns Wahlbeobachtern gegen die erfolgten Präsidentenwahlen. Weit gefehlt!

Einen Tag später erreicht uns aus Brüssel eine Pressemitteilung des zuständigen Gremiums: „Im Großen und Ganzen haben die

Wahlen in Belarus dem Standard westlicher Demokratien entsprochen; abgesehen von wenigen lokalen Unregelmäßigkeiten."

Unser energischer Einspruch wurde von Berlin wie von Brüssel zur Kenntnis genommen, jedoch weiter geschah nichts. Wir ließen nicht locker, wollten eine Anfechtung dieses unglaublichen Wahlbetrugs. Die Antwort, die wir schließlich erhielten, bestand aus drei Kernsätzen. Es gelte die Mehrheitsmeinung der internationalen Kommission. Unsere Einschätzung würde man als Minderheitenvotum dem Schlussbericht beifügen. Außerdem sollten auch wir den guten Willen des mit überwältigender Mehrheit wiedergewählten Präsidenten von Belarus anerkennen, sein Land für Wahlbeobachter zu öffnen.

Beschwerde aus Belarus

Zwei Wochen später erhielt ich eine Botschaft aus Minsk, die Durchschrift einer Mitteilung an Brüssel. Darin beschwerte sich die Regierung über das unvertretbare Auftreten deutscher Wahlbeobachter. Dem Unterzeichner der Stellungnahme würde man in Zukunft und auf alle Zeit eine Einreise nach Belarus verweigern.

Nachgetreten

Bereits bald nach Auflösung der Sowjetunion setzte sich in Westeuropa und besonders bei uns in der Bundesrepublik die Auffassung durch, wir seien nur noch von Freunden umgeben. Auch ich war nicht frei davon, träumte vom ewigen Frieden auf unserem Kontinent. Wer die Protokolle des Deutschen Bundestages der letzten Jahrzehnte durchsieht, stellt fest, dass Regierungsfraktionen wie die Opposition sich in Fragen der Sicherheitspolitik in ihrer Einschätzung weitgehend einig waren. Das Beharrungsvermögen diktatorisch geführter Staatschefs wurde ebenso unterschätzt wie deren Fähigkeit, die geschaffenen Strukturen zu zementieren. Nur ganz wenigen Ländern auf unserem Kontinent gelang es in der Nach-Sowjetzeit, demokratische Freiheit zu erreichen.

Nicht nur in der Politik, sondern auch in den Amtsstuben von Brüssel und Berlin herrschten Blauäugigkeit und Konflikscheue, um es mit Autokraten aufzunehmen. Die Mehrzahl der Meinungsführer bei uns sah deshalb auch die völkerwiderrechtliche Okkupation der Krim durch Putin als eine Art Betriebsunfall und nicht als internationalen Rechtsbruch.

Im Fahrwasser von Moskau schwimmt Minsk. Weißrussland galt bereits in der Zeit unserer Wahlkontrolle als vorteilhafter Produktionsstandort westlicher Unternehmen. Sozialdumping, eine niedrige Lohnstruktur, keine Streiktage und der Fleiß der Menschen wurden von ausländischen Firmen geschätzt. Vermutlich trübten und trüben solche Bedingungen einen kritischen Blick auf fehlende Grundfreiheiten, den Mangel an Pressefreiheit, Menschenrechte sowie echte parlamentarische Strukturen in diesem Land.

Diktaturen befinden sich auf unserer Erde auf dem Vormarsch! Nach einem UN-Bericht aus dem Frühjahr 2022 hat die Anzahl der diktatorisch regierten Länder die der Demokratien überholt. Die Fälschung von Wahlen gehört zu den Methoden, um solche menschenverachtenden Systeme zu stabilisieren.

Die Unternehmung „Jemen" erweist sich als heikle Gratwanderung

Bürokratisch sachlich klang die Botschaft vom deutschen Konsulat in Sanaa, der Hauptstadt der Republik Jemen, an das Auswärtige Amt in Berlin. „Der Beauftragte des Deutschen Bundestages für das Stipendiatenprogramm des Parlamentes, der Abgeordnete Börnsen (Bönstrup), hat mit unserer Unterstützung drei Hochschulabsolventinnen und zwei Männer aus der Republik für das kommende Programmjahr ausgewählt. Alle Bewerber verfügen über ausgezeichnete Kenntnisse der deutschen wie europäischen Politik und Geschichte. Damit ist der Jemen erstmals an der Berliner ‚Politik-Werkstatt' beteiligt. Das Mitglied des Bundestages musste vorzeitig das Land verlassen."

Die hinter diesem nüchternen Sachverhalt erfolgte Dramatik wurde aus diplomatischen Gründen nicht erwähnt. Im Jahre 1990 wurden Süd- und Nordjemen mit internationaler Hilfe wiedervereint. Der neue Friede in dieser Region wurde weltweit gefeiert. In diesem Land im Süden der arabischen Halbinsel leben ca. 30 Millionen Menschen.

Bereits bald nach der viel gelobten Befriedung brach in dieser Region ein unverstellbar grausamer Bürgerkrieg, ein Bruderkrieg zwischen historisch verfeindeten Stämmen aus, der bis in die Gegenwart anhält und das Land tief in seiner Seele getroffen hat. Die Anzahl der Binnenflüchtlinge geht in die Millionen. Not, Elend, Hunger und Zerrissenheit prägen den Jemen. Die Weltöffentlichkeit scheint wegzuschauen. Waren die staatlichen Strukturen in den neunziger Jahren zu Beginn der parlamentarischen Zusammenarbeit mit der Bundesrepublik bereits fragil, scheinen sie gegenwärtig gar nicht mehr zu bestehen. Sachkenner deutscher Parteienstiftungen sprechen von einem staatlichen Dauerchaos in einer völlig zerstörten Region.

Deutsche Botschaft geräumt

Ein Besuch von Präsident Hadi hatte zur Aufnahme des Jemens in das Berliner Stipendiatenprogramm – die Talentschmiede – geführt. Auf unsere Ausschreibung, die u. a. die Beherrschung der deutschen Sprache zur Voraussetzung machte, bewarben sich mit 39 Kandidaten eine überraschend hohe Anzahl. Nach Durchsicht der schriftlich eingereichten Unterlagen wurden neunzehn Hochschulabsolventen zu den Interviews nach Sanaa in die Deutsche Botschaft eingeladen. Unsere diplomatische Vertretung war jedoch zu dem vorgesehenen Termin nicht mehr besetzt. Vermutlich ein „Schläfer" hatte durch einen Sprengstoffanschlag im drei Kilometer entfernten Militärgelände vierundvierzig Soldaten mit sich in den Tod gerissen. Aus Gründen der Sicherheit wurden alle Mitarbeiter mit ihren Angehörigen nach Berlin zurückbeordert. Die Notbesetzung im Konsulat bildeten zwei Frauen, beide aus Bayern. Mutig, unerschrocken und zuverlässig erledigten sie ihre Aufgaben.

Wegen der aktuellen krisenhaften Lage wurde der Tag des persönlichen Prüfungsgespräches um sechs Wochen verschoben. Trotz der schwierigen Sicherheitslage in der Hauptstadt blieben neun Vorausgewählte bei ihrer Entscheidung. Obwohl Bürgerkrieg herrschte, reisten die Kandidaten auf abenteuerlichen Routen aus allen Teilen des Landes an. Da es von Deutschland in den Jemen keine Direktverbindungen gab, mussten wir „Berliner" den Umweg über Katar wählen. Als unsere kleine Delegation Doha erreichte, lag für uns eine überraschende wie frustrierende Information vor. Die Republik des Jemen habe die Visa, die Einreiseerlaubnis, ohne Begründung für uns alle zurückgezogen, damit war ein Betreten dieses Staates ausgeschlossen.

Wir setzten uns sofort mit den beiden Beamtinnen im Konsulat in Sanaa in Verbindung. Sie teilten uns mit: „Hier bei uns warten einige Eingeladene bereits seit mehreren Tagen, seit gestern alle neun Hochschulabsolventen auf ihre Interviews. Viele von ihnen mussten die Kriegsgebiete umgehen, um die Hauptstadt zu erreichen. Über Monate haben sie sich auf diese Prüfung vorbereitet. Sie wären entsetzlich enttäuscht, wenn das Programm für sie ausfallen würde." Auch wenn ein wenig Übertreibung während des Telefonats durchklang, die Situation schien hoffnungslos.

Auch dem AA in Berlin, das wir sofort konsultierten, fiel keine Lösung ein, sondern nur der Hinweis, mit unvorhersehbaren Entscheidungen müsse man bei unfertigen Demokratien rechnen.

Als Vater von vier Kindern ging mir das Schicksal der neun nahe und ich begab mich gegen den Rat meiner beiden Gefährten zum Flugplatz. Vielleicht würde es mir irgendwie doch gelingen, einen

Flug nach Sanaa zu erreichen. Nur eine Maschine war ausgewiesen, die würde in knapp zwei Stunden abheben. Ich fragte mich zum Büroleiter der Fluglinie durch. Ich fand ihn nach mehreren Fehlgängen schließlich im Obergeschoss des Flughafengebäudes mit beiden Beinen auf der Platte seines Schreibtisches. Er schien bei wohltönender klassischer Musik eine schöpferische Pause eingelegt zu haben.

Kein Visum für den Jemen

Noch völlig außer Atem schilderte ich ihm meine verzweifelte Lage. Er hörte sich mein Klagelied geduldig an und sagte als ich endete:

„Wenn Sie nicht im Besitz eines gültigen Visums nach Sanaa sind, heißt meine Antwort nein! Die Polizei im Jemen kontrolliert sehr genau! Wir müssen auf die Reputation unserer Gesellschaft achten!" Alles Fluchen und Flehen blieb bei dem weiter entspannt Ruhenden ohne Wirkung. Er blieb eisern. Da kam mir eine Idee, ausgelöst durch die klassische Musik, die weiter im Hintergrund klang, Beethovens Dritte Sinfonie! Als Gastgeschenke und Dank an die Frauen im Konsulat hatte ich zwei Klassik CDs im Gepäch, u. a. die Fünfte Sinfonie, eingespielt von Karajan, also ein Juwel. Ich zeigte sie ihm.

Sofort nahm er seine Füße vom Schreibtisch.

„Haben Sie noch mehr davon?" Ich zog Mozarts Zauberflöte aus meinem Rucksack. „Beeilen Sie sich, in dreißig Minuten startet Ihr Flugzeug. Ich gebe dem Piloten Nachricht, dass Sie den Ersatzplatz vor der ersten Klasse erhalten." Damit hatte ich zwar die erste Hürde meiner Unternehmung genommen, jedoch noch lange nicht das Konsulat in Sanaa erreicht.

Wie es der Zufall wollte, saß mir im Flugzeug gegenüber eine offensichtlich wichtige, vermutlich respekterheischende, bedeutende Persönlichkeit des Jemens, ein Sultan mit seinem ganzen Anhang. Die zahlreichen Frauen waren ganz wie die Männer bis auf die Augenpartie verschleiert. Das Flugpersonal behandelte diese Gruppe mit ausgesuchter Höflichkeit. Über eine fallengelassene Serviette, die ich für die Stewardess aufhob und sie ihr reichte, kamen der Herrscher über ein Sultanat und ich ins Gespräch. Obwohl ich mich persönlich vorstellte, nannte er weder seinen Namen noch Titel. Trotzdem verließ ich mich auf mein Bauchgefühl, erzählte ihm von meinem Vorhaben in seiner Republik. Besonders ausführlich schilderte ich die trostlose Lage der jungen Leute und von dem plötzlich zurückgezogenen Visum. Er bat um meinen Bundestagsausweis, den er aufmerksam studierte.

Bei unserer Ankunft konzertierte sich die Aufmerksamkeit fast aller Beschäftigten auf den hohen Fluggast. Ich stand ein wenig verlegen am Rande und überlegte, wie ich an der Kontrolle vorbei, trotz aller Militärpolizisten, unbemerkt durch das Toilettengebäude den Flughafen verlassen konnte. Ich hatte bereits ein abgelegenes Haus ins Auge gefasst, als mein Gesprächspartner aus dem Flugzeug mich zu sich bat. „Dieser Besucher unseres Landes", erklärte er den Aufsichts- und Zollbeamten, „ist mein Gast. Ich habe bereits seine Papiere eingesehen. Er wird mich in die Hauptstadt begleiten."

Mit gepanzerter Limousine in die Hauptstadt

Dank des Verständnisses und der Cleverness des Sultans betrat ich – nicht kontrolliert – den Boden des Jemen. Damit nahm ich, wenn auch mit äußerst gemischten Gefühlen, die zweite Hürde, um das Konsulat zu erreichen.

Auf die Überwindung der dritten Hürde zu meinem Ziel sorgte wieder der Sultan. Die prekäre Situation des quasi geteilten Landes von religiös motivierten Stammeskämpfen, wurde mir auch auf unserer Fahrt in einer gepanzerten Limousine vom Flughafen in die Hauptstadt vor Augen geführt. Wir wurden von drei bewaffneten mit der Leibgarde des Sultans besetzten Jeeps geschützt. Ein Fahrzeug fuhr vor uns. Zwei weitere folgten. Auf meine Frage nach der Notwendigkeit dieser Vorsichtsmaßnahme erklärte das Stammesoberhaupt: „Die Flughafenroute wird von Banden für Überfälle genutzt, dazu gehören auch Bodenminen. Deshalb fährt ein besonders ausgerüstetes Fahrzeug vorweg." Bei der Deutschen Botschaft setzt mich die Kolonne ab. Mit der Bitte „Behalten Sie trotz aller Beeinträchtigungen mein Land in guter Erinnerung", wurde ich verabschiedet.

Die Interviews mit den Bewerbern dauerten bis in den späten Abend. Die Aussagen der jungen Jemenitinnen und Jemeniten über die verworrenen Zustände in ihrer Republik waren erschütternd. Vier von ihnen beklagten, durch Aufständische, aber auch US-Drohnen, Familienangehörige verloren zu haben.

Ausweisung kurz vor Mitternacht

Mein Rückflug nach Doha war für den kommenden Tag zur Mittagszeit vorgesehen. Daraus wurde nichts. Es war kurz vor Mitternacht, als das Konsulat vom Innenministerium des Landes einen Anruf erhielt. Ihr Inlandsdienst habe ermittelt, dass ein deutscher Parlamentsabgeordneter unrechtmäßig in die Republik eingereist sei. Er habe das Land unverzüglich zu verlassen. In wenigen Minuten würde ein Militärjeep vorfahren, um diesen Eindringling zum Flugplatz zu begleiten. Er habe das erste Flugzeug, das in die Türkei geht, zu benutzen und müsse selber für die Kosten aufkommen. Ob dieser Abgeordnete für alle Zeit aus dem Jemen ausgewiesen werde, würde an höherer Stelle entschieden.

Im Nachhinein wurde mir erst klar, wie leichtsinnig ich gehandelt hatte. Ich hatte mich von meinem Mitgefühl für die angehenden Stipendiaten hinreißen lassen und dabei übersehen, auch die beiden Konsulatbeamtinnen in Schwierigkeiten gebracht zu haben. Sie selbst waren anderer Auffassung. Ihr Status als offizielle Repräsentanten der Bundesrepublik würde sie umfassend schützen. „Machen Sie sich keine Sorgen", gaben sie mir mit auf den Weg. „Sie haben durch ihren Alleingang fünf hoffungsvolle Vertreter der jungen Generation dieses geschundenen Landes glücklich gemacht."

Trotz aller Bemühungen des Konsulats und der Fachabteilung im AA in Berlin konnte nicht ermittelt werden, welcher der zahlreichen Sultane in diesem Land mein „Retter in der Not" gewesen war. Eindeutig jedoch war die Quittung, die mir zugestellt wurde: Ein lebenslanges Einreiseverbot für den Jemen.

Endgültiger Abschied von Aserbaidschan – ohne Reue

Ich kam gerade von einem überraschenden Hammelsprung zurück, als mich die Leiterin unseres Büros bereits an der Tür abfing. „Der Botschafter Aserbeidschans hat bereits zweimal anrufen lassen, er benötigt möglichst heute noch einen Termin bei uns. Es gehe um eine äußerst ernste Angelegenheit", ergänzte sie. Klar, bei einer solchen Dringlichkeit wurde der Terminablauf für diesen Tag geändert. Merkwürdig fand ich die undiplomatische Eile des Repräsentanten dieses Landes, der bei unseren bisherigen Begegnungen ausgesprochen höflich und gelassen gewirkt hatte.

Wir kannten uns seit gut zwei Jahren. Die Initiative dazu war von ihm ausgegangen. Er bot mir überraschend an, mein Parlamentsbuch in die Sprache seines Heimatlandes übersetzen, finanzieren und verteilen zu lassen. „Wir in Aserbaidschan sind noch eine unfertige Demokratie und meine politische Lektüre könne eine werbende Wirkung für das Parlamentsgeschehen haben", begründete er sein Ersuchen. Ich sah den Botschafter wohl ein wenig ungläubig an, so dass S.E. ergänzte: „Im Vergleich zur armenischen Ausgabe meines Werkes wird kein Minister das Vorwort verfassen, sondern der Präsident selbst hat sich dazu bereiterklärt". Als Autor war ich von dieser Offerte begeistert, als Politiker skeptisch. Was bewog diesen Staat tatsächlich zu diesem ungewöhnlichen Angebot?

Aserbaidschan mit über 10 Millionen Einwohnern, zwischen dem Kaspischen Meer und dem Kaukasus gelegen, ist reich an Rohstoffen und Energie. Es wird seit seiner Loslösung von der Sowjetunion vor über 30 Jahren mehr diktatorisch als demokratisch geführt. Menschenrechtsorganisationen monieren regelmäßig, dass die Regierung es in Baku weder mit den elementaren Grundfreiheiten noch mit den Bürgerechten ernst nehme.

Mit Beginn von Putins Krieg gegen die Ukraine erfährt dieser Staat wegen seiner unerschöpflichen Energiequellen eine erhöhte Aufmerksamkeit des Westens. Auch die Bundesrepublik nutzte den 30. Jahrestag 2022 der Aufnahme parlamentarischer Beziehungen zwischen beiden Ländern zur Verbesserung der Beziehungen. Wirtschaftsverbände begrüßten diesen Schritt. Aserbaidschan hatte es mit meinem Buch eilig.

Buchvorstellung in Baku

Bereits nach sechs Monaten erfolgte die Buchvorstellung in der deutschen Botschaft in Baku mit viel politischer Prominenz des Gastlandes. Zwei Minister hielten Grußworte, der Parlamentspräsident stellte mein Buch vor. Alle drei Repräsentanten betonten einheitlich, dass diese Ausgabe des Politikbuches in Form, Aufmachung sowie der Qualität der Übersetzung weitaus gelungener sei als die armenische Fassung. Wieder einmal sei Aserbaidschan seinem aggressiven Nachbarn um Längen voraus, statt 500 Exemplare für die erste Auflage habe man sogar zehntausend Bücher drucken lassen. Mit überaus gemischten Gefühlen verfolgten der Gastgeber dieser Veranstaltung, unser Botschafter, und ich, dass nicht der Stellenwert des Parlamentarismus in einer Demokratie im Mittelpunkt der Reden stand, sondern allein die Rivalität mit Armenien.

Überpünktlich erschien der Repräsentant dieses wirtschaftlich höchst erfolgreichen Staates in meinem Arbeitszimmer. Es kam zu keinem Handschlag, auch einen Sitzplatz sowie ein Getränk lehnte S.E. rigoros ab. „Was ich zu sagen habe, werde ich im Stehen tun! Ich habe im Auftrag meiner Regierung Ihnen eine Note zu überbringen. Sie, Herr Abgeordneter des Deutschen Bundestages, haben dem Ansehen unseres Staates zweifach schweren Schaden zugefügt. Sie haben sich als einziger Abgeordneter Ihrer Faktion an einer Unterschriftenaktion obskurer Bürgerrechtsorganisationen beteiligt. Dieses infame Papier u. a. Ihres Journalistenverbandes ist eine glatte Lüge. Der bei uns in Baku einsitzende deutsche Reporter hat ausschließlich Unwahrheiten über unser Land berichtet und ist deshalb von den zuständigen Gerichten verurteilt und hinter Gitter gesetzt worden. Es ist überaus bedauerlich, dass Sie sich an dieser Schmähkampagne gegen unseren Staat öffentlich beteiligt haben." Ich war in diesem Fall, der Inhaftierung eines Mitarbeiters der dpa, der Bitte des Deutschen Journalistenverbandes gefolgt, der in einer Dokumentation seine Sicht des Sachverhaltes plausibel begründet hatte. Bevor ich antworten konnte, trat S.E. einen Schritt zurück, richtete seinen Schlips, verweigerte das von mir ihm angebotene Glas Wasser. „Wir wissen", hob er an, „alles über Sie! Unerlaubt haben Sie, ein Parlamentsabgeordneter, die uns historisch zustehende Region Berg-Karrabach besucht. Ein Betreten für Fremde ist verboten! Einen solchen Frevel hat sich bisher noch kein Abgeordneter aus ganz Europa erlaubt." „Verzeihung", fuhr ich ihm in die Parade, „nach meinen Informationen hat sich diese Region von Ihrem Land wie von Armenien losgesagt und für eigenständig erklärt. Die armenische Regierung hat diesen Kleinstaat sogar anerkannt. Vermutlich deshalb", ergänzte ich, „weil armenisch auch dort die Landessprache ist."

Versteckt im Kofferraum unter einem Kartoffelsack

Mit keinem Wort ging der Botschafter auf meinen Einwand ein, sondern fuhr fort, seine Note zu verlesen. „Wir haben erfahren, dass Sie versteckt im Kofferraum einer armenischen Limousine, unter einem Kartoffelsack, die Grenze passierten. Sie haben sogar eine Unterredung mit dem sogenannten Präsidenten und dem Scheinparlament dieses Nichtgebildes gehabt und mit Leuten auf der Straße diskutiert. Mit Ihrem Handeln haben Sie dieser Region zu einer durch nichts zu rechtfertigenden Anerkennung verholfen, weil Sie als Abgeordneter des Deutschen Bundestages aufgetreten sind. Ihr Vorgehen ist nicht entschuldbar! Sie dürfen ab sofort unser Land nicht mehr betreten. Und ich füge persönlich hinzu, nie mehr betreten!" Damit endete unsere einseitig geführte Unterredung jedoch nicht. „Um Ihnen nicht zu schaden, verzichten wir auf eine Veröffentlichung dieses Skandals. Wir gehen davon aus, dass auch Sie keine solchen Schritte einleiten." Grußlos verließ der Botschafter von Aserbaidschan unser Büro, ein Abschied für immer.

Berg-Karabach, Hort von Banden und Banditen

Nur wenige Tage später erschien ein von „ap" gekennzeichneter groß aufbereiteter Bericht über „Berg-Karabach, Hort von Banden und Banditen". Ein Anruf beim Journalistenverband verschaffte mir Gewissheit. Der Autor dieser Meldung sei unbekannt. Man vermute, dass es der Presseabteilung der Botschaft Aserbaidschans wieder einmal gelungen sei, einen eigenen Artikel erfolgreich zu lancieren. Ich sah deshalb keinen Grund mehr, meinen Besuch in Berg-Karabach zu verschweigen. Dem damaligen Chefredakteur Stephan Richter vom Flensburger Tageblatt danke ich für seine Bereitschaft, ihn in voller Länge zu veröffentlichen. Er beschreibt die Konfliktlage am Ende des ersten Krieges.

Nachdenklich zu meiner persönlichen Initiative stimmen mich folgende Erfahrungen:

1. Das Auswärtige Amt hat weder auf meine angekündigte Absicht, Berg-Karabach aufzusuchen, reagiert noch auf meinen Bericht.
2. Ich war in einer Waffenpause in dieser Enklave aufgetaucht. Zu den Vermittlungsmächten nach dem Waffenstillstand gehörten neben Frankreich und Russland auch die Bundesrepublik. Es ist meines Wissens zur Bildung einer ständigen Frie-

denskommission gekommen, die offensichtlich den nächsten Krieg im Herbst 2020 nicht verhindern konnte.

3. Nach Aussage befreundeter kritischer Journalisten gelingt es nicht nur Aserbaidschan, sondern auch anderen autoritär geführten Staaten Osteuropas und Asiens, unabhängig vom Internet, in deutschen Medien selbstverfasste Bericht unterzubringen.
4. Zu der subtilen Eigenwerbung, die dieser Staat betreibt, gehört das Angebot kostenloser Besuche und Flugreisen, die auf Multiplikatoren (Abgeordnete des Deutschen Bundestages, Journalisten und Geschäftsführer von Energie- und Wirtschaftsunternehmen) ausgerichtet sind.
5. Nach Pressemeldungen aus Baku 2022 hat die Bundesrepublik Deutschland zugesagt, im Rahmen des 30. Jahrestages staatlicher Beziehungen, Aserbaidschan beim Wiederaufbau der durch Armenien zerstörten Gebiete im Rahmen des 44-tägigen „vaterländischen Krieges" zu unterstützen.

Get out! Out! Don't come back to Malawi!

Malawi, im Süden Afrikas, ein Binnenstaat ohne direkten Meereszugang, gehört zu den ärmsten Ländern des Kontinents. Gäbe es nicht die Kredite der Weltbank, die Hilfe durch die WHO, UNO und die Fördergelder u. a. der europäischen Staaten im Rahmen der bilateralen Entwicklungszusammenarbeit, fürchteten bis heute Experten um die Existenz des Landes.

Deutschland hatte sich bereits mit Beginn der Unabhängigkeit Malawis wirkungsvoll finanziell engagiert. Eingetrübt wurde die Unterstützung durch die weltweite Beobachtung, dass sich Malawi trotz anfänglich demokratischer Struktur Jahr für Jahr mehr autokratisch-autoritär durch dessen ersten Präsidenten Dr. Banda entwickelte; Meinungsfreiheit und Menschenrechte unter die Räder kamen.

Nach Malawi führte mich meine erste Auslandsreise gemeinsam mit meinem Bundestagskollegen Prof. Uwe Holz, einem kernigen wie kenntnisreichen Sozialdemokraten. Unser Parlamentsauftrag lautete, den Befürchtungen von Rechtsverletzungen in Malawi auf den Grund zu gehen. Für unseren Botschafter vor Ort war es dessen letzter Dienstsitz vor seiner Pensionierung. Er hatte für uns – wie er mehrfach betonte – mit diplomatischem Geschick eine gesonderte Audienz durch den Präsidenten erreicht, „eine Ehre für gewöhnliche Abgeordnete". Im abendlichen Vorgespräch machte er neben der Weltpresse die Opposition eines anderen rivalisierenden Stammes für das Negativimage dieses Landes verantwortlich. Auch unsere von „ai" und der Gesellschaft für Menschenrechte vorgelegten Fälle von inhaftierten Bürgerinnen und Bürgern der Bundesrepublik bagatellisierte er. Sicher, die in den Gefängnissen einsitzenden Personen hatten noch kein ordentliches Gerichtsverfahren erhalten, aber ein solcher Formalismus dauere hier länger. Außerdem, Mitarbeiter der Botschaft konnten nach schriftlichem Antrag die Landsleute jederzeit aufsuchen. Auf die Frage meines Kollegen, wann das letzte Gespräch im Gefängnis stattgefunden habe, blätterte er intensiv in seinem Kalender, „das ist erst vor drei Monaten gewesen. Außerdem", ergänzte er, „der von uns beklagte Fall eines Zahnarztes aus Neumünster hätte ebenso die Gesetze dieses Landes verletzt wie die Krankenschwester aus Kiel und der Entwicklungshelfer aus Münster." „Warum", fragte ich, „kommt der Arzt hinter Gitter, weil er sich weigert, nicht nur Patienten aus der Großfamilie des Präsidenten zu behandeln und nicht andere Leidende in der Stadt?"

Menschenrechte – zweitrangig

„Wir Deutsche sind Gäste hier", antwortete S. Exzellenz, „und haben uns an die Gebräuche dieses Landes zu halten. Deshalb", so ergänzte er, „rate ich dringend davon ab, das Thema Menschenrechte bei dem gesonderten Treffen mit dem Staatsoberhaupt anzusprechen." Zur Audienz am kommenden Tag erschien der Präsident um eine Stunde verspätet. Der fast Achtzigjährige, der in England studiert hatte, erschien nicht in europäischer Kleidung, sondern in seiner Stammestracht. Der relativ kleine, grauhaarige Mann stützte sich auf einem mindestens zwei Meter langen Häuptlingsstab ab. Wir saßen am Ende eines überlangen, polierten Tisches. Dr. Banda, mit seiner fünften Frau, flüsterte der Botschafter, und seinem umfangreichen Stab uns gegenüber. Auf der gut fünfzehn Meter langen Tischfläche prangten der Kopf und das Fell eines riesigen Löwen, dessen Maul weit aufgesperrt war. Der Empfangssaal nahm die Größe einer Turnhalle ein. Gut dreißig der höchsten Militärs Malawis standen mit gespreizten Beinen und einer MP im Arm am Rande und verfolgten unsere in englischer Sprache geführte einseitige Unterhaltung, denn Dr. Banda hielt einen Monolog. Wir Gäste durften in seinen bewusst gewählten Pausen zustimmend nicken. Als er mit seiner Abschiedsfloskel begann, erhob sich plötzlich Uwe Holz, unterbrach höflich den Präsidenten und wies auf mich. „Wir sind auch in dieses Land gekommen, um mehr über die aktuelle Menschenrechtslage unserer Landsleute zu erfahren". Mein Kollege setzte sich und ich nutzte die Verblüffung des Gastgebers, um, ohne mich unterbrechen zu lassen, auf die Schicksale unserer Landsleute in seinen Gefängnissen hinzuweisen.

Ein Präsident gerät in Rage

Da war es um die Fassung des Präsidenten geschehen. Er riss seinen Häuptlingsstab an sich und schlug voller Wucht mehrfach so kraftvoll auf die Tischplatte, dass der Löwe ins Hüpfen geriet. In Anwesenheit seiner Generalität hatten wir seine Autorität in Frage gestellt, eine unverzeihliche Tat! „Get out! Out!", brüllte er mit sich überschlagender Stimme. „Don't come back to Malawi! Never! Never! Never!" Damit wies er uns die Tür, durch die unser Botschafter bereits mit Beginn unserer Intervention geflohen war. Immerhin sorgte S.E. dafür, dass wir mit dem nächstmöglichen Flieger nach Simbabwe flüchten konnten. Unser Botschafter befürchtete unüberlegte Befehle dieses aus der Haut gefahrenen Staatsoberhauptes.

Nachspiel

Das Präsidium des Deutschen Bundestages erklärte sich mit unserem Handeln solidarisch. Die Bundesregierung stoppte alle Finanzierungsmaßnahmen für Malawi. Wenige Wochen später entließ die Regierung Banda alle ausländischen politischen Gefangenen aus den Gefängnissen und verbannte sie des Landes. Die Krankenschwester, der Entwicklungshelfer und der Zahnarzt gehörten dazu. Dagegen zeigte der Präsident uns Abgeordneten gegenüber keine Gnade. Es blieb bei unserer lebenslangen Aussperrung durch die malawische Republik.

Dieser Staat ist noch Jahrzehnte später das Armenhaus des afrikanischen Kontinents wegen eines Mangels an Rohstoffen geblieben. Regelmäßige Dürreperioden verhindern eine erfolgreiche Landwirtschaft. Trotz einer breit angelegten Polio-Impfkampagne der WHO für 2,9 Millionen Kinder sind es gerade die Heranwachsenden, die unter Krankheit und Hunger elendig leiden. Obwohl die VR China sich mit beachtlichen Fördermaßnahmen für Wirtschaft und Verkehr als Hauptgeldgeber engagiert, sind die Weltgemeinschaft wie private Initiativen aufgerufen, der herrschenden Not für die über 19 Millionen Menschen zu begegnen.

Nie wieder Transnistrien!

„Nein! Den Mitarbeitern unserer Deutschen Botschaft in Kischinau ist es bei Strafe verboten, über die Grenze von Moldawien in die Moldawische-Dnjestre Republik (PMR) zu wechseln. Auch ein Abgeordneter des Deutschen Bundestages hat sich daran zu halten!"

Erstmalig vergab unser Parlament in Berlin fünf Stipendien für Jungpolitiker aus Moldawien. Sie sollten Mitwirkende in unserer „Parlaments-Werkstatt" gemeinsam mit Stipendiaten aus 21 anderen Ländern werden. Aus den kenntnisreichen Bewerbungen wählte unsere kleine Kommission vier Frauen und einen Mann aus. Da die Lufthansa ihren Rückflug in die Hauptstadt um 24 Stunden verlegt hatte, war ich wegen des „freien Tages" an den Botschafter unseres Landes – der seinen Namen nicht genannt wissen möchte – mit dem Wunsch herangetreten, mir die Möglichkeit für einen Kurzbesuch Transnistriens zu verschaffen. Seine unbotmäßige Reglementierung eines unabhängigen Abgeordneten weckte meinen Widerstand. Zumal ich wie stets bei Auslandsunternehmungen in Staaten, in denen Menschenrechte gefährdet schienen, vorher Kontakt mit Amnesty International aufnahm. In Transnistrien galt diese Organisation als „rotes Tuch". Mitarbeitern wurde eine Einreise strikt verweigert. Wenige Augenblicke, nachdem ich an diesem Abend die Botschaft verließ, trat eine unserer zukünftigen Parlamentspraktikantinnen in nachtdunkler Straße an mich heran. Sie habe zufällig mein Gespräch mit dem Botschafter mitbekommen. Für ihr Land sei es wichtig, dass möglichst viele Leute aus dem Ausland um die wirkliche Lage dieser Region, die einstmals zu Moldawien gehört hatte, erführen. Sie wisse, dass ein Freund des Schwagers ihres Onkels morgen in der Früh mit Ersatzteilen nach Transnistrien fahren würde. Der Mann spreche zwar nur gebrochen Deutsch, kein Englisch, habe jedoch Verwandte und Freunde auf beiden Seiten der Grenze. In Ausnahmefällen ließen die Grenzpolizisten Personen mit einem Tagesvisum passieren.

Einreise als Schwede

Wenn ich den Besuch denn wirklich wolle, könne sie die Formalitäten bis um sechs Uhr regeln und mir einen Passierschein als Schwede besorgen. Der Umsicht dieser jungen Frau verdanke ich, dass mein

Wagnis nicht in einem möglichen Skandal endete. Sie riet mir, alle offiziellen Papiere mit einem Lichtbild von mir im Hotel zu hinterlassen. Pünktlich stand ein uralter, voll beladener Kleinlaster in der Morgendämmerung mit einem breit grinsenden Fahrer vor meinem Quartier. Mit einem Handzeichen gab er mir zu verstehen, dass mich diese Mitfahrgelegenheit einhundert Dollar kosten würde. Ich überreichte ihm zu seinem Unwillen die Hälfte und versicherte, den zweiten Teil nach erfolgreicher Rückkehr zu leisten. Anschließend verlangte er nach meiner Brieftasche, die er in eine Art Geheimfach zwischen den durchgesessenen Sitzen neben einem großkalibrigen Revolver verstaute. Mir wurde bei dessen Anblick überaus mulmig und ich begann, mein spontanes Handeln zu bereuen. „Du Schwede, nix Papiere! Ich Pjotre", redete er mir gut zu und grinste bis in die Augenwinkel. Die moldawische Grenzpolizei passierten wir schulterklopfend auf einer gesonderten Spur, die uns ein längeres Warten ersparte. Der Kontrolleur erhielt durch die halbgeöffnete Tür zwei Schinkenbrote gereicht. Als er uns anschließend durchwinkte, grinste mein Chauffeur. „Vetter, meiniges!" Die anschließende Fahrt durch das Sperrgebiet zwischen beiden Ländern erinnerte teuflisch an die deutsch-deutsche Grenze in ihren extremsten Jahren. Meterhohe Wachtürme mit Schießscharten auf beiden Seiten.

Soldaten voll bewaffnet, angeleinte Hunde, Sturmgeschütze. Mir sträubten sich die Nackenhaare. Mindestens fünfzehn Militärpolizisten in sowjetischer Armeeuniform und gesteiften Schirmmützen empfingen uns auf der Seite der PMR. Man winkte uns auf die linke vom Wachgebäude nicht einsehbare Seite und nur ein Offizier näherte sich unserem Gefährt, umrundete es mehrfach, prüfte nur kurz die Ladung und erschien an der Fahrertür. Die Scheibe war heruntergedreht. Pjotre zeigte auf mich:

„Schwede, nix Papiere", und reichte mein gefaltetes Visum heraus, eingeschlossen eine 10 Dollarnote. Anschließend startete er seine Schrottkarre und grinste mich an. „Auch Vetter meiniges."

Hier sind Hammer und Zirkel zu Hause

Transnistrien gilt als das Museum der ehemaligen Sowjetunion. Die rote Flagge, Hammer, Zirkel und Sowjetstern bestimmen das Straßenbild, abgesehen von immer wieder an Straßenkreuzungen abgestellten, ausrangierten Sowjetpanzern. Hier hat der echte Kommunismus ähnlich wie in Nordkorea überlebt, hier nutzen internationale Schmugglerringe die Gunst der Nichtstaatlichkeit. Bei meinem Besuch hatte außer Russland und Belarus kein anderes Land diese Region anerkannt. Diese fast eigenständige Sowjetrepublik besteht seit dem 2. September 1990. Aus eigenem Willen hat sie sich gegenüber dem moldawischen Mutterland – und pro forma – auch von Russland für unabhängig erklärt. Der Erlass eines Sprachgesetzes, das eine „Romanisierung" dieser Region vorsah, in der überwiegend von der Elite russisch gesprochen wird, war Auslöser eines „Bruderkrieges". Der Krieg dauerte 44 Tage und führte zu fast 1000 Toten. Während Transnistrien eine umfassende Waffenhilfe durch die Putin-Regierung aus Moskau erhielt, beließen es die EU und die westlichen Länder bei „energischen" Protestnoten. Moldawien wurde allein gelassen. Seit dem Herbst 1990 ist die Republik Moldau ein geteilter Staat. Ähnlich wie auf Zypern geht eine Demarkationslinie quer durch das Land. Die willkürlich gezogene Grenze teilt wie einstmals die Berliner Mauer ganze Familien, landwirtschaftliche Betriebe, Nachbarschaften und Freundeskreise.

Kurze Zeit, nachdem wir die „Grenzformalitäten" erledigt hatten, klemmte sich wie ein Schatten ein mit Soldaten besetzter Jeep hinter unseren Kleinlaster. Er würde uns unablässig bis zur letzten Station begleiten. Ich warf einen Blick in den Rückspiegel. „Auch Vettern?" Pjotre hob vieldeutig seine Schultern und schmunzelte vor sich hin. Nach der Ablieferung von Ersatzteilen bei der zweiten Werkstatt hielten wir am Rande einer autobahnähnlichen Straße an einem ärmlich aussehenden Teestand. Der blankgeputzte, altertümliche Kessel wurde mit Bruchholz befeuert, die Henkeltassen waren angestoßen und wiesen Schmutzränder auf. Der Tee schmeckte nicht nur mir vorzüglich, sondern auch den vier „Schattensoldaten", die gleichfalls eine Pause einlegten. Während Pjotre großzügig deren Tee mit Wodka ergänzte und mit ihnen kollegial palaverte, sah ich mir die Umgebung an. Wir schienen uns am Rande der Hauptstadt Tiraspol zu befinden. Neben uralten Bussen und Lastwagen tauchten immer wieder Pferdegespanne, Einspänner, auf.

In Europas Armenhaus

Alles wirkte irgendwie vernachlässigt, heruntergekommen. Dazu passten farblose Plattenbauten, deren Fenster teilweise mit Holz vernagelt waren. Sachkenner sprechen vom Armenhaus Europas. Nirgendwo sollen der Lohn, die Rente, das Einkommen so niedrig wie hier sein, und das trotz normaler Preise für Lebensmittel. In Transnistrien werden nach Auskunft meiner Informantin nicht nur in unterirdischen Lagern Waffen aller Art hergestellt, sondern in weiträumigen Hallen in der Nähe der Hauptstadt seien Hunderte von Frauen tätig, die im Auftrage europäischer Modemarken dort preisgünstig produzierten. Nach EU-Angaben gilt die Dnjestre-Republik als Paradies für international tätige Waffenhändler. Der besondere Status dieser „Nichtnation" lässt das Völker- wie internationales Recht wirkungslos abtropfen. Auslieferungsabkommen bei Inhaftierung von Besuchern aus dem Ausland bestehen mit westlichen Ländern keine. Abgesehen davon hält Moskau seine schützende Hand über diese fünfte Kolonne, wie Spötter sie bezeichnen. Putins Regierung sorgt dafür, dass die PMR Energie und Brennstoffe zu Dumpingpreisen erhält, Moldawien, auch abhängig von Gazprom, dagegen – bis heute – überhöhte Preise bezahlen muss.

Mit Hinweis auf das Verfallsdatum meines Tagesvisums drängte ich zum Aufbruch vom Teestand. Da Pjotres Wodkaflasche ausgetrunken war, kam es zu keinem Protest. In der dritten, der letzten Werkstatt, tauschte der umtriebige Moldawier vier Speckstücke aus seinem Restbestand gegen mehrere Flaschen Krimsekt und fünf Kästen kubanischer Zigarren, während unsere Begleiter vor dem Tor zu ihren Zigaretten gegriffen hatten. Überaus erleichtert war ich, als ich endlich die hohen Wachtürme von der Grenze erblickte. Während andere Fahrzeuge einfach durchgewunken wurden, stoppten uns zwei Militärpolizisten, nötigten uns zum sofortigen Aussteigen und leiteten uns mit strammem Schritt zum Wachgebäude, wo ich von meinem Fahrer getrennt in einen vergitterten Raum geführt wurde. Nach mehr als einer Stunde, die Dunkelheit kündigte sich bereits an, erschien ein älterer, reich dekorierter Armeeoffizier. Sofort stellte ich klar: „Ich Schwede, keine Papiere!" und reichte ihm mein Visum.

Sie lügen!

Ohne auf das Dokument zu blicken, zerriss er es, schüttelte missbilligend seinen Kopf und fuhr mich in deutscher Sprache schroff an. „Sie lügen! Sie heißen Wolfgang Börnsen und kommen aus Deutschland. Hier", und damit zeigte er auf meine Brieftasche. „Die haben wir in der Fahrerkabine gefunden, oder wollen Sie Ihre Identität leugnen? Ich habe viele Jahre in der Volksarmee der DDR gedient, ich kenne mich aus. Auch ohne ein Foto weiß ich über Sie Bescheid. Wo befinden sich die fehlenden Papiere?" Wahrheitsgemäß antwortete ich, sie im Safe des Hotels hinterlassen zu haben. Mir perlte der Schweiß von der Stirn, meine Stimme zitterte. Im Stillen bedankte ich mich bei der jungen Moldawierin, denn auch mein Ausweis als Abgeordneter des Bundestages befand sich unter den zurückgelassenen Unterlagen. Der Offizier nahm mein Verhör wieder auf. „Was bedeutet dieses Wort hier", und damit wies er auf eine uralte Versicherungskarte von mir. Kaum leserlich war dort als Berufsangabe „Maurer" angegeben. „Also Handwerker?" Ich konnte nur nicken, meine Stimme versagte. Schlimmer noch, mir wurde kotzübel, weil ich mich in diesem Augenblick an das fehlende Auslieferungsabkommen dieses Landes mit westlichen Staaten erinnerte. Streng und mit äußerstem Missfallen blickte der Wachhabende mir in die Augen. Unwillkürlich hielt ich meinen Atem an. „Deutscher zu sein ist schlecht! Aus einem NATO-Land zu kommen noch schlechter! Maurer dagegen, ein Arbeiter der Faust dagegen ist gut. Transnistrien, meine Heimat, ist ein Musterland der Werktätigen. Wenn Sie zusagen, nie wieder in unsere stolze Republik einzureisen, lasse ich Gnade vor Recht ergehen. Verlassen Sie unverzüglich unser Land!" Mit weichen Knien, nur noch zustimmend nickend, verließ ich die Wache, nicht ohne meine Brieftasche eingesteckt zu haben. Draußen kletterte ich zu Pjotre in das Führerhaus des Kleinlastern. Der grinste. Von der ganzen ausgestandenen Angst erbost fuhr ich ihn wütend an. „Diesmal kein Vetter?" Doch der Moldawier schüttelte seinen Kopf zu meiner Verwunderung. „Nix Vetter, Schwiegervater von Tochter meinige!" Die zweite Hälfte der Fahrkosten wechselte ihren Besitzer. Schweißgebadet erreichte ich das Hotel und begann nach einer Ruhepause meinen Bericht an „ai".

Nachbemerkung

Transnistrien erlebte ich Anfang des Jahres 2014. Nach aktuellen Auskünften ehemaliger Stipendiaten, die Verwandte in Transnistrien haben, hat sich bis in die Gegenwart an der trostlosen Lage der Menschen in diesem Land prinzipiell wenig bis gar nichts geändert. Das gilt auch für das autoritäre politische System und die absolute Treue zu Russland. Transnistrien ist zu einem Versallenstaat von Moskau geworden. Putins Versuch, so Mitarbeiter von deutschen Parteistiftungen in Südeuropa, diese Kleinstrepublik Russland einzuverleiben, war deshalb erfolgreich, weil weder die Europäische Union noch die Bundesrepublik und die westlichen Staaten bei Putins Handeln eingeschritten sind, sondern feige weggeschaut haben. Niemand ist diesem Diktator ernsthaft in die Parade gefahren. Dieses Versagen der Demokratien hat den russischen Diktator durchaus ermutigt. Die zwei östlichen Regionen Georgiens ebenso zu okkupieren wie wenige Jahre später die Krim. Jetzt im Rahmen des Überfalls auf die Ukraine „wehret den Anfängen zu rufen", dafür ist es zu spät.

Ganz bewusst habe ich mich mit Beginn meines Mandates als „Wahlkreisabgeordneter" verstanden, an der Seite der Bürger und Bürgerinnen dieser Region zu stehen, für sie tätig zu sein. Um ihre Erwartungen, Handeln und Verhalten genauer zu verstehen, habe ich mich u. a. mit der jüngsten, der Nachkriegsgeschichte dieses Raumes auseinandergesetzt, ein lehrreiches mit Überraschungen verbundenes Unterfangen.

Abgesang

Kleinkunstbeitrag: „Weltende"

G.H.: Wir Wasserwerker betreiben auch Weltpolitik, wenn der Anlass angemessen ist.
„Tatsächlich" geschehen – am Rande eines G7-Treffens, außerhalb der medialen Öffentlichkeit:

E.K.: Hinter großen Bäumen versteckt auf dem höchstgelegenen Golfplatz unserer Erde. Dort treffen sich verschmitzt, weil sie ihren Sicherheitsleuten ein Schnäppchen geschlagen haben:

U.M.: Die Präsidenten der Vereinigten Staaten, von Russland und Frankreich. Gerade, als sie beginnen wollen, teilt sich über den Dreien der Himmel, Gott erscheint und verkündet:

W.B.: „Ihr Mächtigen des Erdkreises, geht zurück zu euren Völkern und teilt ihnen meine Botschaft mit: Die Welt wird in zehn Tagen untergehen!"

J.K.: Der US-Präsident fliegt unverzüglich nach Washington und richtet sich in allen TV-Sendern an seine Landsleute mit den Worten:

M.R.: „Es gibt eine gute und eine schlechte Nachricht. Die gute Botschaft, es gibt Gott. Die weniger gute Nachricht: Die Welt wird in zehn Tagen untergehen!"

J.K.: Der russische Präsident lässt seine Sprecherin bekannt geben:

G.H.: „Unser geliebter Präsident lässt mich zwei schlechte Nachrichten allen Genossinnen und Genossen mitteilen:
Erstens: Es gibt Gott.
Zweitens: Unsere Erde wird in zehn Tagen untergehen!"

J.K.: Der französische Präsident, an der Seite seiner Gemahlin, hat zu einer Pressekonferenz auf dem Eiffelturm eingeladen und verkündet:

M.R.: „Es gibt zwei gute Mitteilungen zu vermelden.
Erstens: Es gibt Gott.
Zweitens: Ich werde bis zum Ende der Welt Euer Staatspräsident bleiben!"

Schlusssong

Parlamentarismus im Dornröschenschlaf!

Fehlt es dem Deutschen Bundestag an Faszination? Muss der Parlamentarismus in Deutschland modernisiert werden, damit er Zukunft hat? Können mehr Bürger Mitsprache, die Schaffung eines Ombudsbeauftragten, die Verlängerung der Legislaturperiode auf fünf Jahre, eine Drei-Prozent-Klausel oder auch Direktwahlen dazu beitragen, dass die Bürgerinnen und Bürger unserer Republik sich wieder mehr mit unserem demokratischen Rechtsstaat identifizieren?

Diesen und weiteren Fragen bin ich in meinem dritten Parlamentsbuch: „Parlamentarismus im Dornröschenschlaf. Denkanstöße für die Demokratie 2.0", nachgegangen. Es wurde 2013 durch den Vizepräsidenten des Deutschen Bundestages und Bundesminister a. D. im Protokollsaal des Reichstages, Eduard Oswald, MdB, vorgestellt. Hier ein Auszug aus seiner Rede.

Anrede,

Wolfgang Börnsen analysiert, zitiert, provoziert und macht konkrete Vorschläge. Sein Buch schließt an sein erstes Parlamentsbuch „Vorbild mit kleinen Fehlern – Abgeordnete zwischen Anspruch und Wirklichkeit" an, das bisher in zwölf Sprachen erschienen ist. Um es gleich auf den Punkt zu bringen: Man muss sicher nicht alle Forderungen und Positionen teilen, aber man muss sich mit ihnen sehr ernst auseinandersetzen. Der Schleswig-Holsteiner hat 50 Jahre für diesen Staat gearbeitet und ist 50 Jahre aktiv und mit Leidenschaft im Einsatz für unsere Demokratie. Für ihn ist Demokratiesicherung immer sein Leitmotiv in all den Jahrzehnten geblieben. In seinem ersten Buch hat er das Wort Vorbild ganz bewusst gewählt. Zu Recht sagt er: „Ob wir wollen oder nicht, wir Abgeordnete sind Vorbilder. Wir haben Vorbildfunktion. Entsprechend sollten wir uns verhalten, das tun wir nicht immer."

Mein Kollege ist immer ein leidenschaftlicher Parlamentarier gewesen. So wirbt er dafür, dass das Parlament als Herzstück unseres politischen Systems eine neue Faszination bekommt. Deshalb sein Buch und seine Vorschläge. Leidenschaftlich sagt er: „Es ist doch peinlich, dass Fernseh-Talkshows und nicht wir, das Parlament, versuchen, die Debattenkultur in unserem Lande zu bestimmen."

Dieser MdB hat viel in seinem Abgeordnetenleben erlebt. Wolfgang, Du weißt ja: Der Abgeordnete muss ein Genie sein wie ein Nobelpreisträger, so viel Geduld haben wie ein Kindermädchen und so ein dickes Fell haben wie ein Elefant.

Du hast vieles erlebt, auch die Zeit, in der du und deine Familie wegen Morddrohungen unter Polizeischutz gestellt wurdest. Es gilt der Satz: „Wer in die Öffentlichkeit tritt, hat keine Nachsicht zu erwarten."

Ja, der Mann aus Angeln hat einen provokanten Titel gewählt. Norbert Lammert sagt zu Recht: „Eine Anleitung zur Operation am offenen Herzen ist dieses Buch nicht. Im Gegenteil: Der Parlamentarismus erweist sich als robuster und vitaler als gemeinhin vermutet. Deshalb kann er aus seinem Vierteljahrhundert der Erfahrung im Parlament ganz konkrete Vorschläge machen."

Das Buch ist überaus klug aufgebaut und legt die Finger in manche offene Wunde.

Klar ist aber auch: Die repräsentative Demokratie, die sich in über 60 Jahren in Deutschland-West und fast 25 Jahren im wiedervereinigten Deutschland bewährt hat, ist großartig und stabil. Für sie lohnt sich jeder Demokratieeinsatz. Dies sagt mein Bundestagskollege seinen Enkelkindern. Ja, dieses Buch enthält viele Anregungen, Ideen und Provokationen aus vielen Gesprächen, die er mit den Bürgerinnen und Bürgern geführt hat. Jedem von uns, der leidenschaftlich im Bürgerdialog ist, sind diese Forderungen im Laufe der Jahre begegnet. Viele wollen teilhaben, wollen mitreden – wir wissen aber auch, wenn es dann konkret wird, dass manche davor zurückschrecken. Immer aber geht es darum, den demokratischen Rechtsstaat zu sichern.

Ich habe manche Seite mehrmals gelesen.

„Vertrauen hält die Gesellschaft zusammen." Ja. „Demokratie ist ein Wagnis – Wagnis braucht Vertrauen."

„Wichtig ist es, dass die Bürger Vertrauen in die Kompetenz und die Führungsfähigkeit der Amtsträger haben. Gerade in Zeiten der Unsicherheit und des Reformbedarfs ist es besonders wichtig, dass auch langfristige Absichten bestehen und immer wieder erkennbar werden."

Vertrauen gewinnen ist Aufgabe des in einem Wahlkreis direkt Gewählten, der dort verwurzelt und verankert ist, ihn kennen die Bürgerinnen und Bürger. Zu ihm haben sie Vertrauen.

Die Medienwelt, das Internet, ausführlich geht Wolfgang Börnsen darauf ein und legt sich immer wieder klar fest. Ich zitiere ihn: „Wer – woran auch immer – Kritik zu üben hat, sollte sich dazu bekennen – und zwar in seinem Namen. Transparenz von anderen zu verlangen, im eigenen Bereich aber informelle Selbstbestimmung und Datenschutz zu reklamieren, passen einfach nicht zusammen." Recht hat er.

Vieles ruft er wieder ins Gedächtnis. Der abgehobenem, von Fremdwörtern gefüllten Politikersprache erteilt er eine klare Absage.

Er geht auf Studien ein, die klar und deutlich machen, worauf es ankommt: Fremdwörter konsequent durch einfachere Begriffe ersetzen, in Bildern sprechen, kurze Sätze, Überzeugungen in Reden lebhaft vermitteln. Mein Kollege, der als Börnsen (Bönstrup) sein Heimatdorf im Parlamentsnamen führt, kann sich auch auf den Arm nehmen. Er zitiert Loriot: „Der beste Platz des Politikers ist das Wahlplakat. Dort ist er tragbar, geräuschlos und leicht zu entfernen."

Die Mitgliederentwicklung der Parteien bereitet Sorge. Nur noch knapp zwei Prozent aller Bundesbürger bekennen sich zu einer Partei. Tendenz: weiter sinkend. Annähernd 98 Prozent der Bevölkerung sind also nicht an der Willensbildung innerhalb einer Partei beteiligt. Sie sind damit auch ausgeschlossen von der Nominierung von Kandidatinnen und Kandidaten für die Parlamente aus den verschiedensten staatlichen Ebenen. „Zugespitzt bedeutet dieser Sachverhalt: Allein eine Minderheit von zwei Prozent bestimmt in der Bundesrepublik Richtung und Qualität des parlamentarischen Systems." Ausführlich geht der Autor auf all diese Probleme ein. Parteien müssen sich verändern. Parteien müssen sich öffnen. Parteien müssen attraktiv werden für alle Menschen. „Wer die Welt verbessern möchte, will im Ortsverband nicht mit Leuten über 50 über die Abwasserzweckverbandsabgabe diskutieren."

Parteien und Parlamentarier haben den sozialen Netzwerken noch mehr, aber kritische Aufmerksamkeit zu widmen.

Der Abgeordnete muss auf der einen Seite immer Generalist sein. Er muss alles beherrschen und so zu allem reden. Auf der anderen Seite muss er Spezialist sein. Der Gesetzgeber muss hineingehen, tief in die Sachverhalte. Sich nur auf die Fraktionsmeinung zu verlassen oder die Regierungsmeinung – dies ist für einen Parlamentarier unangemessen. Er ist ja von der Bevölkerung legitimiert. Alle Gewalt geht vom Volke aus. Dieser Verantwortung muss er sich stellen.

Der Kulturpolitiker hat in Zeiten seiner Parlamentsarbeit wohl vielfältig Kontakt mit den Medien gehabt. Sein Kapitel „Das Gesicht der Mediengesellschaft" empfehle ich, mehrmals zu lesen. Eine eindrucksvolle Darstellung und Zusammenfassung mit Fakten und Daten.

Wer Aufmerksamkeit finden will, muss sich den Medienregeln

unterwerfen. Auch die Politik. Früher war die Öffentlichkeit der Parlamentsdebatte der Sensation genug.

Heute muss Sensationelles im Parlament geschehen, damit dies öffentlich wird, ARD und ZDF übertragen auch von sich aus keine Parlamentsdebatte.

Wir sollten jedoch für die Journalistinnen und Journalisten Verständnis aufbringen. Sie sind Getriebene einer Medienentwicklung, deren Zwänge – Quoten wie nie zuvor – auf allen Ebenen die Kommunikation und Gestaltung der öffentlichen Angelegenheiten bestimmen.

Man muss schon einmal genau hinsehen. Wir haben derzeit noch 630 (aktuell 736) Mitglieder des Deutschen Bundestages – 900 Mitglieder in der Berliner Bundespressekonferenz und zwischen 4.000 und 8.000 akkreditierte Journalisten in der Hauptstadt.

Wen wundert es, dass sich der Autor besonders mit dem Thema „Wege zur lebendigen Demokratie" beschäftigt.

So tritt er für die Direktwahl unseres Staatsoberhauptes ein, des Bundespräsidenten, anstatt ihn wie bisher durch die Bundesversammlung zu wählen. Wer an die Weimarer Republik denkt – ein nicht unumstrittener Vorschlag.

Die Neuausrichtung des Petitionsrechtes, des Artikels 17 unseres Grundgesetzes, gehört zu seinen Kernforderungen. Er will eine Ombudsfrau oder einen Ombudsmann aller Bürgerinnen und Bürger und damit des Souveräns. Vielleicht könnte man auch dem Vorsitzenden des Petitionsausschusses eine besondere Rolle zugestehen.

Dann provoziert der Autor: Reduzierung der bisher geltenden 5-Prozent-Klausel auf 3 Prozent, nach Vorbild anderer Staaten in Europa.

Ich zitiere das Mitglied des Deutschen Bundestages: „Die Demokratie in der Bundesrepublik Deutschland ist gefestigt genug, um auch Splitterparteien im Bundestag zu vertragen und zu ertragen. Auch Minderheiten werden stärker gewichtet werden. Die Belebung der Parlamentsarbeit und Diskussionen würden mehr Parteien sicherlich nicht schaden. Im Gegenteil. So wie diese Meinung ist auch ein anderer Punkt in der Diskussion höchst umstritten, das Familienwahlrecht. Wolfgang Börnsen hält die Einführung eines Familienwahlrechtes für sachgerecht. Und er will Online-Wahlen zulassen, weil Wahlen eine Schlüsselfunktion in einer parlamentarischen Demokratie einnehmen. Also, Anregungen und Provokationen.

Wolfgang Börnsen ist es gelungen, ein Buch zu präsentieren, das eine Art Handbuch zum Nachdenken ist. Das Buch ist entstanden aus den vielen Begegnungen mit den Bürgerinnen und Bürgern und der Erlebniswelt des Parlamentes.

Ja, das Buch aus dem renommierten Husum-Verlag ist überaus lesenswert. Er nimmt die Parlamentarier in die Pflicht und jeder, der jetzt eine Rede im Deutschen Bundestag hält, der sich an den Debatten beteiligt, soll sich die Gedanken dieses Kollegen zu Herzen nehmen. Wir Abgeordnete sind Vorbilder.

Im Namen des gesamten Bundestagspräsidiums danke ich dem Buchautor und auch in Ihrer aller Namen. Wolfgang Börnsen hat sich für unseren Parlamentarismus in unserer Demokratie verdient gemacht.

Der damalige Vizepräsident des Bundestages, MdB Eduard Oswald, hat es in seiner Laudatio gut mit mir, seinem langjährigen parlamentarischen Mitstreiter gemeint, zu gut. Sein Lob gilt all den Kollegen, die sich mit Leidenschaft für einen durch Reformen starken Parlamentarismus in unserer Republik engagieren. Mein Buch, das ich unter dem Eindruck der gegenwärtigen Entwicklung anders, differenzierter schreiben würde, entstand auch aus einer gewissen Frustration, weil scheinbar jede Veränderungsbereitschaft an unserem Bundestagssystem fehlte. Es ist ermutigend, dass eine neue Generation von Abgeordneten damit Schluss gemacht hat und für Erneuerungen eintritt. Auf einige durchaus umstrittene Beispiele möchte ich eingehen.

Endlich! Der Deutsche Bundestag schrumpft! Um welchen Preis?

An einem Freitag, dem 17. März 2023, nach über zwei Jahrzehnten wortleeren Absichtserklärungen war es so weit! Mit 400 Stimmen der Ampelkoalition, gegen 261 Abgeordnete der Opposition und 23 Enthaltungen beschloss das Parlament eine Wahlrechtsreform. Die Regierungsfraktionen triumphierten, die CSU nannte die Änderung „respektlos", der Sprecher der Linksfraktion Jan Korte zog Vergleiche zu den Tricksereien der Trump-Republikaner. Das Gesetz soll die Zahl von derzeit 736 Abgeordneten auf 630 reduzieren. Außerdem werden nicht mehr alle Kandidaten als Sieger aus den Direktwahlkreisen in den Reichstag einziehen, weil Listenbewerber Vorrang erhalten. Entgegen dem ursprünglichen Entwurf entschloss sich die Ampel in letzter Minute, nicht mehr die gesetzlich vorgesehene Abgeordnetenanzahl von 598 einzuhalten und auch auf das Recht eines Grundmandates zu verzichten. Jede Partei, die künftig in den Reichstag einziehen will, muss bundesweit mindestens 5 % aller Zweitstimmen bekommen. Die Folgen dieser Entscheidung fallen für die „Regionalpartei CSU" wie für die Linken verheerend aus.

Verheerende Wirkungen für CSU und die Linken

Bei der Wahl 2021 erreichten die Bayern 5,2 Prozent aller Stimmen. Rutschen sie, was durchaus möglich ist, mit 4,9 % unter die Fünfprozent-Klausel, fliegen sie aus dem Bundestag, obwohl sie – was bisher üblich war – in bis zu 46 Wahlkreisen direkte Gewinner sind. Ein ähnliches Schicksal droht den Linken, die bei der vergangenen Wahl nicht die Fünfprozent-Hürde schafften, sondern nur mit Hilfe ihrer drei Direktmandate im Parlament präsent blieben. Im Ergebnis werden damit zwei Oppositionsparteien aus dem Bundestag gedrängt. Beide beabsichtigen eine Klage vor dem Bundesverfassungsgericht, weil sie die neuen Regelungen als eine grobe Missachtung des Wählerwillens verurteilen.

Ein weiteres Einfallstor für die Rechtsprechung sehen Parlamentsexperten in der Tatsache, dass die Erststimme für die oder den Wahlkreiskandidaten nicht mehr mit dem Recht eines direkten Einzuges in den Reichstag garantiert ist. Die Zweit-, die Listenstimme, erhält einen Vorrang vor der Direktwahl und damit der bundesweite Parteienproporz. Die Konsequenz: Dem Mehrheitswahlrecht wird durch die Neuregelung eine klare Absage erteilt, die Parität der Minderheit wird zum demokratischen Prinzip erhoben. Die Folge dieser einschneidenden Veränderung ist ein Bedeutungsverlust der Direktbewerber verbunden mit zunehmendem Zweifel der Wähler über die Wirkung ihrer Erststimme.

„Gut gemeint" reicht nicht

Der Ansatzpunkt der Ampelkoalition, dem Bundestag durch eine Verkleinerung eine neue Autorität zu verleihen, war gut und richtig. Jedoch ihr Aktionismus ist im „gut gemeint" stecken geblieben.

Warum hat sie gerade bei dieser für unsere parlamentarische Demokratie so grundsätzlichen Frage die Spielregeln für die Arbeit der ersten Kammer unserer Gesetzgebung im Alleingang zum absoluten Eigennutz beschlossen?

Warum haben die Oppositionsparteien, so deren Kritiker, nicht mit Nachdruck darauf gedrängt, dass es zu einem überparteilichen gemeinsamen Beschluss kommen konnte, sondern haben stur die Rolle der Reformverweigerer eingenommen?

Unbestritten waren es gegenwärtig und in der Vergangenheit die CSU wie die Linken, die faire Vorschläge für die Verkleinerung des Bundestages bereits im Ansatz abblockten. Beide befürchteten einen Verlust an Macht und Einfluss.

Da ich zu den engagierten Befürwortern einer Parlamentsreform gehörte, mit meinen jahrelangen Eingaben und meiner ständigen

Nörgelei – es geschehe zu wenig vonseiten der Verantwortlichen – meiner Fraktionsführung lästig wurde, drehte sie den Spieß um und ließ mich Mitglied in den internen Unions-Vorbereitungsrunden werden. Dabei habe ich als Zeitzeuge das Scheitern von Prof. Norbert Lammert ebenso erlebt wie die Niederlagen von Wolfgang Schäuble. Alle klugen Argumente für eine Änderung prallten bei den Bayern ab, weil sie eine Garantie ihrer Teilhabe in Berlin rigoros einforderten. Weder den Demokratieverächtern in unserer Republik durch eine deutliche Verkleinerung der Abgeordnetenzahl die Spitze zu nehmen, noch der AfD ihre Möglichkeiten einer Dauerpolemik gegen staatliches Versagen fruchteten.

Die CDU an die Kette gelegt

Den großen Bruder, „die CDU", hatten die Christsozialen durch den Fraktionsvertrag zwischen beiden „an die Kette gelegt". Dieses stets zu Beginn einer Legislaturperiode beschlossene Abkommen besagte sinngemäß, dass es in allen grundsätzlichen Fragen ein Einvernehmen zwischen den Schwesterparteien geben muss. Aus dieser „babylonischen Gefangenschaft" hat sich die Union bisher nicht befreien können.

Mich ermutigt, dass bis in die Gegenwart Kollegen des Bundestages aus allen Fraktionen die derzeit beschlossene Reform als „Stückwerk" erachten. Sie wie ich plädieren für eine „große Lösung". Diese sollte die gesetzlich festgelegte Anzahl von 598 ebenso enthalten, wie eine Überprüfung der noch geltenden 5%-Klausel, des Wahlalters wie die Verlängerung der Legislaturperiode auf fünf Jahre.

Raubbau am Direktmandat

Für fragwürdig, falsch und unserem parlamentarischen System abträglich halte ich den Raubbau an der Erststimme. Der Aufforderungscharakter an direkt gewählte Abgeordnete macht sie zu Stabilisatoren unserer Demokratie. Sie fungieren vom Bürger zum Bundestag und umgekehrt als Vermittler, Brücke und Botschafter zugleich. Sie geben der Politik ein Gesicht, verhindern, dass es noch mehr zu einer Entfremdung der Menschen vor Ort mit dem Raumschiff an der Spree kommt.

Bürgerräte, ein Trojanisches Pferd

Den Volksvertretern, die dem Allgemeinwohl verpflichtet sind, droht mit der Einführung der Bürgerräte auf Bundesebene eine folgenreiche Herausforderung. Der Wahlkreis als Bürgerrat hat ausgedient! In Zukunft werden nach einem Beschluss der Ampel 160 neutrale Personen – ausgesucht nach dem Zufallsprinzip – „die Meinung der Menschen näher an das Parlament heranbringen", so MdB Leon Eckert von den Grünen. Ein „Ernährungs-Bürgerrat" macht den Anfang.

Ich teile die Auffassung kritischer Verfassungsrechtler. Das Gremium stellt langfristig unsere repräsentative Demokratie infrage, entmündigt die gewählten Parlamentarier. Die Bürgerräte haben sich nicht wie die Abgeordneten einer Verantwortung zu stellen. Sie können jedoch mit Hilfe medialer Wucht als eine Art Nebenparlament die Autorität der Gewählten weiter dezimieren.

Wer eine ehrliche tatsächliche Bürgerbeteiligung beabsichtigt, der sollte das Instrument der Volksabstimmung auf Bundesebene aufgreifen und sich nicht mit den Räten des Trojanischen Pferdes bedienen.

Auf eine zweite, ganz andere, nicht weniger folgenreiche Gefahr für unser demokratisches System durch die Existenz der Bürgerräte hat mich Olaf Zimmermann, der höchst engagierte Geschäftsführer des Deutschen Kulturrates, aufmerksam hingewiesen. Mit ihm und dem Produzenten der Blechtrommel, dem leidenschaftlichen Filmmann Eberhard Junkersdorf, habe ich gemeinsam das Buch „Roter Teppich für die Kultur – Wortmeldungen zur Kulturpolitik" – herausgegeben. Wörtlich formuliert Olaf Zimmermann: „Das, was auf den ersten Blick nach mehr Demokratie aussieht, ist in Wirklichkeit ein Frontalangriff auf die organisierte Zivilgesellschaft." Der anerkannte Kulturexperte befürchtet durch die offizielle Einführung der Bürgerräte, dass damit die stets transparente wie fachkundige Beratung des Deutschen Bundestages wie der Ministerien durch die organisierte Zivilgesellschaft (Verbände u. a. der Kultur-, bis zum Sozial- und Umweltbereich) davon direkt betroffen sind und sie langfristig ausgebootet werden sollen. Seine fundamentale Kritik endet mit dem Urteil: „Die Demokratie ist ein hohes Gut. Wahlrecht, Repräsentanzprinzip, Gewaltenteilung, Einbindung der organisierten Zivilgesellschaft sind Grundlagen für ein gutes Funktionieren. Die neuen Bürgerräte dagegen gaukeln mehr Demokratie nur vor."

Nachtrag: Bei dem Kapitel Parlamentsreform fragte mich einer meiner Söhne: „Vadder, wenn Du heute kurzfristig eine Änderung im Bundestag erzielen wolltest, welche Initiative würdest Du ergreifen?" Meine Antwort führte bei ihm zu einem heftigen ablehnenden Kopfschütteln. „Ich würde dafür sorgen, dass auch die AfD einen Vizepräsidenten im Parlament erhält." „Was, den Rechtsradikalen eine öffentliche Plattform bieten? Nein, nie und nimmer!" Mein Hinweis, es sei praktizierte Tradition im Hohen Haus, dass jede Fraktion ein Anrecht auf einen Präsidiumssitz habe, verfing ebenso wenig wie der Verweis auf unsere Verfassung: Das Volk sei der Souverän. Wenn jeder zehnte Wähler sich für die AfD entscheidet, müsse auch die Parlamentsmehrheit ein solches Resultat respektieren. „Das ist eine falsch verstandene Toleranz! Keine Bühne den Neonazis in Berlin!" Was mich denn zu meiner abstrusen Auffassung bewege? „Nicht Ausgrenzung ist das Prinzip unserer Demokratie, sondern der Disput unterschiedlicher Ideen. Wer Andersdenkende ausschließt, macht sie zu Märtyrern, verschafft ihnen eine Opferrolle, die durchaus wieder Wirkung haben kann!" „Unsinn, so naiv sind die Menschen nicht!" „Leider zu viele!"

Wir sollten als Demokraten eine offensive Strategie praktizieren. Die Radikalen von rechts ebenso demaskieren wie die Extremisten von links. Nicht nur im Parlament ihre Parolen zerpflücken, sondern in jedem Wahlkreis. Und uns noch mehr den Sorgen unserer Mitbürger zuwenden. Unser Sohn: „Deinen Optimismus möchte ich haben."

Ein weiterer Reformschritt, eine längere Legislaturperiode

Der 12. Mai 2023 wird vermutlich als ein Meilenstein in die Geschichte des Parlamentarismus unseres Landes eingehen. An diesem sonnigen Frühjahrstag überreichte die Wahlrechtskommission des Bundestages der Parlamentspräsidentin die Empfehlung „die Wahlperiode des Deutschen Bundestages statt von bisher vier auf fünf Jahre zu verlängern." Da neben den geschrumpften Volksparteien SPD und der CDU/CSU auch Grün und Gelb dem Vorschlag zustimmten, steht damit einer notwendigen Änderung des Grundgesetzes nichts mehr im Wege.

Endlich! Ein ernsthafter Schritt zu Erneuerung des Bundestages. Der Vorschlag löst damit weder das zunehmende Misstrauen vieler Bürger gegenüber der politischen Klasse noch deren Politikverdrossenheit, zeigt jedoch einen anerkennenswerten Reformwillen der Verantwortlichen.

Ich kann mich gut daran erinnern, dass wir, der „Club erstmals gewählter Abgeordneten", erfüllt von Aufbruchstimmung im Mai 1987 an das damalige Präsidium des Bundestages mit dem Gedanken einer Legislaturverlängerung herantraten und abblitzten. Alle unsere weiteren Versuche erlitten ein ähnliches Schicksal, weil weder die Spitzen der Christ- noch Sozialdemokraten ernsthaft unser Anliegen wollten.

Sechsunddreißig Jahre sind seitdem trotz Großer Koalitionen ins Land gegangen. Es ist ein Verdienst der Ampel-Mehrheit im Deutschen Bundestag, eine bedeutende Initiative zur Stabilisierung unserer Demokratie eingebracht zu haben.

Wahlkreistätigkeit ist selten spektakulär, oft mühevoll und aufreibend. Für mich war sie in der Regel ermutigend, anregend, motivierend. Sie hat nicht nur meiner Bodenhaftung gedient, sondern zu mancher erfrischenden Erfahrung geführt.

Wahlkreis-Beiträge zum 25. Parlamentsjubiläum

Vier Wegbegleiter packen aus

Gleich, was Uta, die letzte Leiterin meines MdB-Büros, anpackte, erledigte sie gründlich. So auch die Einwerbung von Grußbotschaften aus dem Wahlkreis 1 Flensburg-Schleswig zu meinem Jubiläum als MdB, der „Sitzfleisch" für ununterbrochene 25 Jahre bewiesen hatte. Vier unterhaltsame, vielleicht auch charakterisierende Beiträge aus einer Vielzahl sind dafür kennzeichnend. Es beginnt Carl Andresen, über zwei Jahrzehnte Geschäftsführer unseres Union-Kreisverbandes. Wie sein späterer Nachfolger Rainer Halsen zuverlässig, pflichtbewusst, ein Organisationstalent und zugleich durchaus kritischer Begleiter meines politischen Wirkens. Beide, Carl wie Rainer, sind mir gute Freunde geworden.

Es folgt Stephan Richter, Chefredakteur des sh:z, ein großartiger, ideenreicher, stets fairer „Zeitungsmann", der bis zu seinem Ausscheiden aus dem Verlag an dem Grundsatz eines qualifizierten Journalismusses eisern festhielt: Meldung und Meinung erkennbar voneinander zu trennen, der Leserin oder dem Leser ein eigenes Urteil zu überlassen.

Ein weiterer hervorragender Journalist schließt mit Siegfried Matlok, dem Chefredakteur des „Nordschleswigers" in Apenrade, an. Ein pragmatischer, hochgeachteter Brückenbauer dänisch-deutscher Zusammenarbeit, erfolgreicher Botschafter des BdN im Folketing in Kopenhagen. Ein „Zeitungsmann" mit stets offenem Visier und skandinavisch geprägtem Charme. Wie Stephan Richter ein Meister der spitzen Feder.

Den Schlussstrich zieht ein renommierter Redakteur der dpa aus Paris, Hans Hermann Nikolei, der seine Beiträge und Kommentare stets mit professioneller Neugierde, Sorgfalt und wohl ausformuliert absetzte, ein fairer wie verlässlicher Journalist, anerkannt und geachtet nicht nur bei der Deutschen Presse-Agentur.

Alle vier Genannten waren ermutigende Wegbegleiter.

Das Geheimnis der Gurkengläser

Wie Wolfgang Börnsen einer ganzen Redaktion Rätsel aufgab

Einmal im Jahr beginnt in der Redaktion das große Rätselraten. Dann kommt – meist im November/Dezember – der Bundestagsabgeordnete Wolfgang Börnsen mit kleinen Geschenken vorbei. Nein, die Redaktion lässt sich nicht bestechen! Es geht nicht um materielle Werte, sondern um Symbolik.

Das Rätselraten beginnt mit dem informellen Austausch, was der Politiker aus dem Wahlkreis 1 in vergangenen Jahren vorbeigebracht hat. „Ich bekam sein Buch ‚Abgeordnete mit kleinen Fehlern'", sagt ein Kollege und fügt nicht ohne einen gewissen Stolz hinzu: „Original signiert vom Autor".

„Ist doch gar nichts. Ich habe die chinesische Ausgabe bekommen. Eine echte Rarität", kontert ein anderer. Der dritte wird später im Blatt einer Glosse darüber schreiben, dass er den Börnsen'schen Bestseller inzwischen in fünf Sprache zu Hause stehen hat. „Alle mit Widmung natürlich."

Nach welchen Kriterien die Verteilung der Geschenke erfolgt, bleibt das Geheimnis Wolfgang Börnsens. Regelmäßig spekuliert die Redaktion nach der Bescherung, ob das eine oder andere Geschenk nicht als Wink mit dem Zaunpfahl zu verstehen ist. Das galt vor allem für jenes Jahr, als der MdB vorzugsweise Gurkengläser verteilte. Saure Gurken wohlgemerkt.

Der Chefredakteur wurde stets besonders und manchmal auch mehrfach im Jahr bedacht, was Neid aufkommen ließ (Geschenke von Wolfgang Börnsen bleiben nie geheim, sondern sind stets Gegenstand schönster redaktionsinterner Diskussionen). Dass wunderbare alte Zeitungen (Dachfunde offenbar) und Ausgaben aus fernen Ländern (Beweisstücke, dass der MdB bei aller Bodenständigkeit gern gesehener Gast im Ausland und viel auf Dienstreisen ist) beim Chefredakteur landeten, erklärte dieser quasi dienstlich: Börnsen sei schließlich Sprecher der Unions-Bundestagsfraktion für Kultur und Medien. In dieser Funktion sei er für den Erhalt von Kulturgut verantwortlich.

Und da der pflichtbewusste Politiker wisse, dass der Chefredakteur alle Zeitungen sammle und diese sorgfältig hüte, könne nicht von einem Geschenk die Rede sein. Es handele sich eher um die unbürokratische Archivierung von Beweismaterial, sollte das digitale Zeitalter eines Tages das Printmedium platt gemacht haben.

Auch eine Ersttags-Briefmarke zum „Tag der deutschen Einheit" war unter den Geschenken. Oder ein polnisches Kochbuch, das von Migranten im Flensburger Martinsstift liebevoll produziert worden war. Börnsen hatte vermutlich die gesamte Auflage für einen guten Zweck aufgekauft und streute sie nun unters Volk. Die polnischen Mitbürger freuten sich über die Verbreitung ihres Werkes, die Ehefrauen der Redaktionskollegen über die Rezepte. Polnische Küche war angesagt. In der Redaktion wurde jetzt häufiger über gefüllte Paprika berichtet.

Der Autor dieser Zeilen, just zum Mauerfall in die Chefredaktion berufen, erhielt von Börnsen 1990 ein ganz besonderes Geschenk – einen vom damaligen Bundeskanzler Helmut Kohl signierten „Vertrag zur deutschen Einheit". Das war die Krönung, nachdem einzelne Redaktionsmitglieder im Jahr zuvor vom Abgeordneten bereits kleine, bunt bemalte Betonstücke aus der Berliner Mauer erhalten hatten.

Doch dann erinnerte sich der Autor seines journalistischen Mentors Gerhard Bühmann, der viele Jahre Redaktionsleiter des Schleswig-Holsteinischen Zeitungsverlages war und bis zu seinem Ruhestand 1985 nie die Hoffnung auf die Wiedervereinigung aufgegeben hatte. Wäre es nach Bühmann gegangen, hätte nicht nur „Bild", sondern auch das „Flensburger Tageblatt" bis zuletzt die DDR in Tütelchen geschrieben. Bühmann, so beschied der Autor, hat dieses einmalige Geschenk am ehesten verdient. So machte er sich auf den Weg, um den kanzlersignierten Einheitsvertrag weiterzureichen. Der so indirekt vom MdB Beschenkte hatte Tränen in den Augen.

Irgendwann sollte Wolfgang Börnsen von der Weitergabe des Geschenkes erfahren. An dieser Stelle ist es so weit: das Geheimnis ist gelüftet. Der Abgeordnete wird die Weitergabe verstehen. Denn wer ihn kennt, wird wissen, wie sehr er – dem alten Redaktionsleiter ähnlich – von einer guten Sache beseelt sein und sich für sie und seinen Heimat-Wahlkreis engagieren kann. Ziele, einmal ins Visier genommen, lässt er nicht mehr los.

Und noch etwas zeichnete die deutsche Nummer 1 der Bundestagsabgeordneten (ausweislich der Wahlkreis-Nummerierung) aus: Er kann Menschen motivieren und mitreißen. Mal mit Büchern, mal mit Gurken - und ganz oft mit guten Hintergrundinformationen aus der Bundeshauptstadt und mit fundierten Namensbeiträgen. Aus Journalisten-Sicht die schönsten Geschenke – gleich nach den Backrezepten aus Angeln, die den Redaktionssekretärinnen besonders gefielen.

Und wenn die Redaktion – aus welchem Grund auch immer – „ihren" MdB in Berlin sprechen wollte, war er immer da und hilfsbereit. So haben die heimischen Journalisten vielfach Grund, dem Abgeordneten zu danken. Chapeau vor einem aufrechten Politiker, der in seiner langen Karriere nie den Kontakt zu den Bürgerinnen und Bürgern seines Wahlkreises verloren hat – und auch nicht zu seiner Heimatzeitung.

Stephan Richter
Sprecher der Chefredakteure der medien holding: nord

Ein MdB wird zum Lebensretter!

Es geschah an einem grässlichen, schiefergrauen, eiskalten Novembertag. Ein bissiger Westwind trieb grobkörnige Graupelschauer über die Schlei. Kein geeigneter Tag, um die neue Bundesprominenz aus Berlin zu empfangen, den von Kanzler Kohl frisch gesalbten Ossi-Forschungsminister Dr. Paul Krüger.

Der Anlass? Taucher hatten vor der Wikingersiedlung Haithabu eine archäologische Sensation entdeckt: Mindestens zwei auf dem Grund der Meerenge noch gut erhaltene Sperrwerke, die den Hafen vor grausamen Todfeinden schützen sollten. Doch was nützt dieser einmalige Fund, wenn er nicht geborgen wird? Und da kommst du, Wolfgang, ins Spiel. Nicht die „arme" Region Schleswig-Flensburg, nein der Bund sollte das Bergen finanzieren. Der hohe Gast aus Berlin, so deine Absicht, sollte einen persönlichen Eindruck von der absoluten Notwendigkeit einer Förderung erhalten.

Frierend standen wir, gut dreißig Neugierige, auf der glitschig glatten Brückenanlage über dem schäumenden Schleiwasser. Da geschah es. Einer der Presseleute, ein Fotojournalist, glitt aus und stürzte kopfüber in die flauschige Flut. Zwei mächtige Kameras, die der Reporter um seinen Hals geschlungen hatte, zogen ihn unter das brackige Schleiwasser. Allgemeines Entsetzen folgte. Die Personenschützer des Ministers glotzten wie wir alle auf das grausige Geschehen. Nur du nicht! Du risst dir Mantel, Jacke und Schuhwerk vom Körper, sprangst in die eiskalte, braungraue Brühe, tauchtest und zogst den triefenden Zeitungsmann auf die Brückentreppe.

Ich erinnere mich noch gut, wie wir euch fröstelnd, schaudernd Zitternde in einem Bauwagen in Decken hüllten und mit Rum versorgten. Der Tauchgang hielt dich nicht davon ab, dich durch Johannes Callsen und mich auf die Schnelle für 35 DM in einem Billigladen vollständig neu einzukleiden. Der Ministerbesuch sollte wegen des „Schleisprungs" nicht abgebrochen werden! Und wie endete diese Episode? Dr. Krüger schien so beeindruckt vom Abenteuer Schleiarchäologie, dass Fördermittel von der Spree an die Schlei flossen.

Und wundersamerweise titelte einen Tag später eine große Boulevardzeitung auf Seite zwei: „MdB trotzt der eiskalten Schlei – wird zum Lebensretter!"

Dein Carl Andresen, Kreisgeschäftsführer der CDU, verbunden mit Dank für viele Jahre vertrauensvoller Zusammenarbeit.

Sportlicher Bundestagsabgeordneter stellt dreisten Dieb in Paris

Paris (dpa) – Nach einer wilden Verfolgungsjagd durch Paris hat ein deutscher Bundestagsabgeordneter einen dreisten Dieb gestellt und der Polizei übergeben. Der junge Täter hatte keine Chance: Gestählt von einem Sporturlaub heftete sich der CDU-Verkehrsexperte Wolfgang Börnsen an seine Fersen und ließ nicht locker, bis er den Mann gefasst hatte. Das erfuhr die Deutsche Presse-Agentur (dpa) aus zuverlässiger Quelle in Paris.

Börnsen, dem auch großes Interesse an der Kulturpolitik nachgesagt wird, hatte mit seiner Familie auf der Rückfahrt aus Südfrankreich in der Seine-Metropole Verwandte besucht. Wohl wissend, dass Paris ein Sündenpfuhl ist, hatte er im Auto übernachtet, um das Urlaubsgepäck zu bewachen. Seine Frau und die vier Kinder schliefen derweil bei den Gastgebern.

Wie instinktsicher Börnsen die Lage in Frankreichs Hauptstadt eingeschätzt hatte, wurde am Morgen deutlich. Kaum hatte er das Auto verlassen, um gemeinsam mit der Familie zu frühstücken, schritt der Täter zu Werk. Er schlug die Heckscheibe des Autos ein, um das Gepäck zu stehlen. Doch er hatte nicht mit Börnsen gerechnet.

Vom ersten Stock aus sah der Abgeordnete, wie der Dieb das Wertvollste aus dem Auto zog: den Rucksack mit den Wasserpistolen der Kinder. Kurz entschlossen stürmte Börnsen die Treppe hinunter und setzte dem Täter nach. Er verfolgte den Kriminellen durch mehrere Stadtviertel über Stock und Stein, durch Gassen und

Boulevards, bis dem Täter die Puste ausging. Völlig erschöpft ließ sich der Berufskriminelle schließlich am Schlafittchen packen und der Polizei übergeben.

Den französischen Beamten, die schon lange vergeblich nach dem Täter gefahndet hatten, erklärte Börnsen das Geheimnis seines Erfolges. „Es ist wie in der Politik", sagte er. „Man braucht unbedingte Entschlossenheit, Ausdauer und Kondition. Und man darf sein Ziel nie aus den Augen verlieren und muss im entscheidenden Augenblick zupacken." Schade, dass die Polizisten ihn nicht verstanden, weil er kein Französisch sprach.

Wolfgang weiß, was er will!

Der CDU-Bundestagsabgeordnete Wolfgang Börnsen (Bönstrup), auch über seinen Wahlkreis hinaus meist nur als „Wolfgang" bekannt, ist ein Politiker, der sich um den Landesteil Schleswig, aber auch um die grenzüberschreitende Zusammenarbeit mit Dänemark verdient gemacht hat. Der noch immer als Laienspieler auftretende Börnsen ist inzwischen Polit-Profi, kennt nicht nur die heimatlichen Bretter, sondern behauptet sich auch längst auf dem internationalen Parkett. Aber er ist eben menschlich nie abgehoben, beansprucht für sich nicht die Hauptrollen, was ihn nicht nur bei seinen eigenen plattdeutsch redenden Freunden in seiner Heimat so beliebt gemacht hat.

Er ist Pragmatiker und doch ein Politiker mit Kante, an dem man sich auch reiben kann – und nicht nur die politischen Gegner. Ich erinnere, wie er frühzeitig als Kreistagsabgeordneter von Schleswig-Flensburg Visionen über eine deutsch-dänische Zusammenarbeit entwickelte, die damals von vielen scharf abgelehnt wurde – auch von mir, wie ich rückblickend selbstkritisch eingestehen muss. Die Zeit schien damals auf dänischer Seite für seinen Vorstoß noch nicht reif, aber inzwischen sind die Verhältnisse im deutsch-dänischen Grenzland so, wie er es sich damals wohl erwünscht/erträumt hatte.

Wolfgang ist deutscher Europäer, auch ein Freund Dänemarks, obwohl ihm seine umstrittenen, unglücklichen Formulierungen um die Vollwertigkeit der SSW-Mandate im Schleswig-Holsteinischen Landtag wohl noch heute in gewissen dänischen Kreisen anhängen. Auch bei der Diskussion um die umstrittenen dänischen Grenzkontrollen hielt er sich mit scharfer Kritik an der bürgerlichen dänischen Regierung nicht zurück und lobte als CDU-Mann sogar die neue sozialdemokratische Regierung für die Abschaffung der Kontrollen. Ebenso vehement trat er für die Meinungsfreiheit im Streit um die dänischen Mohammed-Karikaturen ein, als viele leider nicht den Mut hatten, sich offen zu bekennen. Nicht nur der Dank des noch heute unter Morddrohung lebenden Karikaturisten Kurt Westergaard ist ihm gewiss.

Das ist eben alles typisch Wolfgang, ein Mann, der ohne Wenn und Aber nicht in ein einfaches parteipolitisch-ideologisches Raster passt.

Sein (christliches) Gewissen ist ihm höchster Auftrag in seiner politischen Arbeit.

Aus Nordschleswig, mit dem sich Wolfgang seit Jahrzehnten eng als verlässlicher Partner und Förderer der deutschen Minderheit verbunden fühlt, die herzlichsten Glückwünsche zum Jubiläum. Auch ein „Til lykke" ist angebracht!

Siegfried Matlok
Chefredakteur „Der Nordschleswiger"

Herzlichen Dank

Zu denen, die mich ermutigten, unterstützten, förderten, mich kritisch begleiteten und an die ich mich gerne erinnere, gehören u.a.:

Dr. Dieter Andresen, Steinberghaff, Carl Andresen, CDU-Kreisgeschäftsführer, Schleswig, Uwe Appold, Kunstschaffender und Buchautor, Henning Baethge, Berlin, Jörg Peter Behrens, Schleswig, Johann Chr. Besch, MdB, Bonn/Berlin/Glücksburg, Peter Brunkert, Internationale Bildungsstätte Jugendhof Scheersberg, Gerhard Beuck, Tarp, Peter Harry Carstensen, MdB, Ministerpräsident, Nordstrand, Dietrich Caesar, Langballig, Johannes Callsen, MdL, Langdeel, W.L. Christiansen, SSW, Flensburg, Jochen Clausen, Husby, Peter Eilert, Peter Erichsen, Tarp, Crew der Nordangelner: Johannes Petersen, Glücksburg, Henning und Heide Bachmann, Westerholz, Jürgen und Doris Bachmann, Westerholz, Peter D. und Inge Henningsen, Langballig, Dr. Jens Leberl, Berlin, Jens Leineweber, Paderborn, Wilhelm und Adelheid van de Loo, Dollerup, außerdem Harm Dallmeyer, MdB, Schleswig, Ingo Degner, Schleswig, Hannes Fuhrig, Flensburg, Dr. Inge Gotzmann, Bonn, Peter Hamisch, Mohrkirch, Elke von Hassel, Glücksburg, Rainer Haulsen, CDU-Kreisgeschäftsführer, Schleswig, Helmut Ketelsen, Schuby, Volker Koop, Berlin, die Landräte des Kreises Flensburg-Land, später des Großkreises Schleswig-Flensburg, Gerd Lausen, Dr. Armin Schütz, Dr. Gernot Korthals, Dr. Bogislav von Gerlach, Jörg-Dietrich Kamischke, Dr. Wolfgang Buschmann und darüber hinaus: Herbert Jensen, Tarp, Julian Heldt, Ursula und Joachim Köhler, Alf Clasen, Christian Lempelius, Oestergaard, Thomas Lorenzen, MdL, Meyn, Dr. Rainer Thomsen, Sörup, Friedhelm Maier, M. D., Berlin Bundestagsverwaltung, Siegfried (Siggi) Matlok, Chefredakteur, Apenrade, Monika Nickel, Berlin, Jochen Oertel, Akademie Sankelmark, Peter Jensen-Nissen, MdL, Schuby, Stephan Richter, Chefredakteur, Glücksburg, Ulla (MdL) und Horst Röper, Internationale Bildungsstätte Jugendhof Scheersberg, Prof. Dr. Joachim Rickes, Deutscher Bundestag, Berlin, Prof. Dr. Wolfgang Riedel,

Flensburg, Dr. Sören Roos, M. D., Berlin Bundestagsverwaltung, Kim Schmidt, Karikaturist/Buchautor, Dollerup, Brita Schmitz-Hübsch, MdL, Flensburg, Karsten Sörensen, Flensburg, Ministerin Dr. Sabine Sütterlin-Waack, Lürschau, Christin Stransky, Berlin, Johann (Jo) Wadephul, MdB, Berlin, Marco Wanderwitz, MdB, Berlin, Gerhard Wehlitz, SSW, MdL, Kappeln, Uta Wentzel, MdL, Flensburg-Glücksburg, Richard Wester, Musiker, Steinbergkirche, Sven Windmann, Prof. Dr. Wolfgang Zeh, Bundestagsdirektor, Berlin, Simon Locher, Helga Lucas, Katharina von Falkenhayn, Dr. Roderich Stintzing, Lutz Töpfer, Angelika Pendzich-von Winter und Marco Wanderwitz, MdB.

Zwei Weggefährten, ohne deren Erinnerungen, Sachkenntnis, Detailwissen die Vollendung dieses Buches nicht auskam, verdienen Dank und eine besondere Erwähnung: Frauke Mielke aus Schleswig, geduldig, gewissenhaft, voller Verständnis und Everhard Voss, M. D. g., langjähriger Leiter für parlamentarische Beziehungen im Deutschen Bundestag, ein liebenswürdiger Diplomat mit einem phänomenalen Gedächtnis. Auch Sie haben sich durch Ihre Umsicht, Sorfalt und Geduld um dieses Buch verdient gemacht: Hans-Hermann Nikolei, Regina Preuss und Laura Japsen.

Zu den aufmerksamen-nachsichtigen wie mich ermutigenden Begleitern in den drei Jahrzehnten gehören meine Frau Jenny und unsere Familien in Bönstrup, Berlin und Kiel.

Einige der oben Genannten sind verstorben. Mir ist es jedoch ein persönliches Anliegen, auch diese Verdienstvollen zu erwähnen. Sie alle und so manche darüber hinaus haben mich eine gelebte Kollegialität erfahren lassen, für die ich dankbar bin und die mein Leben bereichert hat.

Literaturverzeichnis

Auswahl meiner Veröffentlichungen

1968: „Wo Poppedeiken to Huus is", eine Schrift zum Stellenwert des Plattdeutschen Theaters, im Selbstverlag

1972: „Kostbarkeiten aus der Klüterkammer". Kursbuch zur Museumslandschaft Schleswig-Flensburg, im Selbstverlag, SL-Druck

1978: „10 Jahre Spiel- und Theatergruppentreffen im Haus Sophiesminde". AG Spiel in Schleswig-Holstein

1976/77: „Amateurtheater in S-H, eine Standortbestimmung", LAG Spiel, Süderbrarup

1981: 4. Kirchenspielchronik Grundhof, Hrsg. als Vors. einer Autorengemeinschaft

1986: „Lutz Theen, ein Künstlerporträt". Jahrbuch des Heimatvereins der Landschaft Angeln, Süderbrarup

1987: „Festschrift zum Künstlerjubiläum von Hedda Theen-Pontoppidan", Druckerei Alsen, Ringsberg

1984: „Heimatkundliche Sammlungen in der Landschaft Schleswig-Flensburg". Ein Museumsbuch zum Schleswig-Holstein-Tag, Schleswig

1985: „Das Danewerk", Druckerei Lange, Schleswig

1988: „Die heimliche Bedrohung", Bevölkerungsentwicklung in der Bundesrepublik. Vortrag vor der internationalen Europakonferenz Konservativer Parlamentarier in Caddenabbia, Oxbüll

1990: „Kulturarbeit auf dem Lande – eine Momentaufnahme". Amtskulturring Langballig

1993: „Der Schutz von Minderheiten – selbstverständlich und doch aktueller denn je!" Grenzfriedenshefte, Flensburg

1995: „1945 – 1955, 50 Jahre im Dienst der Demokratie". CDU Kreisverband Schleswig-Flensburg

2001: „Wat mutt, dat mutt", Plattdeutsch im Deutschen Bundestag, Sankt Augustin/Bonn

2001: „Abgeordnete, Vorbilder mit kleinen Fehlern", ein Parlamentsbuch. Sankt Augustin. 3. Auflage. Übersetzt in zwölf Sprachen

2004: „Fels oder Brandung?" Gerhard Stoltenberg. Der verkannte Visionär, Sankt Augustin, Bonn

2011: „Rettet Berlin" Schleswig-Holsteins Beitrag zur Luftbrücke 1948/49, Wachholtz, Neumünster

2011: „Peter Harry Carstensen und die Rückkehr der bürgernahen Politik". Wachholtz, Neumünster

2012: „Ehrenamtler – Salz und Zucker der Demokratie". 50 Jahre Arbeitnehmergruppe, Bonn

2012: „Roter Teppich für die Kultur!" Wortmeldungen zur Kulturpolitik. Hrsg. Gem. mit Eberhard Junkersdorf und Olaf Zimmermann, be.bra. wissenschaftsverlag, Berlin

2013: „Parlamentarismus im Dornröschenschlaf", Denkanstöße für die Demokratie 2.0, Verlag der Nation, Husum

2015: „Vom Niedergang zum Neuanfang. Die Reichsregierung des NS-Regimes in Flensburg". Gemeinsam mit unserem Sohn Leve Börnsen, Wachholtz, Kiel/Hamburg

2018: „Die Angeln-Saga. Bedrohte Heimat". Husum, Vorwort: Wolf Biermann

2019: „Die Angeln-Saga. Aufbruch in die Heimatlosigkeit". Husum, Vorwort: Stephan Richter

2021: „Die Angeln-Saga. Endlich Heimat". Husum, Vorwort: Gesa Retzlaff

2022: „Die Angeln-Saga. Heimat erhalten!", Husum

Die bisher erschienen vier historischen Romane behandeln den abenteuerlichen Auszug (Flucht) dieses kleinen Volkes aus ihrer Heimat, dem „Angelnland" im nördlichen Schleswig-Holstein, sowie ihre friedliche Landnahme in Britannien am Ende des 4. Jahrhunderts im späteren Angaland-England.

Aufsätze

Deutsche Welle: Sprache von Welt? 2010, „So spricht Schleswig-Holstein", Ellert u. Richter, 2011, „Kunst und Kultur verpflichtet", Konrad-Adenauer-Stiftung, 2006

Rüdiger Wolf, „Ut mien Heimat", Quickborn-Verlag, 2002, „Das Ehrenamt: Verantwortung übernehmen, Zukunft gestalten", Arbeitskreis der Unions-Fraktion 1997, „25 Jahre IPS", Hrsg. Deutscher Bundestag 2013, „Kulturlandschaft und Kulturerbe", Schriftenreihe des BHU (Bund für Heimat und Umwelt) 2016, Staatsformen prägen Baustile, 2006

Außerdem eine Vielzahl von kommunalpolitischen Aufsätzen im Jahreskalender des Kreises Flensburg-Land, außerdem eine Reihe kulturhistorischer Beiträge in den Jahrbüchern des Heimatvereins der Landschaft Angeln.

Weitere kulturhistorische Veröffentlichungen in den Jahrbüchern des Heimatvereins der Landschaft Angeln

Plattdeutsche Theaterstücke

2001: „Een Oppsternasch Deern, een Musikkomedie". „My fair Lady" aus dem Englischen übersetzt und bearbeitet, Selbstverlag

2013: „Weltünnergang, man nich mit uns!" Een achtersinnige Komedie

2015: „Lüüd, Luther un de Düvel. Ut de Reformationstied". Aufführung zum Ev. Kirchentag in Berlin

2017: „Rockers gahn nich in Rente, een Musikkomedie".

Alle vier Bühnenstücke erschienen im Ostfriesischen Theaterverlag, Westoverledingen

2018: „Achteihn-Negenteihn in Kiel (1918/1919)". Zweisprachiges Bühnenstück gemeinsam mit Robert Habeck und Andrea Paluch

Biografie

Wolfgang Börnsen (Bönstrup) wuchs im Nachkriegsdeutschland auf. Der Bauernsohn begann seine berufliche Laufbahn als Maurer. Anschließend war er Camp Counselor in den USA und Entwicklungshelfer in Indien, bevor er Lehrer wurde. Über 50 Jahre war er aktiv in und für unsere Demokratie tätig, davon 26 Jahre als Mitglied des Deutschen Bundestages (1987–2013). 40 Jahre betrieb er in Angeln ein Heimatmuseum und war Leiter einer Niederdeutschen Bühne. Börnsen spricht und schreibt plattdeutsch. Sein Schauspiel „Lüüd, Luther un de Düvel" wurde für den Luther-Kirchentag in Berlin nominiert. Er ist Verfasser mehrerer Sachbücher und politischer Biografien. Sein Parlamentsbuch „Abgeordnete, Vorbilder mit kleinen Fehlern" wurde in zwölf Sprachen übersetzt. Der Bundestagsabgeordnete a. D. des Wahlkreises 1 Schleswig-Flensburg war ehrenamtlich u. a. als Erster Vizepräsident des Bundes für Heimat und Umwelt engagiert, der mehr als 500.000 Mitglieder umfasst. Als Romanautor hat der Träger des Kulturpreises des Kreises Schleswig-Flensburg gerade den 4. Band seiner „Angeln-Saga" fertig gestellt.
Mit seiner Familie lebt er in Bönstrup, einem kleinen Dorf in der Nähe der Flensburger Förde.